宁波市与中国社会科学院战略合作研究重大项目
（编号：NZKT201702）最终成果

中心城市促进高等教育发展政策比较研究

严新乔 徐鸿钧 等◎著

ZHEJIANG UNIVERSITY PRESS
浙江大学出版社
·杭州·

图书在版编目（CIP）数据

中心城市促进高等教育发展政策比较研究 / 严新乔
等著. —杭州：浙江大学出版社，2022.11
　　ISBN 978-7-308-23265-4

　　Ⅰ.①中… Ⅱ.①严… Ⅲ.①高等教育—教育政策—
研究—中国 Ⅳ.①G649.20

　　中国版本图书馆 CIP 数据核字（2022）第 213487 号

中心城市促进高等教育发展政策比较研究
严新乔　徐鸿钧等　著

责任编辑	陈佩钰（yukin_chen@zju.edu.cn）
责任校对	许艺涛
封面设计	雷建军
出版发行	浙江大学出版社
	（杭州市天目山路 148 号　邮政编码 310007）
	（网址：http://www.zjupress.com）
排　　版	杭州青翾图文设计有限公司
印　　刷	浙江临安曙光印务有限公司
开　　本	710mm×1000mm　1/16
印　　张	19.5
字　　数	360 千
版 印 次	2022 年 11 月第 1 版　2022 年 11 月第 1 次印刷
书　　号	ISBN 978-7-308-23265-4
定　　价	88.00 元

版权所有　翻印必究　印装差错　负责调换

浙江大学出版社市场运营中心联系方式：0571-88925591；http://zjdxcbs.tmall.com

目　录

第一章　中心城市促进高等教育发展政策比较研究导论

第一节　问题的提出与核心概念界定

一、问题的提出

毋庸置疑,教育在推进区域经济,特别是区域中心城市的建设和发展中占据十分重要的地位。尤其是高等教育,是区域和中心城市未来发展的动力源泉,担负着为区域和中心城市的可持续发展提供源源不断的人才和智力支撑的重要任务。

进入 21 世纪之后,高等教育与中心城市的互动发展愈发受到政府部门、企业和高等学校等多方的重视。究其原因,高等教育的发展水平与中心城市的供给能力、高等教育的空间集聚与中心城市的聚集能力、高等教育的发展绩效与中心城市的创新能力之间存在紧密的互动关系。其中,高等教育的发展水平、空间集聚和发展绩效皆与中心城市政府部门的高等教育发展政策密切相关。

基于此,本书通过对区域中心城市促进高等教育发展的政策进行比较研究,找出不同中心城市促进高等教育发展的各种政策举措,以期为优化中心城市高等教育发展政策的出台程序、实现中心城市建设与高等教育发展的良性互动提供参考和建议。

二、核心概念界定

(一)中心城市

中心城市是一个多维度的概念,学者们从各自的学科视角出发,对中心城市进行了符合本学科特点的界定。从经济学的视角来看,中心城市指对一个国家或区域经济社会发展起主要作用的大城市或特大城市,中心城市构成了一个国家或区域经济活动网络的主要连接点,对国民经济发展起主导作用。随着全球城市化进程的加快和后工业化社会的来临,信息和知识逐步成为城市发展的新动力,中心城市也升级成为信息交流和知识创新的中心,在一个国家或区域中发挥的作用愈发重要。① 从城市学的视角来看,中心城市大致可以分为三类:第一类是全球经济核心城市,指与世界多数国家发展息息相关并具有世界性影响力的国际一流大都市,即被城市学者所称的"世界城市"和"全球城市"。第二类是国际经济中心城市,指虽具有较大规模但尚未形成世界性影响力的大城市。第三类是地区性的中心城市,指地方性以及在区域内具有影响力的城市。② 从地理学的视角来看,中心城市的形成与发展、规模等级、集聚和扩散等问题,是区域开发、城镇体系布局的重点,中心城市的划分标准和等级分类需要依据区域非农业人口数量、区域工业总产值和区域信息总量等指标来确定。③

本书将中心城市定义为在一个国家或区域的社会经济活动中处于重要地位、具有综合功能或多种主导功能、发挥枢纽作用的大城市和特大城市。中心城市是区域发展的增长极,它通过和区域的互动作用,实现各种要素与资源的最优配置,带动"城市—区域"共同体的发展。国家对中心城市的考察涉及七大指标,分别为综合经济能力、科技创新能力、国际竞争能力、辐射带动能力、交通通达能力、信息交流能力、可持续发展能力等。

本书选取了大连、青岛、宁波、厦门、深圳、苏州、常州、无锡、泉州、绵阳、珠

① 王兴平,黄兴文.省域中心城市的内涵与选择——以江苏省为例.城市发展研究,2002(3):48-52.

② 魏达志.中心城市总部经济成长论.北京:中国城市出版社,2010:1-5.

③ 宁越敏,严重敏.我国中心城市的不平衡发展及空间扩散的研究.地理学报,1993(2):97-104.

海、保定等 12 个中心城市,这些城市都是非省会城市,同时都是地级以上城市,高等教育又达到了一定规模——高校数量 10 所以上,在校生 10 万人左右。这些城市的高等教育发展有各自的特色,具有典型意义。

(二)高等教育政策

关于政策的内涵,在政治学和管理学领域有过诸多界定。美国匹兹堡大学著名教授、国际知名政策分析专家威廉·N. 邓恩(William N. Dunn)认为,政策是一个或一组行动者为解决一个问题或相关事务所采取的相对稳定的、有目的的一系列活动。他把"问题"或"相关事务"作为政策制定的逻辑起点和政策分析的切入点,建立了以问题为中心的政策分析经典模式。[1] 美国著名政治学家和公共政策学家托马斯·R. 戴伊(Thomas R. Dye)认为,政策是关于政府所为和所不为的所有内容,并由此引出了政策制定中对价值目标的排序和优先选择权的问题。[2] 根据上述对于政策的界定,可以把高等教育政策定义为一种有目的、有组织的动态发展过程,是由政府机构在一定时期内为实现特定的教育目标而制定与颁布的关于高等教育事务的行动准则。作为指导与规范高等教育事业发展的价值准则与行为规范,高等教育政策的作用至关重要。它不仅决定了特定时期内高等教育的发展脉络,而且在一定程度上改变了高等教育的发展走向。

(三)高等教育管理体制相关概念

教育管理体制指国家对教育进行领导管理的组织机构形式和基本工作制度的集合,囊括各级教育行政组织机构的设置、各行政组织机构间的隶属关系及各行政组织机构间的职权划分,以确保管理任务和目标顺利实现。[3] 本书中高等教育管理体制指中心城市政府部门通过计划、组织、领导和监控等方式,对高等教育资源进行优化配置的过程,其目的在于实现高等教育人力、物力和财力的价值最大化。我国高等教育管理体制大致经历了恢复和调整、改革启动、改革探索、改革突破和改革深化等阶段,并在发展过程中不断完善。

---

① 邓恩.公共政策分析导论(第 2 版).谢明,译.北京:中国人民大学出版社,2002:151-157.

② 戴伊.自上而下的政策制定.鞠方安,吴忧,译.北京:中国人民大学出版社,2002:3.

③ 萧宗六,贺乐凡.中国教育行政学.北京:人民教育出版社,1996:28-30.

第二节　国内外研究现状述评

一、国外促进地方高等教育发展的政策

美国是最早以法律形式保障地方高等教育发展的国家。1862 年美国国会颁布的《莫里尔法案》及 1887 年的《海奇法案》、1914 年的《史密斯—利弗法案》等一系列法案不仅促进了地方高等教育的迅猛发展,而且使服务社会成为高等教育机构的重要职能之一。在此基础上涌现出的"赠地学院"也成为美国高等教育发展历史上的重要篇章。[1] 1963 年,英国政府发布了《罗宾斯报告》,报告深入剖析了 20 世纪 60 年代的英国高等教育,提出了发展城市大学和为地方经济服务的议题;1997 年出台的《迪尔英报告》更是明确指出了"加强高等教育在地方和区域经济发展、社会进步中的作用",并要求高等教育"致力于对地方和他们所处的更广阔的区域的经济发展做出贡献,通过科研、科技咨询支持地方,满足劳动力市场对专业人才的需求"。[2] 1949 年,德国颁布了《德意志联邦共和国基本法》(《波恩宪法》),其明确规定了公民享有均等的接受教育的机会和享受相同生活条件的权利。德国联邦政府和州政府根据《德意志联邦共和国基本法》的要求对高等教育发展经费进行合理配置,并提出高等学校可以根据各地经济发展需求对专业和课程设置进行调整,从而保障了各个城市高等教育的均衡发展。[3]

二、我国促进地方/中心城市高等教育发展的政策

1984 年,我国政府开始关注地方中心城市发展高等教育的问题,是年出台了《中共中央关于经济体制改革的决定》(以下简称《决定》)。《决定》促进

---

[1] 张振,武毅英.现阶段美国城市化进程中的高等教育服务体系构建——以 USES 项目为例.中国高教研究,2014(6):43-47.

[2] 贺国庆,王保星.外国高等教育史(第 2 版).北京:人民教育出版社,2006:139-143.

[3] 马陆亭.中心城市高等学校体系建设思考——国际经验与深圳案例.高校教育管理,2012(4):7-13.

了经济发展,在经济发展中地方政府深受人才短缺的掣肘,于是萌生了自主办学的念头。1993 年,广东省公布了高等教育管理条例,正式确定"实行国家、省、市三级办学体制",地方中心城市高校在短期内得到了快速发展。1994 年,国务院颁布了《关于〈中国教育改革和发展纲要〉的实施意见》,对于地方中心城市的办学问题明确指出,"有条件的经济发展程度较高地区的中心城市办学,由中央和省两级政府统筹"。1999 年,教育部印发《关于实施〈中华人民共和国高等教育法〉若干问题的意见》,其中强调"……积极推进高等教育管理体制改革,争取到下世纪初基本形成国务院和省级政府两级管理,分工负责,在国家宏观政策指导下,以省级政府统筹管理为主,学校面向社会依法自主办学的新体制"。2010 年,国务院发布了《国家中长期教育改革和发展规划纲要(2010—2020 年)》,其指出:"……明确各级政府责任,规范学校办学行为,促进管办评分离,形成政事分开、权责明确、统筹协调、规范有序的教育管理体制。"上述各项政策为我国高等教育"条块分割"管理模式的改革和完善提供了支撑和保障,并为中心城市高等教育发展奠定了良好的制度基础。①

三、有关地方/中心城市高等教育发展的理论

(一)地方高等教育的发展趋势和管理体制

地方化是世界高等教育的一种发展趋势,造成该趋势的原因是高等教育与经济发展的紧密结合。针对该趋势,应从国家利益和科学发展的需要出发,统筹地方高等教育的诸多发展问题,加强地方大学的建设和管理。② 地方高校在规模迅猛扩张的同时陷入了多重发展困境,以中央政府为主体的激进式强制性制度变迁与对高等教育管理模式的路径依赖是造成困境的两个原因。③ 目前,地方高等教育发展在供给方面存在人才培养结构性的"产能"问题,科学研究质量性的"库存"问题以及社会服务均衡性的"短板"问题。为了解决这些

---

① 杨尊伟.改革开放 40 年我国高等教育管理体制改革的回顾与前瞻.河北师范大学学报(教育科学版),2018(5):13-19.

② 潘懋元.高等教育地方化的可行性探讨.高等理科教育,2010(5):1-4.

③ 张应强,彭红玉.地方高校发展与高等教育政策调整.高等教育研究,2008(9):7-15.

问题,地方高等教育在发展中需要以品质供给、长效供给和平衡供给为发展目标,通过深度推进产教融合、校企合作建立多样化的应用型人才供给体系,地方政府部门应持续推进体制机制创新,全面提升地方高等教育科技成果转化的供给能力。

(二)中心城市高等教育发展与经济建设的关系

中心城市的高等教育发展与经济建设具有良性互动关系,大学城战略对于重点高校和中心城市发展具有推动作用,是实现良性互动的重要举措。中心城市高等教育对区域经济发展的贡献是非常显著的,但贡献度随时间推移有所下降;城市之间经济发展差距逐步拉大,且经济发展速度之间的差异整体上远大于高等教育发展速度之间的差异。中心城市高等教育发展与中心城市的社会、经济和文化系统密切关联。地方高等学校要考虑自身所处的中心城市的产业结构变化,还需明确自身在高等教育系统中的定位,了解中心城市其他高等学校的发展状况,通过体现自身的办学类型、层次和特色来发挥自己的相对优势。

四、有关高等教育发展政策的理论

高等教育政策的价值可以划分为实体价值和符号价值。实体价值包括经济价值、知识价值等,经济价值与知识价值的矛盾是高等教育政策的基本价值矛盾。符号价值包括意识形态、规划目标等,它决定了实体价值在政策中实现的范围和程度,并影响实体价值的配置和话语表述方式。高等教育发展面临诸多挑战,为了应对相关挑战,很多国家采取了丰富高等教育内涵和发挥高等教育特色、促进国际化、完善现代大学制度等重要政策,其中包含规模与质量、本土化与国际化、集权与放权等矛盾和冲突。高等教育政策主体包括高等教育政策执行者、高等教育行政部门、相关专业机构、高等教育立法机关、大众媒体以及其他利益相关者。高等教育政策的核心议题包括高等教育政策的成本、高等教育政策的需求、高等教育政策的执行、高等教育政策的影响等。为了保障高等教育政策的目标达成,需要建立多元、动态的高等教育政策执行监测与评估机制,以实现对高等教育政策的良性监测与评估。

第三节　研究设计

一、研究的意义

(一)理论意义

有关中心城市政府促进高等教育发展政策的比较研究并不多见,本书以中心城市及其高等教育发展政策为研究对象,对政府促进高等教育发展政策的内涵进行分解,深入剖析不同中心城市促进高等教育发展政策的作用、价值与效果,超越浮于表层的研究,加深对高等教育发展政策研究的理论认识,丰富有关政策制定、执行、保障、监测等多个方面的理论研究成果。

(二)现实意义

目前,我国中心城市的高等教育发展存在政策羁绊,本书以不同中心城市促进高等教育发展的政策为研究对象,呈现各自的政策现状并进行比较,主要研究相关政策的制定,并兼顾政策的执行,致力于将理论研究应用于实践活动指导,以期达到规范中心城市高等教育政策出台程序与制定流程、促进中心城市高等教育可持续发展的目的。具体而言,本书一方面有利于优化中心城市高等教育发展政策的出台程序,增强高等教育发展政策与外部环境的关联度,提高政策执行的效果;另一方面有利于促进中心城市高等教育的内涵建设,进而促进中心城市高等教育的可持续发展。

二、研究目标

一是考察不同中心城市促进高等教育发展政策的现状;
二是提炼不同中心城市促进高等教育发展的政策模式;
三是确定中心城市促进高等教育发展的政策战略;
四是制定中心城市促进高等教育发展的政策框架。

三、研究内容

(一)厘清影响中心城市高等教育发展的政策因素

从经济社会发展和管理体制改革两个维度分析中心城市高等教育与城市互动发展的动因,并基于此探究影响中心城市高等教育发展的政策因素。一方面,从政策制定主体的视角审视政府部门是否把高等教育发展纳入城市发展规划,高等教育发展规划是否与经济社会发展规划相匹配。另一方面,从政策执行主体的视角审视中心城市各高校是否形成了发展的合力,各高校的发展是否与城市相关政策规划同步。

(二)不同中心城市促进高等教育发展政策的个案研究与比较研究

选择大连、青岛、宁波、厦门、深圳、苏州、常州、无锡、泉州、绵阳、珠海、保定等12个中心城市为研究对象,首先,考察各个中心城市高等教育发展的背景(从经济、社会发展角度),高等教育发展的现状、问题等;其次,从政策制定主体层面考察不同中心城市在高等教育发展战略规划、高等教育财政拨款制度、人才引进培养政策方面的现状、发展的相关举措等,通过访谈政府部门相关工作人员发掘政策制定的背景、初衷及期望。再次,从政策执行主体层面考察不同中心城市的高校对相关政策的落实情况,通过访谈各高校管理人员发掘政策执行的效果,以及对相关政策的反馈及评价。最后,得出不同中心城市促进高等教育发展政策的特点,并归纳各自的发展模式。

(三)确定中心城市促进高等教育发展的政策战略

基于上述个案研究和比较研究,归纳提炼中心城市高等教育发展的政策战略。政策战略是决定政策具体目标和工具类型的战略选择,是上位的元政策。中心城市高等教育发展的政策战略是为解决中心城市高等教育发展问题所确定的政策目标和政策方向。政策目标是一个过程性的状态目标,其确定主要参考国内竞争力、国际影响力、城市发展需求和高校个性化发展需求四个指标。政策方向主要包括两个:一是"统一",二是"协调"。"统一"是指政策方向应兼顾上述四个指标,"协调"是指政策方向应实现上述四个指标的协作与互动。

(四)制定中心城市促进高等教育发展政策的总框架

在确定政策战略的基础之上,制定中心城市高等教育发展政策的总框架。运用系统动力和利益主体相协调等思想对中心城市高等教育发展进行综合分析,从宏观视角制定中心城市高等教育发展的政策框架。政策框架包括三个维度:一是中心城市与高等教育功能匹配发展,使中心城市与高等教育处于保持优势的耦合发展状态。二是中心城市与高等教育的互动发展,功能匹配效益通过互动发展转为实效,并在渐进基础上创造新的互动效益。三是中心城市与高等教育的开放发展,开放发展为互动发展创造自由、宽松的环境,也为功能匹配发展转化为实效提供基础。

四、研究的创新点

本书的创新点主要包括以下三个方面:首先,学术思想的创新。已有研究缺乏对中心城市促进高等教育发展政策的比较研究,其所存在的问题一直被遮蔽在冗杂、具体的高等教育区域合作事务之中。本书从不同中心城市促进高等教育发展政策比较的维度审视现存问题,能够跳出固有研究思路的拘囿,创新研究视角,丰富学术思想。其次,学术观点的创新。目前,学界关于中心城市促进高等教育发展的政策比较研究不够完善,本书拓展并深化有关中心城市促进高等教育发展政策的比较研究,丰富有关中心城市与高等教育协同发展的理论成果,是对已有研究的深化。最后,研究方法的创新。本书从宏观与微观的视角,结合了理论与实证、比较与归纳等多种研究方法,对研究对象进行了全方位、多维度的考察,弥补了传统研究中单一研究方法带来的不足。

五、研究思路

本书以中心城市促进高等教育发展的政策作为研究的核心,提出一些带有普遍性和规律性的实践问题,通过深入分析和归纳给予实践问题理论上的指导。研究沿着"提出问题—分析问题—解决问题"纵向延伸、层层递进的逻辑思路展开,从中心城市高等教育政策制定到中心城市各高校政策执行两个层面提出问题,通过考察12个中心城市促进高等教育发展政策的实然样态对问题进行分析,进而从政策战略和政策框架两个维度提出解决问题的方案。

六、研究方法

为了保证政策研究的科学性和有效性,且不拘泥于单一的理论与方法,本书将宏观研究与微观研究、理论研究与实证研究相结合,在科学思维的基础之上,把问题解决方案整合归纳于一个政策框架内。具体研究方法包括以下几种。

(一)文献法

本书所使用的文献法包括时间维度的历史研究和空间维度的横向比较,从历史、结构、功能等多个方面挖掘文献中有关中心城市促进高等教育发展政策的一般规律,判断政策的优势与劣势,并提出相关建议。

(二)访谈法

本书主要对中心城市的高等教育政策制定者以及中心城市各高校的高等教育政策执行者进行访谈,旨在深入了解政策的出台背景及实施效果,从而为确定科学的政策战略和政策框架提供实证材料的支撑。

(三)比较法

对高等教育发展政策的研究,无法回避对不同中心城市发展策略的对比反思。本书主要选取 12 个中心城市的发展政策进行比较,并对各中心城市的政策经验进行分别处理和分析。

(四)归纳法

在比较研究的基础之上,本书还采取归纳法对中心城市促进高等教育发展的政策模式进行提炼总结,并综合归纳为一般规律。其目的在于为保证高等教育发展政策有的放矢,并与中心城市当前和未来的发展战略紧密结合。

七、本书的框架

全书分十四章,第一章为导论,对本书研究的背景、相关概念、研究现状、研究意义、研究目标、研究内容、研究思路、研究创新、研究方法及全书框架进行概述。第二章至第十三章分别对大连、青岛、宁波、厦门、深圳 5 个计划单列市和保定、无锡、常州、苏州、泉州、珠海、绵阳 7 个地级市的经济社会发展概况、高等教育发展历史与现状、促进高等教育发展主要战略和政策举措以及该城市高等教育发展主要经验、问题及启示作了详细分析;第十四章通过对 12 个中心城市高等教育发展现状、政策、举措等分析比较,提出了中心城市促进高等教育发展与改革政策的对策建议。

第二章 大连市促进高等教育发展政策研究

大连市是京津的门户,北依营口市,南与山东半岛隔海相望,与日本、韩国、朝鲜和俄罗斯远东地区接近,是所在区域的海上门户,是重要的港口、贸易、工业、旅游城市。大连是中央确定的计划单列市、副省级城市;是中国东北主要的对外门户、东北亚国际航运中心、国际物流中心、区域性金融中心。

第一节 大连市经济社会发展概况

大连市总面积 12573.85 平方千米,下辖 7 市辖区、2 县级市、1 县;2017 年户籍人口 594.9 万人,其中市区 399.6 万人。2017 年地区生产总值 7363.9 亿元,比上年增长 7.1%。其中,第一产业增加值 477.1 亿元,增长 4.4%;第二产业增加值 3052.6 亿元,增长 8.3%;第三产业增加值 3834.3 亿元,增长 6.4%。三次产业结构为 6.4∶41.5∶52.1,对经济增长的贡献率分别为 4.2%、49.7%和 46.1%。按常住人口计算,人均地区生产总值 105387 元,比上年增长 7.1%。2017 年,大连市完成财政总收入 1830.0 亿元,比上年增长 10.0%。2017 年,大连市城市居民人均可支配收入 40587 元,比上年增长 6.7%;农村居民人均可支配收入 16865 元,比上年增长 7.7%。2016 年,大连市 R&D(研究与试验发展)经费支出 132.8 亿元,比上年增长 5.3%,占全省 R&D 经费的比重为 35.6%,比上年提高了 0.9 个百分点,对 R&D 经费增长的贡献率为 71.1%;R&D 投入强度(全社会 R&D 经费支出与地区生产总值之比)为 1.97%,高出全省平均水平 0.28 个百分点。

2017年,大连市中等职业学校(不含农广校)79所,在校生约6.8万人;普通高中75所,在校生约9.1万人。全市高中阶段教育毛入学率99%。具体情况详见表2-1。

表 2-1　2017 年大连市高中阶段学校概况

学校类别	学校数/所	毕业生数/人	招生数/人	在校生数/人	教职工数		占地面积/米²	建筑面积/米²
					合计/人	其中专任教师/人		
合计	155	50567	54235	159836	15416	12210	7234038	3799709
普通高中	75	29430	30964	91363	9400	7853	3846668	1936488
职业(高中)中专	36	7372	7280	21289	2271	1729	1255138.2	525494.66
普通中专	19	7399	6823	21097	1898	1369	774931	485210
技工学校	24	5637	8373	23222	1847	1259	1357302	852516
农广校	1	729	795	2865	—	—	—	—

数据来源:大连市教育局.2017年大连市各级各类学校概况.(2018-03-29).https://edu.dl.gov.cn/art/2018/3/29/art_2736_440704.html.

2017年,大连市认定引进高层次人才15人、产业紧缺人才343人、海外优秀专家1041人。培养专业技术人才2.8万人、技能人才3.7万人,261名创新人才入选国家和省百千万人才工程。新增享受政府特殊津贴专家64人,荣获省、市级"友谊奖"外国专家27人,大连市入选首批辽宁杰出科技工作者、优秀企业家、大工匠共计37人。至2017年底,大连市拥有国家级重点实验室5个、工程技术研究中心4个;省级重点实验室114个、工程技术研究中心112个;市级重点实验室95个、工程技术研究中心97个。拥有科技企业孵化器49个,备案众创空间62家。全年专利申请量13784件,其中发明专利申请量6103件;每万人有效发明专利申请量16.27件。专利授权量7768件,其中发明专利授权量2604件。技术合同登记额124亿元,比上年增长29%。

第二节　大连市高等教育发展历史与现状

一、高等教育发展历史

1945 年 8 月至 1949 年 9 月,一方面为了进行社会改革和经济建设,另一方面为培养建设新旅大和支援全国解放战争所需要的各种人才,积极发展文教事业,8 所高校先后创办,包括旅大建国学院、关东工业专业学校等,后于1949 年 4 月合并为大连大学,在校生共 1473 人。新中国成立后,经过原有高校的调整和新高校的创建,至 1952 年,大连地区共有 5 所高等学校,即大连工学院、大连医学院、旅大师范专科学校、东北航海学院、大连俄文专科学校,本专科在校生 4478 人。1953 年至 1957 年间,大连地区高等教育从各项事业发展需要出发,学习苏联教育经验,全面进行教育改革,调整院系专业设置,不断扩大招生与学校规模。至 1957 年,大连地区共有 5 所高等学校,即大连工学院、大连海运学院、大连医学院、大连师范专科学校、大连外国语专科学院,本专科在校生总数增加到 8815 人,比 1952 年增长了 50.8%。1958 年,"大跃进"致使高等教育出现了冒进现象。1962 年至 1965 年,由于执行党中央提出的"调整、巩固、充实、提高"的八字方针,全市高等教育继续稳步前进,教育质量也得到保证。高校在几经调整后,至 1966 年 5 月,大连地区有 8 所高等学校,在校本专科学生共 14836 人。

1978 年 12 月,党的十一届三中全会召开,各校加快恢复整顿步伐,同时,一批新的高校建立,研究生开始招生,中外合作办学成功开展。至 1995 年末,大连市共有 12 所普通高等学校,其中中央部委所属的有 6 所,即大连理工大学、大连海事大学、大连铁道学院、大连轻工业学院、东北财经大学、大连水产学院;省属的有 5 所,即辽宁师范大学、大连医科大学、大连外国语学院、辽宁警官高等专科学校、辽宁税务高等专科学校;市属的有 1 所,即大连大学。各校共计在校本专科生 48810 人。有权授予硕士学位的高校 9 所,在校生 2760人;有权授予博士学位的高校 4 所,在校生 429 人;大连理工大学有 7 个博士后科研流动站,在站博士后 21 人。1999 年高校扩大招生规模,大连市高等教育进入了快速扩张的轨道。2003 年,大连市有普通高等学校 18 所,其中省部属 12 所,市属 2 所,民办高等职业技术学院 4 所,在校本专科生 136095 人,比上年增长 15.3％。2009 年,大连市普通高校达到 31 所,其中中央部委所属院校 3 所,省属院校 9 所,市属院校 2 所,民办高校 17 所;共计在校本专科生达 236784 人,比上年增长 2.7％;共有硕士点 504 个,博士点 150 个,博士后流动站 54 个;在校研究生 32782 人,比上年增长 9.6％。此后,高校基本进入了稳定发展期,高校数维持在 30 所上下,学生人数稳中有升。到 2017 年,在校本专科生共 284856 人,在校研究生共 44612 人(见表 2-2、表 2-3)。

表 2-2　大连市高等教育发展概况(1949—1985 年)

高校情况	1949	1952	1956	1957	1960	1965	1978	1980	1983	1984	1985
校数/所	1	5	5	5	15	10	8	10	11	11	12
教师数/人	114	612	1279	1295	2851	2658	3509	3910	4987	5169	5676
在校生数/人	1473	4478	9369	8815	19545	14319	13707	18747	20742	24594	29336

数据来源:大连地方志编纂委员会办公室.大连市情.天津:天津人民出版社,1987.

表 2-3　大连市高等教育发展概况(1988—2017 年)

高校情况		1988	1991	1995	1998	1999	2000	2003	2005	2006	2007	2008	2009	2012	2015	2017
校数	合计/所	13	13	12	13	15	15	18	21	21	21	23	31	30	30	30
	其中市属/所	2	2	1	1	2	2	2	2	2	2	2	2	2	2	2
在校本专科生数/人		35048	35364	48810	55232	64960	79541	136095	182152	201378	219982	230524	236784	276275	290025	284856
在校研究生数/人		2316	1895	3189	4395	4924	6229	14565	22085	24352	28160	29897	32782	39294	40529	44612

数据来源:大连市教育志编纂办公室,大连教育要览(1988—1989 年、1990—1991 年、1998—2000 年、2003—2004 年、2005—2006 年、2009—2010 年);大连市史志办公室.大连年鉴(1996).大连:大连出版社,1996;大连市统计局,国家统计局大连调查队.大连统计年鉴——2018.北京:中国统计出版社,2018.

二、高等教育发展现状

历经几十年的发展,大连市高等教育在辽宁省及至同类地级市中都处于领先地位。2016 年,辽宁省共有高校 116 所,大连市占 30 所,"985"工程高校、"211"工程高校以及部属高校大连市都占了一半或以上;全省高校在校生共998719 人,大连市就有 290217 人,占比 29.1%,普通本科在校生更是占到了全省的 35.6%;高职(专科)院校全省共 51 所,大连市有 10 所,在校生数也占全省的 12.8%(见表 2-4)。

表 2-4　2016 年大连市高等教育规模在辽宁省占比情况

| | 总校数/所 | "985"工程高校/所 | "211"工程高校/所 | 部属高校/所 | 省属/所 | 市属/所 | 民办/所 | 在校生数/人 | 普通本科院校 | | 其中独立学院 | | 高职(专科)院校 | |
									校数/所	在校生数/人	学院数/个	在校生数/人	校数/所	在校生数/人
辽宁省	116	2	4	5	58	19	34	998719	65	710581	11		51	288138
大连市	30	1	2	3	10	2	15	290217	20	253214	3	19482	10	37003
大连市占比/%	25.9	50	50	60	17.2	10.5	44.1	29.1	30.8	35.6	27.3		19.6	12.8

数据来源:辽宁省教育厅. 2016 年辽宁省教育事业发展统计公报.(2017-07-16). http://dev.dlut.edu.cn/info/1201/1717.htm;大连市统计局,国家统计局大连调查队.大连统计年鉴——2017.北京:中国统计出版社,2017.

2017 年,大连市高等学校共 30 所(不含 7 所成人高校),其中本科院校 20所,高职高专院校 10 所。本科院校中有部属高校 3 所,分别是大连理工大学、大学海事大学和大连民族大学;省属高校共 8 所,市属高校 1 所,其余为民办高校。"985"工程院校 1 所,即大连理工大学,"211"工程院校 2 所,除大连理工大学外另有大连海事大学,这两所高校于 2016 年进入教育部"双一流"建设高校名单。在大连市高职(专科)院校中,有省属公办院校 2 所,市属公办院校1 所,其他为民办高校。在大连市 30 所高等院校中,民办高校有 15 所,其中独立学院 3 所(国有民办),民办高校数占总校数的 50%(见表 2-5)。

表 2-5　2017 年大连市普通高校情况

层次	学校	归属	本专科在校生数/人
本科	大连理工大学	部属	25380
	大连海事大学	部属	16593
	大连民族大学	部属	16929
	大连交通大学	省属	15960
	大连工业大学	省属	14816
	大连海洋大学	省属	13013
	辽宁师范大学	省属	13247
	大连外国语大学	省属	13070
	东北财经大学	省属	9761
	大连医科大学	省属	7610
	辽宁警察学院	省属	4406
	大连大学	市属	14997
	辽宁对外经贸学院	民办	12029
	大连理工大学城市学院	民办	6750
	大连工业大学艺术与信息工程学院	民办	7521
	大连科技学院	民办	12047
	大连医科大学中山学院	民办	4932
	大连财经学院	民办	12840
	大连艺术学院	民办	12523
	大连东软信息学院	民办	14712

续表

层次	学校	归属	本专科 在校生数/人
高职 （专科）	辽宁税务高等专科学校	省属	—
	辽宁轻工职业学院	省属	6716
	大连职业技术学院	市属	10759
	大连商务职业学院	民办	—
	大连软件职业学院	民办	2204
	大连翻译职业学院	民办	—
	大连枫叶职业技术学院	民办	4550
	大连航运职业技术学院	民办	4940
	大连装备制造职业技术学院	民办	3771
	大连汽车职业技术学院	民办	2776

数据来源：大连市统计局，国家统计局大连调查队.大连统计年鉴——2017.北京：中国统计出版社，2017.

从在校生数来看，2017年大连市普通高校在校生共284852人，其中本科生共249136人，高职（专科）共35716人，分别占比为87%与13%；部属高校在校生58902人，省属高校在校生98599人，市属25756人、民办101599人，各占总在校生数的21%、34%、9%和36%。

三、高等教育发展阶段与主要特点

回顾大连市高等教育发展历程，我们可以粗略地将其分为以下四个阶段。

第一阶段，1945年至1977年。这一阶段，大连市高等教育在摸索中前行、在颠簸中发展。新中国成立后，大连市高等学校多为部属学校，受教育部及其他部委领导重视，因此，在院校建设与改革中总能很快地体现国家政策。比如，抗美援朝运动开始后，各高校普遍加强思想政治工作，开展爱国主义、国际主义教育，批判亲美、恐美、崇美思想，增强学生与教职员工的民族自尊心和爱国主义与国际主义精神。但后来的"大跃进"运动，特别是"文化大革命"，使得大连市高等教育事业的发展遭受挫折。但在回归与理性的纠错与调整下，高等教育整体上仍呈良好的发展态势。教学秩序日趋稳定，在院校调整与新设、专业增设基础上,招生规模不断扩大。教学、科研走上正轨,教学质量不断提高。

第二阶段,1978 年至 1998 年。1977 年我国恢复高考,1978 年党的十一届三中全会决定把工作重点转移到社会主义现代化建设上来,这些标志着教育事业进入到新的发展阶段。从 1978 年到 1999 年我国高校扩大招生前,大连市高等教育紧随经济发展稳步成长,高教事业全面进步。这一时期,大连市高等教育体制进行了一系列改革。大连工学院扩大了办学自主权,开始联合办学和接受委托培养生和自费生,毕业生分配开始向"双向选择"制度过渡;自行调整专业服务方向,修订教学计划、教学大纲和自选教材;科研上自主开展对外协作和签订合同。1992 年大连海运学院成立董事会,该会由大连海运学院和有关企事业单位共同组成,是参与学校建设与发展的指导、咨询机构,也是学校和有关企事业单位合作办学、共同发展的一种形式。1994 年,大连海事大学"一校两制"的办学模式开始实施,作为该校的"探索办学模式的改革试验区",实行董事会领导下的校长负责制、计划单列、独立核算、自负盈亏的两个学院——市场经济法学院和国际商贸学院正式招生。

这一时期,中外合作办学有了大胆尝试。1980 年,中美两国政府合办的"中国工业科技管理大连培训中心"落户大连工学院,这是中国第一个和外国合办的培训中高级经济管理人才的基地。1983 年,联合国开发计划署和国际海事组织在大连海运学院设立了"亚太地区海事培训中心",等等。这一时期,大连市高校获得了硕、博士培养资格,开始设立博士后流动站。1981 年,国务院学位委员会批准大连工学院为首批博士学位、硕士学位授予单位之一;大连海运学院、辽宁师范学院、辽宁财经学院、大连医学院为首批硕士学位授予单位中的三所高校。1985 年,大连工学院成立管理学院和外语系,并成为中国第一批博士后科研流动站建站单位之一。这一时期,一批新的高校也陆续创办,包括东北民族学院、辽宁税务专科学校、大连大学等。一些经济建设需要的专业陆续新设,如 1993 年,大连海运学院、大连铁道学院、大连轻工业学院增设了为发展市场经济培养人才的急需专业:外贸运输、物资管理、财务会计、信息管理、工业外贸等;辽宁师范大学增设了 14 个非师范专业。这一时期,校校联合、校企合作积极开展。1997 年,大连理工大学与大连外国语学院、辽宁师范大学与大连铁道学院分别签署联合办学协议,实行优势互补、资源共享,开展广泛合作。大连海事大学与瓦房店轴承集团公司、胜利石油管理局、辽河石油勘探局签订的协议规定,大连海事大学将作为上述 3 家企业有关专业人才的培养基地,根据需要开办专门培训班或开展多种层次的学位、学历教育,在技术领域联合攻关等。

第三阶段,1999 年至 2005 年。这一时期,大连高等教育在扩招的背景下,进入快速发展轨道。第一,适应扩招需要的教学场地、设备设施等不断增加,包括院校、专业、资产等。1999 年,大连职业技术学院和大连万成经贸职业学院创建;2001 年,又新增 3 所民办高等职业技术学院。2004 年,大连理工大学等 9 所院校新增 44 个本科专业及专业方向。1999 年,东北财经大学投资 1 亿元新建设备先进的综合教学大楼,大连海事大学投资 1600 万元,用于新建和改造实验室、多功能教室等。2000 年,全市高校校舍占地 692.4 万平方米,比上年增加 50 万平方米,增幅 7.8%;图书 856.8 万册,比上年增加 74.2 万册,增幅 9.5%。2004 年,大连普通高校校舍建筑面积达 552.93 万平方米,比上年增长 28.9%。第二,办学规模不断扩大。1999 年,大连地区部属、省属及市属院校都扩大了招生名额,总计招生 24569 人,比上年增招 6309 人,增长 34.6%。之后几年,高校继续扩招,到 2005 年,大连市普通高校在校本专科生达 182152 人,与 1998 年扩招前的 55232 人相比,增长了 229.8%,7 年年均增长 32.8%。第三,为了减轻办学资金压力,大连市推进高校后勤社会化改革工作,市教委起草了《大连市高校后勤社会化改革方案》(讨论稿),提出了在连高校后勤社会化改革的基本思路。第四,为学生提供学费资助与就业优惠政策。2000 年,以资助被普通高等学校录取的贫困大学生为目的的"寒窗基金"正式启动,当年,有 426 人按规定审批程序批准获得资助。2005 年,外地生源应届本科毕业生"先落户后就业"政策进一步落实。第五,进一步推动高校体制改革。1999 年,各高校以多种形式深化办学体制改革,主要形式有:校校联合,如大连海事大学与大连外国语学院联合,充分发挥各自的优势和潜力;一院两制,大连外国语学院分院经省教委、省计委批准成为实行国有民办试点学校;校企联合,如大连理工大学与市建筑公司签订技术合作协议,大连大学与大连药房"联姻",大连海事大学与外省区的宁城老窖集团签订合作协议。2005 年,11 所高校和当地 99 家企业建立了合作关系,各高校运用知识、技术、成果、专利、管理、培训等要素为大连经济建设和社会发展提供智力支持的力度加大。第六,民办高等教育比重显著上升,2004 年,4 所民办职业技术学院、8 所公办普通高校的民办二级学院,共招收本专科生 10957 人,占全市普通高校招生总数的 22%。

第四阶段,2006 年至 2016 年。这一时期,普通高校扩招速度放缓,高等教育进入成熟发展时期,在内涵建设中致力于地方经济与社会发展。第一,规模趋稳,扩招放缓。2006 年,全市高校本专科招生 59473 人,比上年减少 0.64%,其中本科招生 45580 人,比上年增长 7%,专科 13893 人,比上年减少

19.4％。到 2016 年,全市普通高校在校本专科生 290217 人,比 2006 年的 201378 人增加 88839 人,增长 44.12％,十年年均增长 4.4％。第二,科研能力不断增强。2006 年,大连市人才研究中心在大连理工大学揭牌成立,这是大连市推进人才强市战略的实施、加强人才理论研究的重要举措。2009 年,大连海事大学新增法学博士后流动站,成为辽宁省首家、东北地区第二家设立法学博士后科研流动站的学校。2010 年,大连市新增 6 家博士后科研工作站,至此,全市已有 54 个单位(地区)设立博士后科研工作站或博士后科研基地,涉及装备制造、造船、石油化工、电子信息、农业、生物制药、金融期货、环境保护等 10 余个行业,设站(基地)数量居全省首位。2015 年,大连理工大学、大连民族大学、大连海洋大学、大连工业大学等高校 5 项科研成果荣获国家科技进步奖。第三,高校与城市互动发展。2009 年,大连市创新创业研究中心、大连半导体照明检测服务平台以及大连食品工程技术转移中心分别落户对口高校。大连理工大学、大连海事大学、大连东软信息学院与大连高新技术产业园区签订"区校一体化"建设战略合作协议,建立紧密型合作联盟,共同打造辽宁沿海经济带上的"中国硅谷"。2010 年,大连理工大学分别与大连重工起重集团有限公司、大连天元电机股份有限公司签署校企合作协议,与美罗药业股份有限公司、大连奥森药业股份有限公司等签署了校企全面合作协议,与大连机床集团有限公司等签署校企战略合作协议。第四,创建实训实验基地,提升教学质量。2006 年,第一艘由我国自行开发设计的专用远洋教学实习船——大连海事大学新建教学实习船"育鲲"轮在武汉市武昌造船厂下水。2010 年,国家集成电路人才国际培训(大连)基地、大连理工大学—IMEC 创研基地在大连理工大学隆重揭牌,该基地是由欧洲最大的独立微电子研究中心——比利时微电子研究中心(IMEC)与大连理工大学共同设立,以创研基地为平台,开展人才培养、科学研究等方面的合作与交流。第五,促进大学毕业生就业创业。2006 年,大连市团委与大连软件园共建的首个大学生实训基地成立,基地通过产业发展与提高大学生技能的有机结合,促进大学生教育和就业。2009 年,大连启动高校毕业生就业培训工程,市委高等学校工作委员会、大连市教育局出资 300 多万元,以顶岗实习实践引导就业,面向职场开展培训。这一年,大连实施高校毕业生储备计划,市政府出资 2000 万元,依托部分机关事业单位,在医疗、教育、农业科技、基层社会管理等行业,购买 1000 个过渡性岗位,储备 1000 名高校毕业生。2010 年,为提高大连市生源应届毕业生的就业率,全市新建见习基地 50 家,见习基地总数达 267 家。第六,新院校、新专业陆续创建,教学条件不断改善。2006 年,大连民族学院创建,大连市 10 所高校、5 个二级学院共新增专业 37 个。2009 年,大连理工大学成立数学科学学院,并与中国科学院数学和系统科学研究院签订合作协议,成为"985"院校中首所设立数学科学学院的高校;大连外国语学院被批准建立国家汉语国际推广基地,并与韩国仁川大学合办仁川大学孔子学院;东北大学大连艺术学院转设为大连艺术学院;大连大学创立职业技术学院、护理学院;大连职业技术学院投入6190 万元新建、扩建各类实训室 55 个,购置实训设备 2243 台(套),投入 985万元建设学生自主学习网络平台。

第三节 大连市促进高等教育发展
主要战略和政策举措

就大连市高等教育的上述发展情况作进一步探究,我们不难发现,市政府的引导、激励与驱动成为其重要因素。早在"八五"时期,大连市就确立了"科教兴市"的发展战略,此后,大连市各类旨在促进高等教育发展的相关政策紧紧围绕这一战略渐次展开。

一、积极支持在连部、省属高校的建设

部、省属高等学校在大连市高等教育中占据重要地位,促进这类高校的发展,成为大连市政府努力的重要方面。"十五"期间,大连市抓住振兴老工业基地和建设"大大连"的契机,稳步发展高等教育,协助做好大连外国语学院、大连医科大学、辽宁师范大学、大连铁道学院等高校的易地搬迁改造工作,市政府用于扶持部、省属院校和发展市属高校的资金达到 6 亿元。《大连市"十一五"教育事业发展规划》明确提出:支持部、省属大学努力达到国内同类高校先进水平,推进高校国际化;进一步增强部、省属大学在地方科技进步、政治文明建设和精神文明建设中的重要影响力和辐射力;在高校新校区建设方面给予费用减免,继续支持大连理工大学"985"二期工程建设,支持大连医科大学、大连外国语学院、辽宁师范大学、辽宁警官高等专科学校等在连部、省属大学新校舍建设,推进沈阳音乐学院、鲁迅美术学院大连新校区建设,并设立支持在连高等院校与大连市经济和社会发展密切相关的、人才紧缺的重点专业建设的专项资金。《大连市国民经济和社会发展第十二个五年(2011—2015 年)规划纲要》也提出:鼓励在连高校引进高水平人才,优化学科设置,参与国际合作,加

快建设国内一流大学和国际一流学科。《大连市教育事业发展"十二五"规划》则具体指出：应充分发挥政府部门在政策引导、资源统筹、协调服务等方面作用，提供高校发展用地、学科建设、人才引进等方面的支持；加快高水平大学建设步伐，支持部、省属高校建设成为国际知名的高水平大学或在国内同类院校领先的本科高校。部、省属高校在大连市的大力支持下，已发展成为大连市高等教育的亮丽名片。当前，大连市有 13 所部、省属普通高校，包括两所"211"工程院校，其中一所"985"工程高校，两所"双一流"建设高校，在校生数占大连市高校在校生总数的 56％，这些院校为大连社会、经济与文化的发展做出了重大贡献。

二、加快发展市属普通高等院校

积极发展地方高校，促使其为地方经济社会发展服务，是大连市高等教育发展的又一着力点。《大连市教育事业"十一五"规划》就明确提出，大连大学和大连职业技术学院要以提高教育质量和办学水平为主要目标，使之达到市属大学一流水平，增强为地方经济建设和社会发展服务的自觉性。《大连市教育事业发展"十二五"规划》也提出，市属高校需进一步加强适应地方经济社会发展需要的人才培养和教育服务，支持大连大学建成在国内有一定影响力的教学研究型综合大学，支持大连职业技术学院建成全国高等职业教育示范院校中的强校。《大连市国民经济和社会发展第十三个五年规划纲要》进一步提出，推进大连地方本科院校内涵式发展，建设一流师资队伍，提高人才培养质量。《大连市教育事业发展"十三五"规划》明确提出，支持大连大学校区建设，加强建设辽宁省一流特色学科和"国家级工程实验室"，改善大连职业技术学院办学条件，进一步发挥大连教育学院在教师培训、教学研究与指导、教育服务等方面的突出作用；优化市属高校学科、专业建设，提高办学水平，为大连经济社会发展提供智力支持。大连大学自 1987 年正式成立，即定位于为地方服务，为基层服务，为中小企业特别是乡镇企业、区街企业服务的办学宗旨，历经 30 多年的不断发展，现已成为一所拥有法学、经济、教育、文学、艺术、历史、理学、工学、医学、管理十大学科门类，主要办学指标和综合办学实力进入辽宁省高校前列的综合性普通高等学校。2016 年，大连大学在校生总数达 15297 人。1999 年，大连职业技术学院创建，其办学宗旨是，为大连市经济建设和社会发展培养生产、管理、服务第一线的应用型人才。建立初有计算机应用、商务英语、商务日语、文秘等 15 个专业，当年招生 1080 人。经过 20 多年的发展，现已成为全国百所"国家示范性高等职业院校"之一，学校设有机械工程学院、电气电子工程学院、汽车工程学院等 12 个学院和 1 个教学部,开设涵盖装备制造、电子信息、财经商贸、旅游、公共管理与服务等 12 个专业大类的 65 个专业(方向),现有国家级教学改革试点专业 1 个,辽宁省品牌专业 13 个,大连市示范性专业 2 个,国家"高等职业学校提升专业服务产业发展能力项目"2 个,"对接产业集群省级职业教育示范专业"6 个,辽宁省高水平特色专业群立项建设项目 4 个,2016 年在校生达 11323 人。

三、大力发展高等职业教育

为了促进教育为地方经济发展服务,同时满足社会需要,借高校扩大招生的契机,在各项政策的推动下,大连市职业教育得到了较快发展,规模不断扩大,水平不断提高。2004 年,《大连市人民政府关于大力推进职业教育改革与发展的决定》(大政发〔2004〕号)提出,加快发展大连职业技术学院,根据专业特点,依托现有职业学校适度发展初中后五年制高等职业教育,主要培养 IT产业和装备制造等行业紧缺人才;深化职业教育办学体制改革,制定优惠政策,调动行业、企事业和社会力量发展职业教育的积极性,形成政府主导,依靠企业,充分发挥行业作用,社会力量积极参与的多元办学格局。"十一五"期间,大连市设立职业教育实训基地建设和教师培训的专项资金,并从 2006 年起,规定城市教育费附加安排用于职业教育的比例应不低于 30%。《大连市国民经济和社会发展第十三个五年规划纲要》提到,积极推进中高职衔接,促进职业教育与普通教育、继续教育的沟通对接,构建具有大连特色的现代职业教育体系;整合优化职业教育资源,加快普湾职业教育基地建设;深化校企合作、产教融合,推动课程改革,促进职业教育与产业深度对接;鼓励引导行业、企业和社会力量通过多种形式参与职业教育,加快推进职业教育集团化、国际化办学进程。

四、积极促进民办高等教育发展

民办高等教育既是大连市高等教育发展的一大特色,也是大连市高等教育的重要力量。为了贯彻落实《中华人民共和国民办教育促进法》及其实施条例,积极鼓励民办教育事业发展,大连市在多项政策文件中作出了重大部署与指示。2006 年《大连市人民政府关于大力发展职业教育的意见》就指出,把民办职业教育纳入职业教育发展的总体规划,鼓励、引导、支持企事业单位、社会团体和公民个人采用多种形式投资职业教育,引导民办公助、公办民助、国有民办、股份制等多种办学模式的健康有序发展,逐步扩大民办职业教育规模,形成公办民办共同发展的格局。"十五"期间,民办教育已涵盖大连市各个教育层次,成为该市教育事业的重要组成部分,5年内民办学校吸纳用于办学的社会资金已达10亿元以上。《大连市教育事业发展"十二五"规划》进一步提出,要改善民办教育发展环境,依法落实民办学校、学生、教师与公办学校、学生、教师平等的法律地位,切实解决影响民办教育健康发展的政策和制度障碍;制定和完善支持民办教育发展的财政、税收、金融、收费、土地等政策;完善民办学校教师社会保险制度与人事管理制度;开展营利性和非营利性民办学校分类管理试点,逐步建立民办学校分类管理体系;建立民办学校办学风险保证金制度和学费监管制度,逐步形成民办学校危机预警与干预机制;政府采取购买服务、资金奖补、教师培训等办法,支持非营利性民办教育加快发展。《大连市教育事业发展"十三五"规划》对民办教育发展提出了改革思路:鼓励社会力量以混合所有制、委托管理等形式发展职业教育;按照全市统筹、学校自愿、分步推进、逐步过渡的原则,推进民办学校分类管理改革;针对办学形式、办学内容、办学规模不同,研究制定民办学校差异化设置标准,支持社会力量提供优质特色、灵活多样的教育服务,满足个性化教育需求;加强民办学校办学水平和教学质量监督管理和评价。正是在这些政策的引领与驱动下,大连市民办高等教育获得了稳步的发展。

五、扩大办学规模,提高教育质量,满足人民群众的需求

为了满足人民群众对高等教育的需求,大连市高等教育在政府及社会各界的努力下,毛入学率不断上升。"十五"期间,高等教育毛入学率由25%提高到43%。"十一五"时期,高等教育毛入学率由43%提高到52%,每万人口高校在校生人数达到481人,高等教育快速发展,进入高等教育普及化阶段。人民群众对包括教育在内的公共服务的期望提高,对优质、特色、高层次的教育需求日益旺盛,进而对教育改革和发展也提出了更高的要求。基于此,《大连市教育事业发展"十二五"规划》明确提出,高等职业教育在校生要达到8万人,高等教育毛入学率达到60%,在连普通高校全日制在校生规模达到30万人以上。"十二五"末,上述目标任务基本完成,高等教育毛入学率达60.3%。在《大连市教育事业发展"十三五"规划》中,结合新形势,大连市将高等教育发展目标定位于:牢固树立并切实贯彻创新、协调、绿色、开放、共享的

发展理念,实施科教强市和品质立市战略,紧紧围绕提高质量这一战略主题,高等教育毛入学率达到65％左右。正是在不断满足人民群众对优质高等教育的需求过程中,大连市高等教育不断发展。

在规模上扩大的同时,致力于质量上的提升是大连市满足人民群众需求的重要方面。这不仅体现在专业建设以及教学、课程改革等方面,也体现于为提升学生能力(技能)与素质而开展的各种教育活动上。如"十二五"规划就提出,高等学校要加强就业创业教育,加强实践教学,提升学生就业创业能力;坚持走创新型、特色型、服务型发展之路,全面提高高等教育人才培养质量和社会适应性,把大连建设成为东北地区高等教育中心和创新人才培养基地;加强复合型人才培养,培育"传统专业＋信息软件"的信息化人才,助力传统产业的升级转型;强化外语教学,培养"技能硬＋外语强"的人才;推进创业型人才培养,推广虚拟创业平台,学用结合、学练结合,加强大学生的创新精神和创业技能;强化大学生职业素养,健全职业生涯指导和服务体系,提升大学生职业素养和就业创业能力。《大连市国民经济和社会发展第十三个五年规划纲要》提到,加强学生职业精神、职业技能和创新创业能力培养,提高技术技能人才培养质量;完善高校毕业生就业指导和服务体系,建立高校毕业生就业状况调查制度,促进高校专业建设与人才市场需求有效对接;培育创业创新公共平台,拓宽创业投融资渠道,运用财税政策和市场机制,引导社会资金和金融资本支持创业活动,壮大创业投资规模。

六、推动高等教育为地方经济建设服务,与城市发展互动

《大连市国民经济和社会发展第十二个五年(2011—2015年)规划纲要》提出,要创新发展高等教育,积极引进国际国内一流大学在连设立分院或分支培训机构,优先发展大连市产业升级和高精尖产业急需的学科和专业;加强高新园区与高校"区校一体化"战略合作。"十二五"时期是大连市紧紧抓住国家实施东北老工业基地振兴和辽宁沿海经济带开发开放战略机遇,强力推进"三个中心、一个集聚区"建设的加速期,是城市转型和经济、社会与环境协调发展的关键期。依托教育培育高素质的人力资源和城市综合创新能力,是大连率先全面振兴、实现科学发展新跨越的必然选择。鉴于此,《大连市教育事业发展"十二五"规划》提出,搭建高校与城市互动发展平台的发展目标,建立市一级的产学研合作委员会,重点建设30个市级重点学科专业、工程技术研究中心和研发中心,优先发展产业升级和高精尖产业急需的学科和专业,促进高校新技

术的产业化转移;建立区域内各类高等教育机构联盟,实现资源共享、优势互补,并在政府相关部门间起到协调沟通的作用。

教育事业"十三五"规划进一步提出,应增强高校服务城市发展的能力,统筹城校互动发展,将在连高校发展纳入城市发展总体规划,积极探索高校与大连城市发展相融合的有效机制,搭建大连市高校公共服务平台;深入推进"区校一体化"建设战略,高新区、旅顺口区、甘井子区、金普新区等地将辖区内高校的发展纳入经济社会发展总体规划,在城市规划、空间布局和重点建设中对高校发展的重点项目予以支持;鼓励高校在学科设置、专业布局、实验室和工程技术研究中心建设等方面逐步与大连市传统产业升级和新兴战略产业发展需求对接;鼓励高校建设一批具有国际水准和本土特色的智库,建立在连高校联盟和高校互动发展联席会议制度,推动建立高校联盟或区域教学共同体。在职业教育上,更是将人才培养与经济建设紧密结合,大力推行工学结合、校企合作的培养模式,加强学生生产实习和社会实践,促进企业与学校共同组织好专业理论教学和技能实训工作;建立新型企业学徒制模式下的"校企共同体",依托职业院校、技工院校,加强重点产业紧缺技能人才培训,激发职业教育办学活力,为大连经济建设培养更多应用型人才。

七、实施教育国际化战略

利用国际优质教育资源,大力发展市域高等教育,是大连市政府发展教育的重大策略。2006年,《大连市人民政府关于大力发展职业教育的意见》就提出,要把职业教育作为中外合作办学的优先领域,鼓励支持职业院校与国外知名学校合作举办高水平的独立职业教育机构,或合作开办专业课程和实训基地。"十一五"期间,为进一步推进大连市各级各类教育对外开放和对外交流,大连市决定输送更多校长、中青年骨干教师到国外进修学习,逐步增加外籍教师的聘任数量,提高外籍教师聘任质量,在教学科研领域广泛开展中外合作项目,在教育宏观政策研究方面注意借鉴国际教育特别是东亚发达国家和地区的教育经验;积极引进国外优质教育资源,继续鼓励中外合作办学,积极发展中外合作的职业教育机构和非学历教育机构。《大连市教育事业发展"十二五"规划》进一步明确提出,积极引进优质教育资源,在做优、做强已有国际交流与合作项目的同时,重点吸引国际知名高校来连与有关教育机构合作,引进国际一流大学先进的办学理念和管理模式,鼓励中外合作办学,引导中外合作办学向高层次、高质量发展;支持在连外国人学校发展,搭建国际教育交流平台；引进国际高等教育和职业教育课程、教材和教学模式，开展基于国际标准的专业认证。

第四节　大连市高等教育发展主要经验、问题

综观大连市高等教育发展历程与发展现状，我们不难发现，大连市高等教育发展较有特色，从历史上看，大连市高等教育底子厚，先天资源充足，特别是本科教育，但整体上专科教育规模小，本、专科教育发展明显失衡；大连市民办教育发展有良好的政策与实践环境，院校数量可观，但规模小，吸引力弱。这些经验与问题，都能给其他地区发展高等教育以启示。

第一，在发展模式上，大连市高等教育呈现出省级管理、市级支持、社会力量积极参与的格局。在管理上，当前大连市共有 30 所高校，其中只有 3 所为部属高校、2 所为市属高校，其他 25 所为省管高校。在学校来源上，大连市利用雄厚的高等教育资源，本着"名校办民校"的原则，衍生了多所高校（独立学院），如大连理工大学城市学院、大连工业大学艺术与信息工程学院、大连医科大学中山学院等；另外，一些独立学院又转为民办高校，如由原东北财经大学津桥商学院转设组建的民办高校大连财经学院、由原大连交通大学信息工程学院转设组建的大连科技学院等。在投资上，大连市社会力量显示出了蓬勃生机，当前 30 所高校中有 18 所为民办高校（含国有民办），民办高校成了大连市高等教育体系中的重要组成部分。在高等教育整个发展过程中，大连市本着科教兴市的发展战略，对高等教育积极引导，从院校发展资源上予以多方面大力支持，促进高等教育为地方经济社会发展做出贡献。

第二，大连市高等教育底子厚，先天资源充足，加之市政府的大力支持，已成为大连的亮丽名片。自 1945 年 8 月旅大地区解放至 1949 年 9 月，先后就有 8 所高校创办，到 1960 年，高校达到 15 所，后经调整、整顿，1979 年普通高校也有 10 所；而且，这些高校中，绝大多数为部属、省属高校，1979 年的 10 所高校中就有部属高校 6 所、省属高校 3 所，市属高校 1 所。到 1998 年时，部属高校 6 所、省属高校 6 所，1 所市属高校。2000 年时，大连市有 3 所部属高校，另外 3 所部属高校转为省属，省属高校共计 10 所，市属 2 所。从在校生规模来看，部属、省属高校在校生占全部普通高校在校生数的绝对多数，1979 年占到95.1％，1998 年占到 84.4％，2006 年占到 62.8％。在民办教育得到良好发展的背景下，2016 年，这一比例仍然达 55.5％，具体数据详见表 2-6。

表 2-6　大连市高等教育部分年份高校在校生数量

类型			年份						
			1979	1998	1999	2005	2006	2016
公办	部属	校数/所	6	6	6	3	3	3
		本科在校生数/人	13267	28389	31879	39577	42183	58538
		占在校生总数比例/%	79.8	51.4	49.1	21.7	21.0	20.2
	省属	校数/所	3	6	6	9	9	10
		本专科在校生数/人	2535	18201	21734	77325	84143	102637
		占在校生总数比例/%	15.3	33.0	33.5	42.5	41.8	35.3
	市属	校数/所	1	1	2	2	2	2
		本专科在校生数/人	815	8642	11347	23746	24965	26620
		占在校生总数比例/%	4.9	15.6	17.4	13.0	12.4	9.2

续表

类型		年份					
		1979	1998	1999	2005	2006	2016
高职高专	校数/所			1	7	7	7
	专科在校生数/人				17805	19591	19054
	占在校生总数比例/%				9.8	9.7	6.6
民办独立学院	校数/所				8	8	3
	本科在校生数/人				23699	30496	19482
	占在校生总数比例/%				13.0	15.1	6.7
民办本科院校	校数/所						5
	本科在校生数/人						63886
	占在校生总数比例/%						22
合计在校生数		16617	55232	64960	182152	201378	290217

数据来源：大连市教育志编纂办公室. 大连教育要览（1988—1989 年，1990—1991 年，1998—2000 年，2003—2004 年，2005—2006 年，2009—2010 年）.

第三,大连市利用良好的教育资源,大力促进高等教育为地方经济与社会发展服务。早在 1996 年,《大连市国民经济和社会发展第九个五年计划和 2010 年远景目标纲要》便提出,要合理调整并适度发展地方普通高等教育,全面提高教育质量和办学效益,充分发挥各大专院校的作用,为地方经济建设培养更多人才。基于此,大连市"科教强市"战略被摆在更加突出的位置上,教育在经济社会发展中、在建设创新型城市过程中的基础性、先导性、全局性作用更加明显,大学更加多样化发展并与城市相融合。国民经济与社会发展"十二五"规划以及教育事业"十二五"规划也多次强调,高等教育通过培养经济社会发展紧缺人才促进经济转型、产业升级以及与城市发展良性互动,积极促进"区校一体化"建设。实践中,高校坚持为地方经济建设服务,积极与地方进行合作。如 2010 年,大连理工大学分别与大连重工起重集团有限公司等签署校企战略合作协议,大连海事大学与交通运输部珠江航务管理局签署战略合作协议等。2014 年,大连市高校工委在前期调研并借鉴国内其他城市经验基础上,起草了《支持在连高校发展和促进高校与地方发展、企业升级充分融合实施意见》,以此规范并促进高校与地方发展相融合。

第四,大连市民办教育发展有良好的政策与实践环境,院校数量可观,在大连市普通高等教育中占有重要一席之地。大连市各级各类民办教育在市政府及各行政部门的大力推动下,得到了较好的发展。以普通高中为例,1999年,大连市有普通高中 69 所,其中民办高中 12 所;共招生 22668 人,其中民办高中招生 2827 人,占比为 12.5%;到 2006 年,大连市有普通高中 80 所,其中民办高中 20 所;招生数分别为 39435 人、7303 人,民办高中招生占比达18.5%。自 1999 年新建第一所民办高职院校以来,民办高等教育在扩大招生背景下得到了较快发展,到 2006 年,民办高校达 15 所,在校生达到 50087 人,占当年全部普通高校在校本专科生的 22.8%。到 2016 年,民办高校仍为 15所,在校生为 102422 人,占比高达 35.3%。民办教育在满足人民群众需要,促进大连市经济、社会的发展中做出了一定贡献。

大连市高等教育在发展过程中,也明显出现了一些问题。

第一,在大连市部属、省属高校中,本科层次教育占有绝对比例,而专科层次教育则占比少,整个大连市普通高等教育也同样如此,本、专科教育明显失衡。以大学扩大招生后的几年为例,1999 年,大连市普通高等院校在校本专科生共计 64960 人,其中本科生 53489 人,专科生 11471 人,占比分别为 82.34%与 17.66%;2006 年,全市在校本专科生共 201378 人,其中本、专科生分别为158384 人、42994 人,占比分别为 78.65%与 21.35%;2016 年,全市在校本专科生共 290217 人,本、专科生分别为 253214 人、37003 人,分别占比为 87% 与 13%。这种失衡状态更甚于全国水平,2016 年《中国教育统计年鉴》显示,我国本科在校生数为 1856.02 万,专科在校生数为 1405.21 万,二者占全部本专科在校生比例分别为 56.9%、43.1%,与国际高等教育的"金字塔"形结构相去甚远。很显然,教育层次上本、专科发展失衡,将会对产业结构与就业结构带来不利影响,一方面会阻碍地区产业转型升级,影响"科教强市"战略的实施;另一方面会因供需不平衡而出现结构性失业问题。

第二,民办教育有了良好的发展,但同时还面临着诸多问题,特别是民办职业教育院校规模小,吸引力弱。尽管大连市在促进民办高等教育中推出了诸多优惠政策,如用地、师资等,在管理体制、教育教学及课程专业建设等方面加强指导与服务,为民办教育营造了良好的发展氛围,但民办院校在发展中仍然存在许多问题,制约着民办教育的发展,如资金不足、办学经验欠缺、师资不稳定等。而对于民办高职高专院校而言,情况更不容乐观,办学规模普遍较小,如 2017 年大连汽车职业技术学院在校生为 2776 人,大连软件职业学院为 2204 人,大连装备制造职业技术学院 3771 人,有在校生的 5 所院校共计在校生也只有 18241 人。其原因不仅在于整个社会对职业教育、民办教育热情不高,更在于这类院校设备设施、教学管理、师资力量等方面不能较好地满足教学需要,进一步造成民办职业院校吸引力的下降。要提升民办教育特别是民办职业教育的吸引力,扩大专科层次教育规模,还必须从以下方面进一步努力:一是加大政府投入,帮助民办机构解决因资金不足而引起的办学条件差与资源不足等问题;二是加强教学督导,规范民办高校办学行为并引导其准确定位、办出特色;三是组织教育交流学习,不断提升办校者办学素质与能力,提升民办院校教师教育教学能力。

参考文献

[1]大连地方志编纂委员会办公室.大连市情.天津:天津人民出版社,1987.

[2]大连市史志办公室.大连市志 教育志.北京:中央文献出版社,2001.

[3]大连市史志办公室.大连年鉴(1996).大连:大连出版社,1996.

[4]大连市史志办公室.大连年鉴(1998).大连:大连出版社,1998.

[5]大连统计局.2002—2018 年大连统计年鉴.大连统计局官网.https://stats.dl.gov.cn/col/col3811/index.html.

[6]中华人民共和国教育部发展规划司.中国教育统计年鉴—2016.北京:中国统计出版社,2017.

第三章　青岛市促进高等教育发展政策研究

第一节　青岛市经济社会的发展现状

一、经济社会发展的基本状况

2016 年青岛市生产总值(GDP)10011.29 亿元,比上年增长 7.9%(见图 3-1),人均 GDP 达到 109407 元。全市规模以上工业增长值 7.5%;社会消费品零售总额 4104.9 亿元,比上年增长 10.5%;进出口总额 4350.7 亿元;全体居民人均可支配收入 35680 元。青岛全市面积 1.1282 万平方千米,其中市区 1471 平方千米,占比 13.03%。

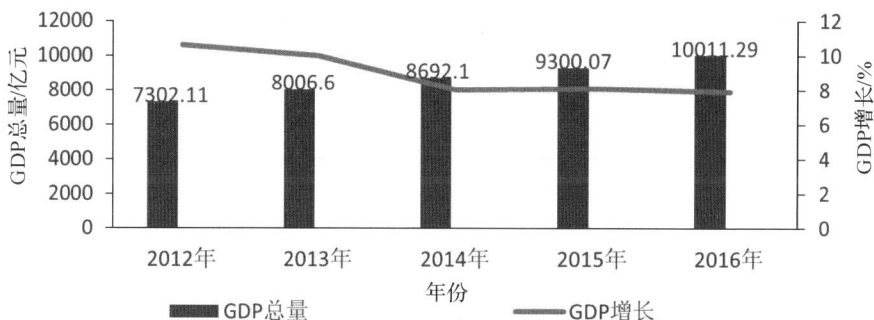

图 3-1　2012—2016 年青岛市 GDP 总量和增长情况

二、"十二五"期间主要产业的发展状况

"十二五"时期,青岛市将培育发展战略性新兴产业作为推动经济转型和产业升级的重要举措,产业发展速度加快,聚集格局初步形成,创新能力不断增强,发展环境和支撑条件不断优化。2016 年,第一产业增加值 371.01 亿元,比上年增长 2.9%;第二产业增加值 4160.67 亿元,比上年增长 6.7%;第三产业增加值 5479.61 亿元,比上年增长 9.2%。三次产业比例为 3.7∶41.3∶54。全年实现海洋生产总值 2515 亿元,增长 15.7%,占 GDP 比重为 25.1%。全市现代服务业实现增加值 2958.2 亿元,增长 15.2%,占 GDP 比重为 29.5%。

(一)产业规模迅速扩大

2015 年,全市战略性新兴产业完成产值 3733.6 亿元(不含数字创意产业),占规模以上工业总产值比重突破 20%。高端装备与材料、新一代信息技术等优势产业主体地位日益稳固,占战略性新兴产业产值比重高达 87%;生物、新能源汽车、节能环保、新能源、数字创意等产业加快培育,产业转型升级引领作用日益凸显。青岛市相继获批海洋装备、海洋新材料、机器人等 6 个国家高新技术产业化基地和石墨烯、海洋生物医药等 4 个国家火炬特色产业基地,培育了中车四方股份、中船重工、武船重工、软控股份、明月海藻等一批龙头企业和特锐德、双瑞环境、青岛科捷、达能环保等一批高成长性创新企业,战略性新兴产业体系初具规模。

(二)集聚发展格局初步形成

"一谷两区"成为战略性新兴产业发展的核心引擎区。蓝谷核心区以创新创业为重点,海洋国家实验室、国家深海基地等一批国家级重大科技创新平台相继启用,产业培育与企业创新发展进入新阶段。红岛经济区以高技术产业化为重点,落户重点产业化项目 300 余个,在软件信息、智能制造、生物医药、石墨烯等方面形成了先发优势。西海岸新区以建设高端新兴产业集聚区为重点,特色产业园区建设成效显现,2015 年船舶与海洋工程装备制造基地、海洋生物产业园等省、市级海洋特色园区实现产值 500 亿元。城阳轨道交通产业园、崂山海洋生物产业园等区(市)战略性新兴产业特色园区加快发展,初步形成了各具特色的集聚发展格局。

(三)产业创新能力大幅提升

国家创新型城市和技术创新工程试点城市建设全面推进。各类研发机构超过800家,其中国家工程实验室3家、国家重点实验室6家、国家工程技术研究中心10家、国家认定企业技术中心33家、国家地方联合创新平台16家,均居同类城市前列。高新技术企业达到964家,"千帆计划"入库企业1573家,组建各级产业技术创新战略联盟68家。研发投入快速增长,2015年全社会研发经费投入占GDP的比重达到2.84%,较2010年增长0.64个百分点。科技成果大幅增加,专利授权取得突破,"十二五"期间全市发明专利申请合计13.53万件,发明专利授权1.26万件,船舶电力推进系统、水下智能装备、海信电视芯片、基因工程疫苗、3D打印等创新成果涌现,为战略性新兴产业发展提供了强大的技术支持。

(四)支撑条件不断强化

投融资体制不断创新,设立了市级新兴产业创业投资引导基金和天使创业投资引导基金,参股基金规模分别达到40亿元和9.9亿元。人才队伍建设稳步加强,全市人才资源总量达到160万人,比2010年增加40万人,共有两院院士28人、外聘院士33人。创新创业载体建设持续深入,全市孵化器建设面积超过1100万平方米,投入使用600余万平方米,入驻企业超过5000家。技术市场服务体系逐步完善,获批国家海洋技术转移中心和国家科技服务业创新发展试点城市,全市各类科技服务机构超过1500家,2015年技术合同交易额近90亿元,是2010年的5.5倍。

(五)发展环境不断优化

"十二五"期间,中央和地方均出台了扶持战略性新兴产业发展的政策措施,政策扶持体系不断完善。市场配置资源的决定作用得以落实,以企业为主体、政府提供支持和服务的战略性新兴产业发展机制已初步形成。我国"一带一路"倡议、"三去一降一补"供给侧结构性改革为战略性新兴产业发展拓展了新领域和新空间。创新驱动发展战略加快实施,大众创业、万众创新深入推进,"互联网+""海洋+"规划全面落实,各类创新创业资源不断集聚,形成加快战略性新兴产业发展的良好社会氛围。

"十二五"时期,青岛市战略性新兴产业发展较快,取得了较大成就,但在产业规模、创新能力、体制机制等方面还存在一些问题:产业规模偏小,产业链不完善,企业、品牌的市场影响力和竞争力尚需进一步提高;科研资源有效整合不足,部分领域缺乏核心技术,自主创新能力和科技成果转化能力仍不够强;体制机制和服务体系不够完善,创新平台、金融服务、市场准入和行业统计等尚难适应产业快速发展的需要。

第二节　青岛市高等教育的发展现状

一、"十二五"期间高等教育的发展状况

"十二五"期间青岛全市目前共有高等学校 25 所,其中本科层次高校 16 所(其中中国海洋大学、中国石油大学(华东)为"985""211"高校),专科层次高校 8 所,成人教育高校 1 所。全日制专、本、研在校生 37.36 万人。在青高校共有教职工 30390 人,专任教师 20151 人,其中正高级职称 2541 人,副高级职称 5817 人。专任教师占教职工总数的比例为 66%。专任教师中具有博士学位者 5717 人,具有硕士学位者 11341 人。共有全职两院院士 14 人,外聘院士 31 名,国家有突出贡献的中青年专家 25 名;长江学者(包括特聘教授、讲座教授和长江学者成就奖)25 名;国家百千万人才工程第一、二层次人选 17 名,新世纪百千万人才工程人选国家级人选 29 名;国家杰出青年基金获得者 30 名;国家级教学名师 4 名;国家学位委员会学科评议组成员 13 名。享受国务院政府特殊津贴人员 331 名;省部级有突出贡献的中青年专家 146 名;聘有泰山学者 116 名。

在青高校共有博士后科研流动站 49 个。博士学位授权一级学科点 43 个;硕士学位授权一级学科点 171 个。有国家重点学科 15 个,国家重点(培育)学科 5 个,省部级重点学科 116 个,其中山东省"十二五"重点学科 89 个,其中省级特色重点学科 28 个。现有市级(含)以上各类重点实验室 203 个。其中,国家重点实验室 1 个,国家工程实验室 4 个,省部共建国家重点实验室培育基地 3 个,国家部委设立的重点实验室 15 个、山东省重点实验室 55 个(其中山东省"十二五"高校重点实验室 49 个),青岛市重点实验室 37 个,山东省"十二五"高校人文社会科学研究基地 12 个。国家工程技术研究中心 4 个,省部级工程技术研究中心 50 个。在青高校共承担市级(含)以

上纵向科技计划项目 1854 项,共获得纵向科研经费资助 11.17 亿元。其中,国家级项目 538 项,获得科研经费资助 8 亿元(包括"863"项目 10 项、国家自然科学基金 511 项、国家社科基金 37 项),省部级项目 854 项,获得科研经费资助 2.7 亿元。

2016 年度获得市级(含)以上科技奖励 205 项。其中国家级科技奖励 1 项,省部级二等奖以上科技奖励 60 项。高校与地方签订横向科技合作协议 2310 项,合同金额 6.45 亿元,其中在青岛行政区域内转化科研成果数量为 352 项。在青高校共申请专利 3720 项,其中发明专利申请 2442 项;授权专利 3125 项,其中发明专利 1564 项。在国内外学术期刊发表论文 17647 篇。其中 SCI 收录 4716 篇,EI 收录 3762 篇,ISTP 收录 442 篇;CSSCI 收录 358 篇。

二、"十三五"期间高等教育发展情况

截至 2017 年底,青岛市已经引进并初步运行的高校(机构)有 13 所,已经签署合作协议并正在推进的国内外高校(机构)16 所(见表 3-1)。加大国内外高水平大学引进力度,重点推进复旦大学、北京航空航天大学、中国科学院大学、哈尔滨工程大学、山东大学、中国海洋大学等高校青岛校区建设,推动其他在青高校扩展办学空间,设立校区或创新创业基地。与国外高水平大学合作建设 3—5 所非独立法人的中外合作办学机构。

表 3-1　青岛市引进外地优质高等教育资源情况(截至 2017 年底)

已经引进并初步运行的高校(机构)	已经签署合作协议的高校(机构)
山东大学青岛校区("211""985")	中国科学院大学海洋学院(中科院科教园)
西安交通大学青岛研究院("211""985")	同济大学青岛研究院("211""985")
上海财经大学青岛财富管理研究院("211")	哈尔滨工业大学青岛科技园("211""985")
天津大学青岛海洋工程研究院("211""985")	西南交通大学青岛轨道交通研究院("211")
大连理工大学青岛研发基地("211""985")	清华大学文化创意发展研究院("211""985")

续表

已经引进并初步运行的高校（机构）	已经签署合作协议的高校（机构）
哈尔滨工程大学青岛校区（"211"）	北京大学青岛科技园和海洋研究院（"211""985"）
四川大学青岛研究院（"211""985"）	中国政法大学中美城市管理学院（"211""985"）
吉林大学青岛汽车研究院（"211""985"）	中国人民大学青岛研究院（"211""985"）
对外经济贸易大学青岛研究院（"211"）	中国社会科学院大学青岛校区
北京航空航天大学青岛研究院（"211""985"）	西北工业大学青岛研究院（"211""985"）
山东中医药大学青岛中医药科学院	武汉理工大学青岛研究院（"211"）
中央美术学院青岛校区	大连海事大学青岛校区
复旦大学青岛研究院（"211""985"）	普华永道大学
	中德双元工程大学（海外）
	中德创业大学（海外）
	联合国大学可再生能源学院（海外）

第三节　青岛市引进优质高等教育资源的政策措施

一、引进优质高等教育机构的政策措施

2016 年青岛市人民政府发布了《关于加快引进优质高等教育资源的意见》（青政发〔2016〕5 号），青岛市教育局随即牵头 7 个局委出台了《加快引进优质高等教育资源实施办法》（青教通字〔2016〕56 号），拉开了青岛市引进外地优质高等教育资源的序幕。

（一）引进优质高等教育的目标和要求

1.引进优质高等教育机构的总体目标

到 2020 年,在青高等教育机构(含军事院校)总数由 2016 年的 25 所增加至 50 所以上。引进高校研究院、研究生院、国际化人才基地、技术转移中心等机构 20 所以上;研究生数量在现有基础上翻一番,在校生数量和高校数量位居计划单列市首位,在副省级城市中处于上游水平;建成一批在国内外有重要影响力的高水平大学,使青岛成为充满活力的创新高地和人才高地。青岛西海岸新区、青岛高新区、青岛蓝色硅谷结合各自产业定位,规划布局高教园区或科教园区,每个园区至少新增 4 所高等教育机构;崂山区、城阳区、即墨市、胶州市、平度市、莱西市至少各新增 2 所高等教育机构。

2.优质高等教育机构的引进范围

引进的高等教育机构应为国内外知名高校,境内大学原则上应为国家"985""211"工程大学或国内专业排名前 5 名的高校,境外大学原则上应为世界一流大学或拥有一流学科。重点引进以研究生层次培养为主体的办学机构。结合青岛市高校现有学科布局、实力,以及产业发展趋势和对人才、科技的需求,重点引进海洋开发、新一代信息技术、新能源、新材料、节能环保、高端装备制造、生物医药、新能源汽车、轨道交通、船舶海工、航空经济以及文化影视传媒、商学、财富金融管理等领域的学科专业。

3.优质高等教育机构的引进模式

引进的国内外高等教育机构,可依法举办研究院、研究生院、国际化人才基地、技术转移中心、校区(分校)、二级学院等机构。重点引进以研究生培养为主体的办学机构。支持举办具有独立法人资格的高水平中外合作大学。设立的高等教育机构根据需要可在青岛市行政区域内登记注册,符合事业单位法人登记条件的,经其主管部门审查确认,并经市事业单位登记管理部门审核同意,可在青岛进行事业法人登记。

4.优质高等教育机构的办学机制

发挥市场机制作用,积极探索公办、民办、国有民办、混合制等多种所有制形式,采取合作办学、垫资办学、租赁办学、独立办学等多种办学方式,支持社会力量参与高等教育机构的创建。引进设立的高等教育机构要创新体制机制和管理运行模式,建立健全现代大学制度,形成政府引导、社会投入的多元发展格局。

(二)引进优质高等教育资源的支持政策

1.引进优质高等教育机构的资金补助

对引进并正式运行的国内外优质高等教育机构给予补助,其中,对引进的非独立法人国内外优质高等教育机构,第一年给予不低于500万元的启动补助资金,以后根据绩效情况每年补助不低于200万元,连续补助5年;对引进的独立法人国内外优质高等教育机构,第一年给予不低于1000万元的补助资金,以后根据绩效情况每年补助不低于400万元,连续补助5年。所需资金由市、区(市)财政共同负担,其中,市财政负担最低补助标准部分,超出最低补助标准的部分由区(市)财政负担。在引进高等教育机构的同时引进高端研发机构的,经认定符合青岛市高端研发机构引进条件的,由市政府给予青岛市高端研发机构引进专项资金支持。对于建成后正式运行的高等教育机构,凡符合青岛市人才引进、科研项目、学科建设等方面扶持政策的,优先予以支持。

2.引进优质高等教育机构的用地和配套服务

对于国内外高水平大学来青举办校区或分校的,划出专门区域并预留500亩至3000亩建设用地;对于设立研究院、二级学院等二级办学机构的,根据需要预留相应面积的用地。通过引进高等教育机构来青的高端人才,符合青岛英才"211"计划的,享受同等的奖励和支持政策。对于引进的高等教育机构,落户地的区(市)政府、功能区管委要按规定对其教学科研活动、建设用地、人才公寓、房屋租赁、税收减免、机构设置等给予优惠政策,并提供高层次人才、子女及其配偶落户等配套服务。鼓励各区(市)为引进的高等教育机构无偿代建校园基础设施,实施"交钥匙工程"。

(三)引进优质高等教育的组织保障

1.优质高等教育机构引进的组织领导

建立由市政府分管领导担任总召集人,市教育、发展改革、科技、财政、人力资源社会保障、国土资源房管、规划、外办、编委办等部门和各区(市)政府负责同志组成的青岛市高等教育资源引进工作联席会议制度,统筹协调解决优质高等教育资源引进、建设中的重大问题。联席会议办公室设在市教育局,市教育局局长兼任办公室主任。各区(市)政府、各功能区管委要加强组织领导，加大引进高等教育资源工作力度，确保工作目标落实到位。

2.优质高等教育机构引进的绩效评价

建立对高等教育机构在青办学机构的跟踪管理和第三方评估机制，青岛市高等教育资源引进工作联席会议办公室负责按照其在青办学机构上报确定的阶段性预期目标和建设任务书，定期进行绩效评价，并作为资金支持、政策扶持的重要依据。对于办学效果不佳或难以实现预期目标的高等教育机构，要督促其及时进行整改。

二、引进和培养高层次人才的政策措施

青岛市在引入优质高等教育的同时，也加强了高层次人才的引进。青岛市先后出台了《青岛市"十三五"人才发展规划》(青办发〔2016〕45号)、《青岛市人才服务提升行动计划(2016—2020年)》(青人社字〔2016〕75号)。2018年又修订出台了最新的政策《关于实施人才支撑新旧动能转换五大工程的意见》、青岛西海岸新区《关于人才引进"一事一议"暂行办法》和《关于实施"梧桐树"聚才计划的若干政策》(青发〔2018〕26号)。此外，围绕城市技术创新和产业发展需求，市政府与知名高校共建以"研究生院＋研究院＋成果转化＋国际合作"四位一体的高水平研究机构，高端研究机构的设立也带动了高层次人才引进。

(一)百万人才集聚工程

百万人才集聚工程是五大工程的统领，目标是聚焦青岛新旧动能转换重大工程提出的20大重点产业领域，利用5年时间，集聚100万优秀人才，建设分布合理、结构科学、量大质优的金字塔式人才体系。其中包括4个子工程。

1.顶尖人才集聚工程

围绕"引进一个顶尖人才、带来一个创新团队、支撑一个优势产业、培育一个经济增长点，形成人才的良好发展态势"，面向全球招揽涉及20大产业领域的国内外院士、世界级水平科学家等高精尖人才100名左右，实现人才与产业比翼齐飞。

2.领军人才扩容工程

着重集聚具有省级以上称号的创新创业人才1100名左右。其中,自主培养、全职引进400名左右泰山系列人才工程人选,柔性引进500名左右具有省级以上称号的创新创业人才。

3.高层次产业人才提升工程

围绕打造创新创业中坚力量,引进培养高学历、高职称、高技能等高层次产业人才和特殊人才12万名左右。其中,现代海洋、智能家电、新一代信息技术等优势特色和新兴未来产业领域人才9万名左右,商贸服务、机械设备、橡胶化工等传统支柱产业人才3万名左右。

4.基础人才培养储备工程

围绕增强基础人才培养储备,重点引进培养本科及以下学历人才、技能人才、乡村振兴人才88万名左右。其中,科研型产业人才30万名左右,现代加工制造一线产业人才35万名左右,现代服务业人才17万名左右,乡村振兴人才6万名左右。

(二)创新创业激励工程

通过进一步完善奖补政策,鼓励支持创新创业,着力激发人才活力,让人才在创新创业、奉献社会中既能"名利双收",又无后顾之忧。分别对顶尖人才、领军人才、青年人才等三个层次人才给予不同的奖补。

(三)未来之星培养工程

未来之星培养工程旨在面向未来挖掘人才、培养人才、储备人才,构建可持续的人才发展体系。其包括3个子工程:

1.高端人才培养工程,主要面向未来的顶尖人才和领军人才

每年遴选2—3名有望当选院士的高端人才,培养周期2年,每年最高给予50万元经费补助;每年遴选5—10名优秀创新人才和10—20名有望当选泰山学者、泰山产业领军人才工程的优秀青年科研人才,培养周期2年,每年分别最高给予20万元、10万元的经费补助。

2.青年英才托举工程,主要面向博士、博士后等青年人才

为来青在站博士后2年内发放12万元生活及住房补贴;将出站(基地)留

青、来青工作的博士后安家补贴由原来的 20 万元提高到 25 万元。对来青创新创业并购买首套商品房的博士、硕士研究生,分别给予 15 万元、10 万元一次性安家费。这几项普惠性政策补贴,在数额上都是全省乃至全国领先。

3. 首创"金种子"储备工程,主要面向高校在校生

每年从"双一流建设大学"的高校中,遴选一批有意来青创新创业的优秀在校生,用人主体与其签订"信用合同",给予学费补助。在此基础上,对国内在校研究生根据所获奖学金额度的 50% 给予生活补贴;对在国外留学的在校研究生给予每人每年 5 万元补助。意向用人主体负责"金种子"学生的实习及实习期间生活补贴。用人主体对意向人才的补助,财政给予一定比例补贴。这项政策属于全国首创。

(四)全民招才引智工程

全民招才引智工程是在发挥政府的政策引导作用的同时,更加重视市场对人才资源的配置作用,整合提升资本引才、中介引才、平台引才和以才引才、以情引才的资源和质量。

发挥政府的政策引导作用,面向全球招揽英才。突出 20 大产业,编制全球高层次人才分布地图,建设全球高层次人才信息库,每年在全球发布 2 次青岛高精尖缺人才需求及人才政策。

发挥用人主体作用,激活引才用才的原动力。支持鼓励企业筹建海外研发中心和孵化基地,对聘用全职工作的外籍高层次人才,可单独申报市级人才工程或作为项目负责人申报科研项目;对用人主体新引进(全职)、新培养的人才符合相关标准的,按照每人 30 万元、20 万元和 10 万元的标准给予一次性奖励。

发挥引才"红娘"作用,奖励标准大幅提高。对全职引进的顶尖人才,奖励标准分别由 20 万元、10 万元、5 万元提高到 50 万元、30 万元、10 万元。引才奖励力度与过去相比提高了 1—2 倍。

发展人力资源服务产业,输送更多优质人才。将高端科技服务业人才纳入创新创业领军人才计划支持范围,支持高校、科研院所开展技术经纪人、科技评估、专利分析等各类培训,培育壮大专业化技术转移人才队伍。

围绕新旧动能转换,打造人才集聚平台。突出青岛市新旧动能转换 20 大产业,打造 20 个省级以上产业平台;突出科研平台人才集聚效应,依托青岛海洋科学与技术试点国家实验室、中科院海洋研究所等高端海洋科研平台,打造

全球海洋人才集聚高地;大力支持青岛国际院士港、青岛院士专家创新创业园(院士智谷)发展,积极打造顶尖人才创新创业平台。

(五)安居乐业保障工程

安居乐业保障工程旨在提升人才服务保障的质量和水平,从医疗保健、居住环境、子女就学、配偶就业、落户安置等各个方面,为人才打造全方位的"定制服务"。

人才绿卡再扩容,建立人才绿卡分类制度,扩大持卡人才范围,提供更加精准的服务;绿色通道再升级,持卡人享受相应的医疗保健和就医绿色通道服务;在降低落户门槛方面,对经市级认定全职引进的省部级领军人才及正高职称人才可直接登记落户,本科以上高校毕业生凭毕业证落户,并放宽专科、高职校、技工院校高级工以上毕业生落户限制。

创新实施举家引进配套工程。建立人才及配偶编制、人才子女优质基础教育学位2个"蓄水池",用于解决人才关注的配偶就业和子女就学问题。在人才及配偶编制"蓄水池"中,单列300个机动编制,专门用于已满编的机关事业单位引进高层次人才、急需紧缺人才以及其配偶随调安置。在人才子女优质基础教育学位"蓄水池"中,市教育局指定2所局属优质普通高中和1所局属优质初中学校安置高层次人才子女入学。

加大人才公寓建设力度,产权型人才公寓出售价格按照同区域商品住房价格下浮20%的比例确定。取得服务绿卡的人才在青购买首套住房,申请公积金贷款可缩短最低缴存时间。对在青就业的高校毕业生,按照博士1200元/月、硕士800元/月、本科500元/月标准发放36个月住房补贴,列入紧缺急需目录专业的博士、硕士分别给予1500元/月、1200元/月的住房补贴。

另外,在促进科研成果转化方面,提高科技人员成果转化收益,以技术转让或许可方式转化职务科技成果的,应将不低于80%的净收入用于奖励研发和转化人员。以科技成果作价投资实施转化的,应将不低于80%的股份或出资比例用于奖励研发和转化人员。建立完善容错机制,对承担探索性强、风险度高项目的科研人员及团队,虽认真履职、刻苦攻关,但因客观原因失败或未达到预定目标,按照容错原则,不追究相关人员责任,已拨付经费不予追回。

第四节　青岛市高等教育发展的特点与模式

一、青岛市高等教育发展的特点

青岛市在高等教育发展上存在以下几个显著的特点：一是在管理体制上简政放权，探索"延伸管理与属地管理相结合，以延伸管理为主"的宏观管理模式。二是优质高等教育资源"外地引进"和"本地培育"并重，促进校地融合创新发展。三是优化职业教育资源配置和人才培养机制，构建高水平的现代职业教育体系。

（一）高等教育管理体制的特点

1.推进简政放权和宏观管理

青岛市在高等教育管理体制上探索"延伸管理与属地管理相结合，以延伸管理为主"，支持各引进高校形成"条块结合，以条为主"的总部—校区管理体制。青岛市围绕高校"依法办学、自主发展"，进一步厘清政府主管部门、高校和市场的权责，加强政府权力清单和责任清单制度化建设，推进简政放权。建立基于规划的市级统筹和宏观管理机制，以规划为引领统筹安排全市教育投入、高效配置教育资源。加快构建高水平、有特色的高等教育绩效评价体系。推进政府监管体制改革，加快构建事中事后监管体系，加强教育监测系统建设，实行有效促进、科学衡量、合理评估的方针。

2.优化高等教育的服务机制

青岛市各涉及高等教育服务的部门简化服务流程，创新服务方式，大力推行"互联网＋政务服务"，改革完善政府服务供给方式。创新体制机制，推广政府和社会资本合作模式，调动社会各方面的积极性，多渠道提高公共服务共建能力和共享水平。完善教育信息公开制度，保障各利益相关方和社会公众对教育的知情权、参与权、监督权和评议权。

3.推动建立社会资源参与机制

青岛市支持企业、社会团体和个人通过独资、合资、合作、委托管理等途径,采取公建民营、民办公助、混合股份等形式参与高等教育发展。探索以土地、校舍等要素低租金或零租金等方式,吸引教育名家或品牌学校参与办学。创新民办教育融资机制和奖励机制,制定吸引民间资本投资办教育的项目库,实施出资人奖励制度,促进民间资本参与多样化教育服务。探索政府与社会资本有效合作方式,引导社会资本参与教育基础设施建设和运营管理,提供专业化服务。《青岛市"十三五"教育事业发展规划》提出,以在青高校已有优势特色学科和市校共建重点学科为基础,通过资金、政策、资源支持,加强高校特色学科人才团队培育,加大海内外高层次人才引进力度,加快构建与青岛市现代产业结构相适应的高水平学科体系。

(二)优质高等教育发展的特点

1.实施优质高等教育资源引进工程

设立高等教育发展基金,重点支持高校引进、市校共建等项目;加大国内外高水平大学引进力度,重点推进复旦大学、北京航空航天大学、中国科学院大学、哈尔滨工程大学、山东大学、中国海洋大学等高校青岛校区建设,推动其他在青高校扩展办学空间,设立校区或创新创业基地。与国外高水平大学合作建设3—5所非独立法人的中外合作办学机构。

2.推进在青高校"一流大学、一流学科"建设

以青岛市产业需求为导向,加大对在青一流大学和一流学科建设的支持力度,重点建设处于国内同类学科前列、在国际上有一定影响、对区域经济社会发展具有重要支撑作用的学科,打造学科高峰,支持若干优势特色学科建成世界一流学科。支持中国海洋大学(一流大学)、山东大学青岛校区(一流大学)、中国石油大学(华东)(一流学科)等建设。推进在青高校一流师资队伍建设,加快高层次人才引进与培养,优化高校学科专业布局和人才培养方式,提升在青高校科研创新能力、人才培养质量、社会服务水平和文化传承创新能力。

3.提升高等教育对科技创新和社会发展的贡献度

鼓励在青高校抢抓"三中心一基地"建设战略机遇,主动融入城市创新驱动战略、服务经济社会发展重大需求,通过学科对接产业、高端人才汇聚、新型智库建设、创新平台培育、教育资源共享等措施,促进在青高校与城市经济社会发展深度融合。聚焦青岛市"十三五"产业布局和战略性新兴产业

规划,推进产学研深度融合,加快科研成果转化,打造青岛市城市发展新优势。推进高等教育与职业教育、社区教育联合互动,推动高等教育资源服务社会发展。支持部分高校向应用型本科院校转型发展,遴选共建一批高职院校校企合作人才培养示范基地。

(三)现代职业教育体系的特点

1.优化职业教育资源配置

加快建设与海洋产业、高端制造业、高端服务业和战略性新兴产业相关的专业群,扶持涉农专业发展,建成蓝色海洋教育特征鲜明的区域性职业教育中心和全国海洋职业技术教育基地。筹建青岛幼儿师范专科学校等高等职业院校,新增一批省级示范学校和优质特色学校。促进职业教育与高等教育衔接融通。加快建设与海洋产业、高端制造业、高端服务业和战略性新兴产业相关的专业群,扶持涉农专业发展,建成蓝色海洋教育特征鲜明的区域性职业教育中心和全国海洋职业技术教育基地。筹建青岛幼儿师范专科学校等高等职业院校,新增一批省级示范学校和优质特色学校。促进职业教育与普通教育、高等教育、继续教育衔接融通,扩大中等职业教育、高等职业教育与本科教育贯通培养试点院校范围和专业覆盖面;推动普通教育与职业教育相互融合开放,实现课程和实训资源共享,进行学分互认、学籍互转试点;推进职业教育与继续教育融通,统筹开展职业教育社会培训,探索实施职业培训"学分银行"制度,健全面向全体劳动者的职业培训制度,提供可选择的多样化教育服务。推进高职、中职、技工院校统筹协调发展,形成相互补充、功能齐全、特色鲜明、质量优良的青岛特色职业教育体系。

2.创新职业教育人才培养机制

深化产教融合、校企合作,加强职业教育内涵建设,服务经济社会发展和人的全面发展。对接职业教育专业链、人才链和产业链,建立校企一体化育人机制,组建职校、企业、行业多方合作的职教集团和中高职教育联盟,完善多方参与职业教育的联动机制,促进紧密型职教集团建设。重点扶持3—5个技工教育集团,建设集职业技能培训和鉴定、公共实训、就业服务于一体的综合性技工教育培训基地。加快推进"现代学徒制"培养模式探索实践,鼓励民间艺人、技艺大师和非物质文化遗产传承人参与职业教育办学。支持公办职业院校吸纳民间资本和境外资金,开展多元模式投资办学改革试验。建立行业组织指导教育教学、发布行业人才需求、开展教育质量评价的常态机制。

3.提升职业教育人才培育和保障能力

对接国家职业标准、职业教育国际水平专业教学标准,制定高水平、特色化的专业教学标准。开展学历证书与职业资格证书互通一体化课程认证改革试点,推进"双证互通"。支持企业与职业院校共同编制教材、设计课程方案和实习实训流程。创新"厂中校"等多种实训基地模式改革,深化校内实训基地和校外实习基地建设,建设一批生产性公共实训基地,打造一批公共实训品牌,推进职业学校、实训基地、联合培养基地有机融合,培养大批具有工匠精神的高素质劳动者和高水平技术技能人才。完善专任教师准入制度和外聘教师管理机制,健全专业技术职务评聘标准和办法,落实教师企业实践制度,建设一批"双师型"培养基地,建设高素质"双师型"教师队伍。

二、青岛市高等教育发展的模式

2015 年开始,国家开始推进世界一流大学和世界一流学科建设。经济发达地区的若干地市也开始大力引进国内外优质高等教育资源,从而推动城市经济社会与高等教育的融合发展。在此过程中,出现了"南深圳、北青岛"的口号,已有大批高水平大学和高端研究机构集聚在两地。

(一)"名城+名校"模式

青岛借助自身独特的区域优势,引进对象瞄准的是国际国内高水平大学和高端研究机构,形成了"名城+名校"的模式。引进优质高等教育资源是城市创新发展的重要支撑,能够大力融合、集聚科技资源、教育资源及人才资源,提升创新能力,为城市发展和竞争力提升提供有力的智力支持和人才支撑。青岛市引进的高校,根据软科中国最好大学排名(2017 年排名,以下括号内为排名),分别是清华大学(1)、北京大学(1)、复旦大学(5)、哈尔滨工业大学(10)、同济大学(11)、北京航空航天大学(14)、四川大学(16)、西安交通大学(16)、天津大学(18)、山东大学(22)、大连理工大学(23)、吉林大学(24)、对外经济贸易大学(27)、西北工业大学(30)、上海财经大学(38)、哈尔滨工程大学(74)、中国政法大学(84)、大连海事大学(111),还有中国科学院大学、中央美术学院等。引进国内外高水平大学及其高端研究机构在城市落户,或设立分校,或共建新型大学,或共建特色学院,或合作建立高等研究院,对于城市高等教育发展而言,有两个成效:一是高起点办学、高水平研究、高质量育人;二是有效提高城市高等教育的国际化水平,进而提高城市的国际化水平。

(二)"分校区＋研究院"模式

与国内外优质高等教育机构合理的合作方式是双方合作的基础,也是可持续共建发展的重要保障。从战略规划、政策安排以及具体实践情况看,青岛市针对合作对象的不同需求和层次特点,并基于城市自身的发展基础以及战略规划布局,注重创新,因机构和项目而异,采取了有针对性的、灵活多样的引进及共建合作方式。一是共建高水平大学分校区。由青岛市或各区县政府和境内外知名大学合作,共建高水平大学的分校校区。例如山东大学青岛校区,2016年迎来首批1000余名新生。二是共建研究院。围绕城市技术创新和产业发展需求,青岛市或各区县政府与国内知名高校共建研究院等高水平研究机构。共建高端研究院是青岛市战略性引进优质高等教育资源的重要方式,先后与清华大学、同济大学、西安交通大学、吉林大学等国内知名大学共建了一批高端研究机构。

(三)"产业＋学科"模式

青岛市在发展和引进优质高等教育机构的过程中,始终立足城市的经济社会发展和产业布局的战略需要。青岛市重点培育"十大战略性新兴产业",分别是新一代信息技术、新材料、新能源、节能环保、生物医药、工业机器人、新能源汽车、航空航天、人工智能、3D打印;壮大发展"十大新型工业千亿级产业",分别是轨道交通装备、汽车、船舶海工、机械装备、家电、石化、橡胶、服装、食品、电子信息。青岛市大力引进的优质高等教育资源正是建立在城市自身的产业结构、战略性新兴产业和千亿级产业需求的基础上,希望引进的优势学科、高层次人才成为城市产业转型升级发展的创新引擎和智库。世界各大城市在从产业经济社会向知识经济社会转型的过程中,高等教育系统在知识创新中起到了特殊作用,通过大学—产业—研究—政府相结合,提升了城市产业竞争力。当城市的产业发展结构、战略性产业发展需求与国内外高水平大学(研究院)的学科结构相吻合的时候,城市与优质高等教育机构的合作才会碰撞出火花,形成共赢局面。

第五节　青岛市引进优质高等教育资源的启示

青岛市引进和发展国内外优质高等教育资源是打造"创新之城、创业之都、创客之岛"的重要举措，是促进科教融合、创新高教体制机制、促进高等教育内涵式发展的重要路径。通过引进国内外高水平大学来青岛办学，能够提升青岛创新活力和人才聚集能力，促进青岛高等教育多元化、国际化，打造科技和人才新高地，为建设宜居幸福的现代化国际城市提供人才支撑和智力支持。

一、借鉴青岛市"名城＋名校"的建设模式

首先，引进国内优质高等教育资源是对接与落实国家"双一流"建设战略的需要；其次，城市的创新驱动发展也需要优质高等教育提供科技和智力支持。青岛市的"名城＋名校"的建设模式，不仅注重本地高校的内涵式发展，而且注重外部优质高校的"移植"和"嫁接"，不仅注重高等教育规模上的扩张，更注重高等教育质量上的整体提升。我们可以借鉴青岛市出台的《青岛市人民政府关于加快引进优质高等教育资源的意见》和《青岛市加快引进优质高等教育资源实施办法》等政策措施，积极引进国内外知名高校，境内大学原则上应是国家"985 工程""211 工程"大学，境外大学应是世界一流大学。这种"名城＋名校"的模式能够有效促进青岛城市的转型升级，提升城市的品牌效应，最终实现"城市因大学而兴，大学因城市而盛"的互利共赢。

二、借鉴青岛市"产业＋学科"的建设路径

引进国内外优质高等教育资源方面注重"服务发展"的原则，在学科专业的重点领域分布上要与城市经济社会发展和战略性产业发展的重点领域基本对接。在青岛市看来，就是要聚焦城市产业布局和战略性新兴产业规划，着力提升高等教育对科技创新和社会发展的贡献度。青岛市提出建设具有国际影响力的制造业创新中心。实施智能制造工程，加快推广智能制造、协同制造、服务型制造等新型制造模式。实施工业强基工程，开展质量品牌提升行动，支持企业加快技术改造，全面提高企业装备水平。集中力量做大做强高端装备、

新材料、新一代信息技术、港航物流服务、生命健康五大产业,进一步提升绿色石化、智能家电、时尚纺织服装等优势制造业,着力在文化创意、金融、旅游、海洋高技术、新能源汽车、通航产业等重点领域形成一批新增长点。这些产业的转型和发展都需要国内外优质高等教育提供源源不断的科技和人才支持。

三、借鉴青岛市"大投入+强支持"的建设模式

青岛市在引进国内外优质高等教育资源的过程中,以财政资金和办学用地为主要内容的保障支撑条件,相较于所在省份其他地区,其投入力度更大、政策支持条件更优厚,更具吸引力。在经费资助方面,青岛市政府对于引进并正式运行的非独立法人性质的国内外优质高教机构,5年内市财政给予不少于1500万元的补助资金;对于引进并正式运行的独立法人性质的国外优质高教机构,5年内市财政给予不少于3000万元的补助资金。在土地支持方面,青岛市政府对国内外高水平大学到青岛成立新校区或分校的,划出专门区域并预留500亩至3000亩建设用地;对设立研究院、二级学院等二级办学机构的,可根据需要预留相应面积的用地;同时鼓励各区(市)为引进的高等教育机构无偿代建基础设施,实施"交钥匙工程"。在高层次人才方面,青岛市实施"百万人才集聚工程",包括顶尖人才集聚工程、领军人才扩容工程、高层次产业人才提升工程和基础人才培养储备工程。

四、需要警示与关注的问题

从青岛市的相关政策和建设实践来看,其大学名城建设方兴未艾,但作为新生事物,在建设过程中也存在着一些问题和不足,亟待引起重视。

(一)在目标取向上,功利化倾向需要矫正

青岛市对引进的高等教育机构重点发展的学科专业提出了具体的要求和范围,主要包括海洋开发、新一代信息技术、新能源、新材料、节能环保、生物医药、新能源汽车、高端装备制造、轨道交通、航空经济、船舶海工等。其追求学科专业建设的实用性和经济功能,而对于一些基础性的、长线的学科专业以及人文社科类专业没有引起足够的重视。这种功利化的倾向往往会造成学科专业结构的畸形和学科专业生态的失衡。

(二)在推进方式上,运动式弊端需要消解

大学名城建设在很大程度上是一种"补偿性发展",面临着多重改革和建设任务,而本身可利用的资源又相对有限。一些地方政府可能提出了超越自身实际的虚高的规划目标。例如,根据青岛市"十三五"教育规划,青岛市的高等教育机构数增长率将达到117%,在校生数量将位居计划单列市首位,在副省级城市中处于上游水平,研究生数量在现有基础上翻一番。为此,2016年初,青岛市对各区市的目标任务进行了直接的量化分解,要求青岛西海岸新区、青岛高新区、青岛蓝色硅谷规划布局高教园区,每个园区至少新增4所高等教育机构;崂山区、城阳区、胶州市、即墨市(现即墨区)、莱西市、平度市至少各新增2所高等教育机构。很明显,青岛的大学名城建设存在一定的盲目性和攀比性,出现了"一窝蜂"的冒进苗头。这种运动式的发展方式由于缺乏成体系、系统化的配套措施,往往会出现"头痛医头、脚痛医脚"的现象,即使一时效果显著,成效也很难得到巩固,会造成大学名城建设的反弹。

(三)在策略选择上,特色化优势有待提升

一个基础薄弱、过程速成的"闪电式"改革实践中,实现全面一流的可能性微乎其微,面向特色化迈进,在特色办学中去寻求跨越式发展的目标,是一个明智的战略选择。这就要求青岛市要根据区域经济社会发展的基础和需要,积极推动有特色、高水平的大学和优势学科建设,探索不同类型高校的一流建设之路,进而促进"双一流"建设引领下的大学名城建设的整体质量提升。坚持特色化建设,除了培养特色化的师资外,更为关键的是地方政府发挥主观能动性做顶层设计。从目前青岛以及其他城市大学名城建设的政策和实践来看,关于引导特色化建设的宏观统筹和顶层设计还不是很明显。因此,地方政府要重视利用规划、评价、投入等政策工具,充分发挥规划、评价、投入三位一体的导向功能,引导和促进高等教育机构特色化优势的培育和养成。

参考文献

[1]方海明,吴婉湘.城市引进优质高教资源的战略举措——以"南深圳、北青岛"现象为例.高教发展与评估,2017(9):8-17.
[2]青岛市人民政府办公厅.关于印发青岛市"十三五"教育事业发展规划的通

知.青政办字〔2016〕158号.2016-12-29.

[3]青岛市统计局.2017青岛统计年鉴.青岛市统计局官网(2017-09-04).
http://qdtj. qingdao. gov. cn/n28356045/n32561056/n32561073/n325612
77/180324183638284350. html.

[4]王文龙.中国高校异地办学的类型、原因与利弊分析.北京社会科学,2020
(6):28-36.

[5]赵俊芳,王博书.一流大学异地办学的生成逻辑与增值效应.高等教育研
究,2020(4):37-44.

第四章 宁波市促进高等教育发展政策研究

第一节 宁波经济社会发展概况

宁波是一个具有悠久历史的城市,而宁波教育源远流长,素有重学兴教的传统。唐设州学,宋置书院,贤哲辈出,人文荟萃,素有"文教之邦"的美誉。近代率先开"学堂"、创"女校"。

宁波市是我国首批对外开放的 14 个沿海城市之一,也是我国东南沿海重要的港口城市,是副省级城市、计划单列市,长江三角洲南翼经济中心,全国历史文化名城、国家首批文明城市、国家卫生城市。宁波有港口、开放、"宁波帮"、制造业、文明城市等"五大优势",是我国重要的先进制造业基地,首个"中国制造 2025"试点示范城市,全球重要的石化工业基地,45 家世界 500 强企业都在宁波投资项目,区域产业发展对国际化人才的需求旺盛。宁波市陆域面积 9816 平方千米。2017 年末全市拥有户籍人口 596.9 万人,常住人口 800.5 万人,城镇人口占总人口的比重(即城镇化率)为 72.4%。全市实现地区生产总值 9846.9 亿元,比上年增长 7.8%。GDP 全国城市排名第 16 位,浙江省排名第二。其中,第一产业实现增加值 314.1 亿元,比上年增长 2.4%;第二产业实现增加值 5105.5 亿元,增长 7.9%;第三产业实现增加值 4427.3 亿元,增长 8.1%。三次产业之比为 3.2:51.8:45.0。按常住人口计算,全市人均地区生产总值为 124017 元(按年平均汇率折合 18368 美元)。2017 年,全市完成财政总收入 2415.8 亿元,比上年增长 12.4%。宁波市居民人均可支配收入 48233 元。城市综合竞争力在全国 200 个地级以上城市中排名第 6 位。全年研发经费支出 231.5 亿元,同比增长 12%,占 GDP 比重为 2.35%。全市新增各类人才 18.2 万人,年末全市人才总量达 219.6 万人,比上年增长 9.1%。其中,新引进海外人才 1796 人,总量达 1.1 万人;新增博士、博士后 612 人,总量达 5952 人;新增高技能人才 4.2 万人,累计达 37.5 万人;新建院士工作站 16家,累计 113 家;新引进全职两院院士 2 名,新增博士后科研工作(流动)站 21家,累计 148 家;新建技能大师工作室 10 家,累计 70 家。

制造业历来是宁波经济发展的支柱产业。近年来,基本形成以石油化工、汽车及零部件、电工电器、纺织服装等为支柱的产业集群,以港航物流、现代金融、国际贸易为支柱的现代服务业产业体系。"十三五"后,宁波加快发展新材料、高端装备和新一代信息技术三大战略产业,做强做优以汽车制造、绿色石化、时尚纺织服装、家用电器、清洁能源为代表的五大优势产业,积极培育以生物医药、海洋高技术、节能环保为代表的一批新兴产业和以工业创新设计、科技服务、检验检测为代表的一批生产性服务业,努力打造"3511"新型产业体系。重点将稀土磁性材料、高端金属合金材料、石墨烯、专用装备、关键基础件、光学电子、汽车电子和集成电路八大细分行业作为"3511"产业发展的主攻方向,着力培育形成一批新的千亿级细分行业,带动提升产业发展新能级。以建设"港口经济圈"为引领,着力构筑具有明显港口经济特色的"3+6+5"(国际贸易、港航物流、金融服务三大生产性特色支柱服务业,科技服务、信息服务、商务服务、电子商务、文化创意、节能环保六大生产性新兴服务业;现代商贸、休闲旅游、健康服务、家庭服务、房地产业五大促进和保障民生的生活性服务业)服务业产业体系。

进入新时代,宁波人民对美好生活的向往更加强烈,不仅对物质文化生活提出了更高要求,而且对多样化优质高等教育资源的需要日益增长。当前,宁波高等教育的发展水平和层次,既与宁波城市发展定位不相匹配,与经济社会高质量发展不相适应,也与各类教育协调发展的格局不相适应。宁波基础教育发达,1995 年,宁波市率先在浙江全省通过"两基"评估验收,1999 年全市 11个县(市、区)又全部成为"两高"(高标准普及 9 年义务教育、高标准扫除青壮年文盲)县(市、区)。2017 年,全市幼儿园入园率达 99.8%,等级幼儿园招生覆盖率在 95% 以上,小升初比例达 100%,全市义务教育标准化学校达标率95%,初中毕业生升入高中段的比例达 99.25%(浙江省 98.91%),高中段招生职普比继续保持大体相当。全国职业院校技能大赛连续第五年居全国金牌榜第二位。2017 年 12 月,宁波市县(市、区)全部通过浙江省教育基本现代化评估,在全省率先实现"满堂红"。2016 年 1 月,国家教育发展研究中心、上海教科院等发布了《2015 年全国 15 个副省级城市教育现代化水平评价报告》,宁波的教育公平指数位列第一,教育质量、教育条件保障分别位列第三、第四。宁波基础教育、职业教育、国际化教育、智慧教育等方面发展位居全省或全国前列,良好的基础教育、职业教育发展水平为宁波市发展高等教育提供坚实的基础,也对快速发展高等教育提出了强烈要求。

第二节　宁波市高等教育发展的历史与现状

一、宁波市高等教育发展历程

由于历史原因,宁波高等教育起步较晚,基础较弱,一直是宁波教育发展的"短板"。改革开放以来,宁波经济社会经过快速发展,财政收入的增加和社会财富的积累使得宁波有能力投入高等教育。宁波积极探索发展新路,高校从小到大,经过几十年的发展,高等教育取得了长足进步。"九五"以来,特别是第三次全国教育工作会议以来,宁波高等教育迅猛发展,成为全省高等教育副中心城市。宁波高等教育发展可分为三个时期。

(一)缓慢发展时期(1956—1985 年)

1956 年 9 月,宁波师范专科学校成立,这是新中国成立后宁波第一所正规高等院校。1977 年,全市仅有浙江师范学院宁波分校、浙江农业大学宁波分校 2 所普通高校,在校生仅 752 人。1978 年,宁波在浙江师范学院宁波分校的基础上,重建宁波师范专科学校,1984 年恢复宁波师范学院原名。1983 年创建宁波高等专科学校,1984 年设立浙江农村技术师范专科学校,1985 年建立浙江水产学院宁波分院。截至 1985 年,全市有普通高校 4 所,即宁波师范学院、宁波高等专科学校、浙江农村技术师范专科学校、浙江水产学院宁波分院,在校生 2684 人(浙江水产学院宁波分院未计入)。1978 年,全市经省政府验收批准、教育部备案的成人高校只有宁波动力机厂和宁波拖拉机厂职工大学两校。是年,宁波市和地区教师进修学院分别创立。1979 年,浙江广播电视大学宁波市、地两所分校建立。同年,宁波市纺织工业局职工大学批准成立。

(二)起步发展时期(1986—1998 年)

1984 年 5 月,中共中央、国务院决定将宁波列为进一步对外开放的沿海港口城市和经济体制综合改革试点城市,并明确提出把宁波建设成为华东地区重要工业城市和对外贸易口岸。面对这个发展机遇,宁波市委、市政府决定在宁波创办一所新型的地方综合性大学,以解决宁波大规模开发建设和对外开放所需要人才的培养问题。1986 年创建宁波大学,结束宁波无综合性大学的历史。1987 年,国务院决定对宁波实行计划单列,享受省一级经济管理权限。宁波建设迎来前所未有的发展机遇,迫切需要各方面的专门人才。到 1990 年,全市普通高校达到 5 所,即宁波大学、宁波师范学院、宁波高等专科学校、浙江农村技术师范专科学校、浙江水产学院宁波分院。1996 年浙江省、宁波市政府根据实际需要,决定将宁波师范学院、浙江水产学院宁波分院、宁波大学 3 所院校合并办学,组建新的宁波大学,为宁波大学进一步发展创造了良好条件。到 1998 年,宁波普通高校仅 3 所,在校生 1.25 万人(全日制高校在校生 11548 人,其中本科生 7600 余人),高等教育毛入学率为 8.8%,低于 9.1%的全国平均水平。

(三)跨越发展时期(1999—2008 年)

1999 年以来,宁波市委、市政府紧紧抓住全国高等教育大发展的难得机遇,大力实施科教兴市"一号工程"。1999 年 9 月,召开全市"科教兴市"大会,确定"科教兴市"为市委、市政府的"一号工程",提出要大力发展高等教育,通过引进、升格、新建、重组、中外合作等多种创新机制,宁波高等教育发展从此走上了快车道,达成了全省高等教育副中心城市的目标。仅 1999 年就新增 4 所高校。2 月,经浙江省政府批准,浙江农村技术师范专科学校由万里教育集团举办并改制,更名为浙江万里学院;7 月,宁波中等专业学校(李惠利中专)和宁波职工业余大学合并,成立宁波职业技术学院;12 月,筹建宁波工商职业技术学院,2001 年 5 月更名浙江工商职业技术学院;筹建宁波服装职业技术学院,并于 2002 年 2 月成立;创办了宁波大学国有民办二级学院——宁波大学科学技术学院。2001 年 6 月,市政府与浙江大学合作,成立浙江大学宁波理工学院。2003 年 3 月,成立浙江轻纺职业技术学院。同年,宁波大学职业技术学院组建为宁波城市职业技术学院。2004 年 5 月,宁波高等专科学校经教育部批准升格为宁波工程学院。10 月,宁波服装职业技术学院与浙江轻纺职业技术学院合并,成立浙江纺织服装职业技术学院。2005 年 5 月,由浙江万里学院与英国诺丁汉大学合作创办的宁波诺丁汉大学经教育部批准,成为中国第一家具独立法人资格、拥有独立校区的中外合作大学。1999 年,宁波大学始招研究生 10 人。2007 年,宁波大学始招博士生 3 人,全市在校研究生 1502 人。

到 2008 年,全市高校总数达 15 所,其中本科院校 6 所,高职高专院校 7 所,成人高校 2 所。全日制普通高校在校生达到 13.3 万人,是 1991 年在校学生 4871 人的 26.2 倍,其中研究生 2275 人,本科生 6.7 万人,专科 6.4 万人,本专科比例为 51.1∶48.9。成人高等教育在校生 5.5 万人,全市高等教育毛入学率达 48%,高于全国平均水平 24 个百分点。

表 4-1 1998—2017 年宁波市高等教育基本概况一览

年份	学校数/所	普通高校学生数/万人				成人高校学生数/万人		毛入学率/%
		在校生规模	研究生数	本科生学生数	高职高专学生数	成人教育学生数	网络教育学生数	
1998	7	1.25	/	0.57	0.68	1.12	/	8.8
1999	7	1.68	/	0.77	0.91	1.25	0.07	10.5
2000	11	2.59	0.003	1.06	1.53	2.03	0.32	14.3
2001	13	4.35	0.006	1.51	2.83	2.77	0.90	17.2
2002	13	6.29	0.01	2.29	3.99	3.47	2.46	27.5
2003	14	8.09	0.02	3.12	4.95	3.51	3.23	32
2004	15	9.65	0.04	4.03	5.57	2.4	2.73	36
2005	15	11.05	0.09	4.84	6.22	2.93	2.55	42
2006	15	12.13	0.11	5.49	6.53	4.58	4.00	44
2007	15	12.61	0.15	6.09	6.52	5.26	/	46
2008	15	13.37	0.23	6.7	6.4	5.51	/	48
2010	15	14.19	0.39	7.9	5.9	4.95	/	50
2015	16	15.96	0.84	9.69	5.44	5.32	/	60

续表

年份	学校数/所	普通高校学生数/万人				成人高校学生数/万人		毛入学率/%
		在校生规模	研究生数	本科生学生数	高职高专学生数	成人教育学生数	网络教育学生数	
2016	16	15.9	0.85	9.63	5.41	4.74	/	/
2017	16	15.97	0.90	9.68	5.39	3.97	/	/

2017年,全市共有高校16所,其中全日制本科高校8所,分别为宁波大学、浙江大学宁波理工学院、浙江万里学院、宁波工程学院、宁波诺丁汉大学、公安海警学院、宁波大红鹰学院、宁波大学科学技术学院;高职高专院校6所,成人高校2所,另有浙江大学软件学院归口宁波市教育局管理(办学情况见表3-2)。全市高校在校生人数19.97万人,全日制学生15.61万人,其中本科生9.68万人,高职高专生5.39万人;成人高等教育在校生3.96万人:在甬高校研究生9035人(含联合培养),本专科比约为64∶36,研究生和本科生比例约为1∶12。每万人在校大学生数为195人,高等教育毛入学率达60%。全市高校共专任教师8673人,其中具有正高级、副高级职称的3752人,博士2568人。首次全职引进中国科学院院士、中国工程院院士各1名,填补了全职在甬工作院士的空白。省"钱江学者"特聘教授17人,"甬江学者计划"特聘教授21人、讲座教授19名,市"3315计划"专家25人,市高端创业创新团队10个。全市共有一级学科博士点2个,二级学科博士点13个,一级学科硕士点19个,二级学科硕士点99个,国家特色专业建设点11个,国家级精品资源共享课24门,省级协同创新中心6个,"十三五"浙江省一流学科A类8个、B类27个,"十二五"省"重中之重"一级学科2个、"重中之重"学科3个,省属高校人文社科重点研究基地3个,省"十二五"高校重点学科43个,省级协同创新中心6个,省"十三五"优势专业36个,省级精品在线开放课程26门,市重点学科41个,市品牌专业17个,市特色专业45个,市服务型重点建设专业群20个,市级协同创新中心16个。高校开设的专业基本覆盖了全市经济社会发展急需的一二三产业,具备涵盖从专科到博士的多层次学历教育和人才培养体系。这为宁波进一步做大做强高等教育奠定了良好的基础。

表 4-2　在甬部分本科高校办学情况

学校	建校时间	升格情况	办学模式	社会影响力
宁波大学	1986 年	由原宁波大学、宁波师范学院和浙江水产学院宁波分院三校合并而成	教育部、浙江省、宁波市共建	武书连中国大学综合实力排行榜 2015 年列第 90 位,省首批重点建设高校
宁波诺丁汉大学	2004 年		中外合作	学术水平以及学生学习质量与英国诺丁汉大学一致,成为中外合作办学的典范
浙江大学宁波理工学院	2001 年 6 月		宁波市与浙江大学共建	中国独立学院排行榜从 2013 年起连续 3 年排名第 1 位,应用型建设试点省示范高校
宁波工程学院	1983 年	2004 年 5 月,由宁波高等专科学校升格更名为宁波工程学院	公办	被教育部列入首批卓越工程师教育培养计划实施高校,应用型建设试点省示范高校
浙江万里学院	1999 年 8 月	2002 年 3 月,由浙江万里职业技术学院升格,更名为浙江万里学院	国有改制,实行新管理模式和运行机制	国家硕士专业学位研究生教育试点单位、应用型建设试点省示范高校
宁波大红鹰学院	2001 年 4 月	2008 年 4 月,由宁波大红鹰职业技术学院升格,更名为宁波大红鹰学院	民办	教育部应用科技大学改革试点学校,应用型建设试点省示范高校
公安海警学院	1983 年	2010 年 3 月,由公安海警高等专科学校升格,更名为公安海警学院	公安部、浙江省、宁波市共建	

二、宁波市高等教育发展现状

宁波作为高等教育后发和新兴地区,自 20 世纪末以来,市委和市政府通过实施科教兴市"一号工程"(1999—2004 年)、构建和深化服务型教育体系(2005—2012 年)、实施产教协同创新发展三大战略(2013—2017 年)、体制机制创新、海内外侨胞支持等,历经最初的规模发展、质量提升的转型发展、产教协同创新的提升发展三个阶段,基本形成了结构完整、体制多样、类型丰富、特色鲜明,本科高校、高职院校、民办高校、中外合作大学、成人高等教育协调发展的服务型高等教育体系,宁波高等教育发展呈现出以下主要特点。

(一)办学规模稳定、体制多元

通过升格、共建、中外合作、企业办学、独立学院等多种体制机制创新,到 2008 年,全市高校数量稳定在 15 所,在全省位居第二。宁波高校按办学体制分有公办、民办和中外合作办学等类型。其中宁波大学为教育部、浙江省政府与宁波市政府共建综合研究型高校;公安海警学院由公安部和浙江省政府与宁波市政府共建;浙江大学宁波理工学院是由宁波市与浙江大学以名城名校合作办学模式创办;宁波诺丁汉大学是我国第一所经教育部批准的中外合作大学;浙江万里学院通过国有改制实行新的管理模式和运行机制;宁波大红鹰学院是一所由宁波大红鹰经贸有限公司投资创办的全日制民办普通高校;宁波职业技术学院由中科院托管,与北仑区政府合作共建;浙江纺织服装职业技术学院和浙江医药高等专科学校依托地方产业、行业优势创办。按管理体制分,有部属高校 1 所,省属高校 4 所,市属高校 6 所(其中市属本科 1 所:高校宁波工程学院;独立学院 1 所:浙江大学宁波理工学院;高职院校 4 所:宁波职业技术学院、浙江纺织服装职业技术学院、宁波城市职业技术学院、宁波天一职业技术学院;成人高校 2 所:宁波广播电视大学、宁波教育学院)。按财政投入机制,有 6 所高校享受宁波地方财政投入,包括浙江万里学院、浙江工商职技院、浙江医药高专、公安海警学院以及宁波诺丁汉大学、宁波大红鹰学院等。

(二)办学类型多样、特色鲜明

高校错位发展,特色发展,基本形成与宁波经济社会发展相适应的高等教育格局。宁波大学和公安海警学院实现由部、省、市共建,2017 年宁波大学成功入选国家"双一流"建设高校,工程学、化学、临床医学、材料科学等 4 个学科进入全球 ESI 前 1‰,水产学科进入全国前三;浙江大学宁波理工学院自 2012 年起连续在中国独立学院排名榜上蝉联第一位,浙江万里学院成为国家硕士专业学位研究生教育试点单位,浙江万里学院、宁波工程学院、宁波大红鹰学院、浙江大学宁波理工学院(独立学院)等 4 所学校列为浙江省应用型建设试点示范学校(全省共 10 所),宁波职业技术学院是全国首批 28 所示范性高职院校之一,进入 2017 年首批浙江省重点建设高职院校行列(全省共 5 所),浙江纺织职业技术学院、浙江工商职业技术学院分别入选浙江省高职优质建设校行列(全省共 15 所)。宁波诺丁汉大学办学十年来,在办学机制、人才培养、教学创新等方面进行了积极探索,其学术水平以及学生的学习质量与英国诺丁汉大学一致,已成为我国中外合作办学的成功典型。宁波大学科技学院为全省第一家国有民办二级学院。这为今后宁波分类建设地方高水平大学奠定了一定的现实基础和条件。

(三)推进校企合作、产教协同

作为全国第一个为职业教育校企合作立法的城市和职业教育与产业协同创新试验区,通过贯彻实施协同创新战略,积极推进高校与地方共建,在甬高校与县(市)区战略合作取得突破性进展。宁波职业技术学院与北仑区政府共建了宁波开发区数字科技园、北仑—宁职图书馆,浙江工商职业技术学院与宁海县合作打造宁海产学研基地(宁海模具学院),已经成为宁海模具城的重要支撑力量。宁波大学科技学院落户慈溪市科教园区,浙江医药高等专科学校在奉化建设主校区。全面建立起由行业主管部门牵头、教育部门保障、职业院校为主体、行业企业参与的职业教育行业指导办学新机制,分别与市卫生局等部门合作成立纺织服装、健康服务、电子商务、影视动画等 7 个行业指导委员会;认定了汽车、旅游、电子商务等一批特色学院,有效推进了校企合作、产教融合;建立了省、市、校三级协同创新中心体系,12 个市级高校协同创新中心正式挂牌运行;建立了中高职一体化机制,搭建中高职一体化人才培养平台。宁波市国家职业教育与产业协同创新试验区建设取得了阶段性成效。高水平建设宁波市先进制造业公共培训平台和职业教育校企合作公共服务平台,推进产教融合、校企合作。高等院校与地方合作全面推进,如宁波大学与全市 11 个区县(市)分别签署了全面合作协议,各高职院校坚持开放办学,形成了富有特色和活力的职业教育宁波模式。

（四）搭建高端平台，借力提升

与国内外名校名院名所进行了战略合作。在甬高校与中国社会科学院合作共建的 17 个研究中心承担科研项目 1400 多项；与中国科学院、清华大学、浙江大学、同济大学、四川大学、北京科技大学、北京外国语大学、麻省理工学院、英国诺丁汉大学等单位积极开展战略合作。启动建设浙江大学宁波研究院、北京外国语大学海上丝绸之路研究院。大力推动宁波市各高校与国外名校合作，高校留学生人数突破 3500 人；共建宁波诺丁汉国际海洋经济技术研究院、宁波工程学院杭州湾汽车学院、浙江纺织服装职业技术学院中英时尚设计学院、宁波 TAFE 学院等中外合作办学机构和项目。2016 年 3 月 7 日，由宁波市政府与麻省理工学院合作共建宁波（中国）供应链创新学院启动仪式在宁波大学举行。宁波（中国）供应链创新学院成为国内首个培养国际化供应链管理人才的专业院校。

（五）注重服务导向，强化应用

把服务区域经济社会发展作为高等教育的发展重点，以服务求支持，以创新求发展。"十二五"以来，高校科技创新能力不断增强，在甬高校科研经费总量由 2010 年的 2.77 亿元增长到 2017 年的 6.22 亿元。宁波高校重大科研项目数量进一步增加，获得国家自然科学基金项目达 151 项，比 2011 年（78 项）增长 94％。重大科研成果取得新突破。2014 年，宁波大学牵头研究的"新型红外硫系玻璃制备关键技术及应用"项目首次获得国家技术发明二等奖，宁波大学成为浙江省第二个获得国家三大奖项（国家自然科学奖、国家技术发明奖、国家科学技术进步奖）的高校。建成了十大应用型专业人才培养基地。教育培训服务能力进一步提升，年社会培训量超过 15 万人次。市数字图书馆、"文化百科大讲堂"成为宁波市高端文化服务品牌。数字图书馆全年访问量超过 220 万人次，年下载各类文献 754 万篇，"文化百科大讲堂"共开设 1066 场讲座，直接受众达 19.7 万人次。在 2014 年第七届国家级高等教育教学成果奖中，宁波大学"成人高等教育'学历＋技能'人才培养体系的研究与实践"获一等奖；在 2014 年首届国家职业教育教学成果奖中，宁波职业技术学院"基于'院园融合'的校企合作育人长效机制探索与实践"获一等奖。2011 年以来毕业生就业率一直保持在 95％以上，据第三方麦可思数据有限公司调查统计，宁波高校 40％以上的毕业生留在宁波就业,对于改善当地行业企业人力资本结构、提高技术革新能力等起到了积极作用。

第三节 宁波市促进高等教育发展
主要战略和政策举措

20 世纪末以来,在历届市委、市政府高度重视下,先后通过实施科教兴市"一号工程"、服务型教育体系、产教协同创新发展三大战略,进行了体制机制创新,推动了高等教育跨越式发展。2000 年,浙江省委、省政府《关于印发浙江省教育现代化建设纲要(2000—2020 年)的通告》(浙委〔2000〕9 号)中首次提出,宁波要努力成为浙江高等教育副中心。浙江省政府《关于印发浙江省高等教育改革和发展规划(2000—2020 年)的通知》(浙政〔2000〕3 号)进一步明确:宁波要创造条件,努力成为浙江高等教育副中心。建设浙江省高等教育副中心成为宁波高等教育发展在此阶段的主要目标。

一、实施三大战略,推动高等教育发展梯次跃升

市委、市政府高度重视高等教育发展,在不同发展阶段及时提出发展战略,从而明确了各个时期宁波市高等教育发展目标和方向。从 1999 年科教兴市"一号工程"的战略决策,到 2005 年的构建服务型教育体系的战略构想,再到 2013 年的协同创新战略的战略部署,都是根据国家和区域重大政策调整、宁波市经济社会转型升级和城市定位要求,及时确定发展战略定位,从而推动地方高等教育发展。而从 2018 年起,宁波进入地方高水平大学建设阶段。

(一)实施科教兴市一号工程战略,推动高等教育跨越式发展

宁波抓住了国家高等教育大发展的机遇期。1999 年 9 月,宁波市委、市政府召开全市"科教兴市"大会,作出科教兴市"一号工程"的战略决策,提出要大力发展高等教育,推进宁波教育现代化,全面实施以"加快发展高新技术产业、加快发展高等教育、加快引进高素质人才"为核心内容的"一号工程",出台了《中共宁波市委、宁波市人民政府关于深化改革全面实施素质教育推进宁波教育现代化的决定》(市委〔1999〕24 号),文件提出在巩固提高九年义务教育的同时建设高教园区的目标,明确要"从城市长远发展出发,依托现有高等院校,在

科技产业园区、鄞县中心区建设以高等教育为主体的教育功能小区",把建设宁波高教园区作为实施"一号工程"的重中之重,并规划了位于鄞州中心区的高教园区南区和环宁波大学的高教园区北区。在短短几年中,通过引进、升格、新建、合并、中外合作等多种方式,宁波市高等教育发展出现财政大投入、基础大建设、人才大引进、规模大扩张的局面,进一步丰富了全市高等教育资源。1998 年底,宁波普通高等院校仅 3 所、在校生 1.25 万人,到 2005 年发展为 15 所高校、14.5 万人的规模,高等教育毛入学率从低于全国水平的 8.8%发展到 42%,基本改变了高等教育规模同宁波市经济发展总量和城市地位不相匹配的状况,奠定了宁波作为浙江省高等教育副中心的地位。

(二)深入推进服务型教育体系建设,推动高等教育转型发展

为了推动经济增长方式从要素驱动型向创新驱动型的根本转变,强化高等教育服务经济社会功能,2005 年,宁波市委、市政府立足经济社会发展实际,确立了构建服务型教育体系的发展战略,出台了《关于加快构建服务型教育体系增强服务地方经济社会能力的若干意见》(甬政发〔2005〕74 号),在全国率先提出构建服务型教育体系,即要面向学生就业、产业发展和企业需求,建成比较完善的应用型人才培养体系,建立运转顺畅的产学研结合体系,健全形式多样的教育培训服务体系,形成与宁波市经济社会发展相适应的,与产业发展相衔接的,结构合理、类型多样、机制灵活、充满活力的服务型教育体系的目标,初步解决学校封闭办学、企业求助无门、学生学用脱节的问题,提高教育对经济社会的人才支撑能力、知识贡献能力和学习服务能力。宁波高等教育步入提升发展阶段,实现由规模扩张向内涵提升。为了深化服务型教育体系建设,市政府还先后下发《关于加快构建服务型职业教育体系的若干意见》(甬政发〔2006〕91 号)、《关于"十一五"时期完善高等教育发展体制推进服务型教育体系建设的若干意见》(甬政发〔2007〕10 号)、《关于深化服务型教育体系建设加快培养高素质应用型人才的若干意见》(甬政发〔2008〕86 号)。在甬高校积极行动,通过优化结构,提升内涵,强化服务,使高等教育发展同宁波市经济社会发展逐步协调,对宁波市经济社会发展的支撑作用也越来越大。2011 年 11 月5 日,宁波市教育局构建服务型职业教育体系获得全国教育改革创新特别奖。

(三)全面实施协同创新战略,推动高等教育新一轮提升发展

为响应国家创新驱动发展战略和高等教育"2011 计划",进一步提升服

务经济转型发展、支撑创新驱动战略的能力,全面提升高等教育服务经济社会的贡献力,在 2013 年初召开的全市高校工作会议上,宁波市委、市政府确定以"协同创新"作为宁波市新一轮高等教育提升发展的重要战略,明确今后一个时期宁波市高等教育发展的指导思想、基本思路、目标任务、主要措施。2013 年 10 月,市政府出台《关于实施协同创新战略全面提升高等教育服务经济社会发展能力水平的若干意见》(甬政发〔2013〕106 号),提出要以实施协同创新战略为路径,促进高等教育与经济、科技、文化的协同创新,进一步提升宁波市高等学校的创新能力和整体水平,并先后出台了《关于促进高等职业院校与地方共建的指导意见》(甬政发〔2014〕114 号)、《关于加强行业指导办学完善职业教育管理体制的若干意见》(甬教高〔2013〕318 号)等 8 个配套文件,推动全市高等教育协同创新工作走向平台化、特色化、制度化。2013 年 11 月,宁波市以成功获批国家职业教育与产业协同创新试验区为契机,市政府办公厅转发《市教育局关于宁波市国家职业教育与产业协同创新试验区实施方案的通知》(甬政办发〔2014〕216 号),决定在体制机制创新、职业教育与产业协同创新园建设、大型公共职业技能培训平台建设、技术技能人才培养模式改革等方面给予重点突破。结合宁波市产业发展需求,确认浙江大学宁波理工学院牵头的"新型海洋养殖装备协同创新中心"等 12 个协同创新中心为市级高校协同创新中心;构建具有宁波特色的市、县(区)政府共建高等教育的服务型地方共建体制、行业指导办学新机制,校地合作产教融合取得了突破性进展。2014 年,宁波市教育局被教育部等六部委评为全国职业教育先进单位。2015 年,全国职业教育与终身教育工作会议上,宁波市作为 11 个国家职业教育试验区的唯一代表作典型交流发言。中央政治局委员、国务院副总理刘延东同志对宁波职业教育作出专门批示:"宁波以产业发展、民生需求为导向,产教结合发展职业教育的做法很好,教育部要及时推广各地好经验,加快发展现代职业教育。"

二、多措并举,为高等教育提升发展营造良好环境

(一)强化规划政策引领,为高等教育改革发展提供顶层设计

强化规划意识,将高等教育发展纳入宁波市国民经济和社会发展规划,明确各阶段的发展目标任务和措施。2007 年,宁波市召开高教工作会议,确立"完善保障,稳定规模,提升内涵,化解债务,强化服务""十一五"时期的发展方

针,指明高等教育的发展方向。2011年4月,在市委、市政府召开的全市教育工作会议上,发布《宁波市中长期教育改革和发展规划(2011—2020年)》(甬党发〔2011〕34号)和《宁波市教育事业第十二个五年发展规划》,明确了发展内涵提升的高等教育,坚持"稳定规模、优化结构、提升内涵、强化服务"的策略,推进特色发展、错位发展。另外,还要优化专业结构,加大扶持服务型重点学科、专业建设。优化层次结构,大力发展研究生教育;优化人才培养模式,着力推进以提高质量为核心的内涵建设;加强应用技术研究及成果转化。在《宁波市委关于制定"十三五"规划的建议》中提出要引进国外优质教育资源,与国际著名研究型大学共建高水平学科,推进优质职业院校境外办学,打造海丝之路人才交流培养基地;着力提高高等教育发展质量,推动高水平大学和特色学院建设,支持高校加强应用型建设,提升高校引领创新、服务发展的能力;深化国家职业教育与产业协同创新试验区建设,完善现代职业教育体系,建设国家职业教育开放示范区。为了加快高水平大学建设,《宁波市国民经济和社会发展第十三个五年规划》《中共宁波市委关于补短板创优势提升城市综合竞争力的意见》明确将高水平大学建设作为宁波市发展的重大战略。为了营造政策环境,注重立法保障,先后出台《宁波市职业教育校企合作促进条例》《宁波市职业技能培训条例》《宁波市终身教育促进条例》等。

(二)强化政府服务意识,对高校实行分类指导,加快高水平大学建设

宁波市积极探索"三级办学、两级管理"体制下地方政府对高校支持与引导的载体与途径,促进高校在服务地方中形成特色,提升内涵,促进发展。历届市委、市政府高度重视高等教育,坚持政府服务高校、高校服务地方经济社会发展的理念,政府、高校、区域经济社会形成了良性互动循环。近十年来,每年围绕一个专题或主题召开全市高等教育工作会议。为了弥补高等教育短板,除了在财政投入、基础建设、人才引进等方面给予倾斜外,主要领导每年到高校考察调研,专题研究高等教育,分类指导,一校一策,解决高校历史遗留问题和新一轮发展的重大问题。如为争取宁波大学列为省重点高校,通过多种途径积极向省委、省政府争取;出台《宁波市人民政府关于支持宁波大学加快建设"双一流"高校的若干意见》(甬政发〔2018〕35号),每年投入1亿元连续5年支持宁波大学"一流学科"建设,并投入2.3亿元支持科技创新中心楼群建设,加快宁波大学向高水平综合性研究型大学迈进的步伐。为了支持宁波诺丁汉大学新一轮发展,从2016年至2020年市财政投入5亿元的经费支持学

校创新创业孵化园、学科专业、人才引进、重点实验室等项目建设;为推进浙江大学宁波理工学院转型提升,分管副市长专程去浙江省教育厅,争取部分专业一本招生计划指标。为了建设浙江大学宁波"五位一体"校区,市委、市政府主要领导多次赴浙江大学争取支持。为了解决宁波大学双桥村地块征地拆迁和宁波工程学院新校区二期工程建设等历史遗留问题,市政府主要领导多次牵头召开专题会议协调落实,并将其列入市政府三年攻坚实事项目。为助推宁波高校提升发展,市政府牵头与清华大学、同济大学、四川大学、北京科技大学、北京外国语大学、麻省理工学院、香港中文大学等国内外名校合作,共建各类协同创新载体,搭建高端平台。2018年成立由市委、市政府主要领导任组长和常务副组长,市有关部门和县(市)区主要负责人为成员的宁波市高等教育改革发展领导小组(市名校名院名所名人引进领导小组),大力推进市名校名院名所名人引进工作。

(三)深化体制机制改革,激发高等教育办学动力和活力

宁波市高等教育一直以来非常重视体制机制的改革创新,从未停止过改革探索,形成了改革的氛围。2007年10月,宁波市成为中国高等教育学会批准的国内首个高等教育教学改革试验区;2010年,宁波市成为国家级开展地方政府促进高等职业教育发展综合改革试点城市;2012年,宁波市成为教育部首个教育国际合作与交流改革试验区;2013年,宁波市又经教育部批准为国家职业教育与产业协同创新试验区,2015年,宁波市教育局与中国教育科学研究院合作共建国家现代职业教育开放示范区。高等教育教学改革试验区建设以宁波已有的人才培养模式改革探索与实践为基础,以教育教学改革与建设项目为载体,边研究边实践,大力开展提高人才培养模式的社会适应度试验项目,推动了宁波市高校内涵式发展。为了推进国家职业教育与产业协同创新试验区建设,宁波市政府办公厅转发《宁波市国家职业教育与产业协同创新试验区实施方案》,力求从探索协同创新体制机制、协同创新园建设、技术技能人才培养模式改革、大型公共培训平台建设、职业教育"双师型"队伍建设等八个方面入手,在相关政策和重点项目建设上取得突破;还先后发布了《宁波市政府关于印发促进高等职业院校与地方共建指导意见的通知》(甬政办发〔2014〕114号)、《关于进一步推进行业指导高等职业教育办学的通知》(甬教高〔2014〕190号)、《关于推进中高职一体化人才培养模式改革试点的指导意见》(甬教高〔2013〕386号)、《关于印发宁波市高等学校协同创新中心建设管理办法的通知》(甬教高〔2014〕29号)等8个配套政策文件。2014年11月在重庆召开的

全国 10 个国家职教改革试验区的座谈会上，宁波做法得到教育部有关领导的充分肯定。

(四)搭建大平台，着力提升高等教育层次和水平

宁波市政府搭建平台，积极与中国科学院、中国社会科学院、浙江大学等国内知名高校、大院大所等进行战略合作，整合资源，借力提升宁波市高等教育整体发展水平。在甬高校与中国社科院合作共建了 17 个研究中心，共承担各级科研项目 1400 多项，其中省部级以上项目 300 余项，获得科研总经费达 8100 多万元。深化了宁波市与浙江大学的合作办学成果，通过实施为该校专设的"9211"人才计划等，推动了浙江大学宁波理工学院提升发展。2016 年 8 月 5 日，宁波市政府与浙江大学合作建设浙江大学宁波"五位一体"校区，包括新建浙江大学宁波研究院、浙江大学工程师学院宁波分院、浙江大学宁波国际合作学院，迁建浙江大学软件学院，转型提升浙江大学宁波理工学院。宁波大学与中央美术学院共建的宁波大学潘天寿艺术学院已正式招生。推进浙江万里学院与北京外国语大学合作共建宁波海上丝绸之路研究院，充分发挥研究院咨政、研究、交流与培训职能，助力宁波企业"走出去"发展。2018 年 2 月，由中国科学院大学和宁波共建的中国科学院大学宁波材料工程学院揭牌，这是中国科学院大学在北京以外的首个科教融合学院。2018 年 6 月，宁波与大连理工大学签订战略合作协议，启动建设大连理工大学宁波研究院；与北京航空航天大学共建宁波创新研究院和宁波研究生院。

另外，宁波着力推进公共服务平台建设。2014 年，宁波市教育局投入 1.3 亿元，与宁波工程学院、海曙区政府共建宁波市先进制造业公共培训平台，打造集实习实训、职业素质培训、鉴定认证和项目研发等功能为一体的市级公共培训平台，加快培养制造业高素质应用人才，目前已入驻各类机构 56 家，已入驻面积达 25643 平方米，入驻率为 84.60%，累计培训 3 万余人次。建成"宁波校企通平台"，吸纳全市所有中高职院校和 215 家培训机构、58 家行业协会、6413 家企业参加，平台已对接完成校企合作项目 205 个。依托宁波经理学院这一高端培训平台，实施"双百双高"企业总裁培训等工程，培育一批有全球视野的高素质企业家。近 3 年，宁波经理学院共举办"双百双高"总裁培训班等高端培训班 200 余个班次，培训近 6000 人次。

（五）大力推进国际交流与合作，着力拓展高等教育发展空间

积极引进国外优质教育资源，加快培养具有国际视野的应用型高素质人才。2012年建立全国第一个"教育国际合作与交流综合改革试验区"。

1.引进国际名校开展中外合作办学。2004年建成宁波诺丁汉大学，学校采用英国诺丁汉大学的质量评价体系并接受国际第三方权威机构QAA（高等教育质量保证机构）的质量评定，其学术水平以及学生的学习质量与英国诺丁汉大学一致，使中国学生不出国门就能享受世界优质的高等教育；引进澳大利亚TAFE职业教育体系。宁波城市职业技术学院与澳大利亚高校合作共建宁波TAFE学院，全套引进澳大利亚职业教育课程体系，还成功构建了中高职贯通、校企互动的课程体系，为宁波培养了区域经济和产业发展急需的国际化人才。2016年3月，市政府与麻省理工学院合作成立中国第一个供应链学院——宁波（中国）供应链创新学院并开展研究生招生。经省政府的批复，浙江纺织服装职业技术学院与英国索尔福德大学合作创办的宁波中英时尚设计学院正式建成并招生，已开设两个专业，在校生465人，正加快培养紧缺的时尚人才；采用"中中外"合作办学模式，宁波工程学院与同济大学、德国布伦瑞克工业大学等学校共建杭州湾汽车学院，已于2014年建成开学。宁波大学与法国昂热大学合作建立的"宁波大学昂热大学联合学院"已获教育部批准，2017年起正式纳入国家统一招生计划。此外，还积极推动了宁波大学与香港中文大学的医学合作办学。

2.推动高等学校积极开展国际交流。在甬高校国际合作项目达275项，留学生总数从2005年不足百人发展至2015年的3500多人。2016年11月15日，市政府举办有中东欧国家、法国、英国、新西兰、韩国等国家和地区参加的教育交流会和首届职业教育开放国际论坛，签订各类合作协议68项；启动了宁波中东欧国家研究院建设。宁波职业技术学院建成了援外培训基地、中非（贝宁）职业教育培训基地、发展中国家职业教育研究院等，至今已为印尼、斯里兰卡、坦桑尼亚等100多个"一带一路"沿线发展中国家培训官员1200多人。根据2016年11月发布的《2015年度浙江省高等教育国际化发展年度报告》，宁波诺丁汉大学、宁波大学列硕博授予高校国际化水平第二、第四名，宁波工程学院、宁波大红鹰学院列其他本科高校第三名和第十名，宁波城市职业技术学院、浙江纺织服装职业技术学院、宁波职业技术学院列高职高专院校第三、第五、第七名。高等教育国际化水平稳居全省前列。

(六)加强基础能力建设,持续推进学科专业建设和高层次人才队伍建设

学科、专业水平是反映高校办学水平的重要指标,对此,宁波采取了以下举措。一是持续加大对重点学科专业的建设。从 2000 年起,正式启动了市级重点学科、重点专业建设工程,每年投入 600 万元(2007 年起增加到 1200 万元),按照控制总量和突出重点相结合的原则,坚持本科院校的学科建设与学位点建设相结合,高职高专院校的专业建设与区域经济建设相结合,建设扶植一批与宁波市经济发展和产业结构调整紧密相关,具有较好产学研结合前景,基础扎实,条件较好的学科、专业上水平、上台阶。到 2008 年共开展三批重点学科、两批重点专业建设工作。2012 年确(认)定了 62 个市级重点专业、41 个市级重点学科、服务型重点专业(20 个),累计投入经费 1.4亿。实施品牌特色专业建设。投入 3600 万元专项经费建设 17 个市品牌专业和 45 个市特色专业(2012 年起),以重点专业建设带动宁波市高校专业建设水平整体提升。二是以学科建设引领特色学院建设。面向"电商换市"等重大战略、区域产业转型升级和重大民生需求,高校与县(市)区政府或行业主管部门共建电子商务、海洋、旅游、汽车、老年照护与管理、家政等由理事会领导的特色学院,加强协同育人,重点培养经济社会发展紧缺的高素质应用型人才。对于列入试点建设的每个市级特色试点学院,宁波市财政安排 500 万元的建设经费。

为了加强师资队伍建设,启动实施高校"名师工程"和"甬江学者计划"。2000 年正式启动,每年安排 250 万元经费,到 2006 年共评选产生宁波市高校名师 29 人,名师培养对象 40 人。2012 年出台《宁波市高等学校"甬江学者计划"特聘教授、讲座教授岗位实施办法》(甬教高〔2012〕37 号),共引进特聘教授16 人、讲座教授 12 名,在学科专业建设、搭建产学研合作平台、指导青年教师参与组建高水平的学术团队等方面发挥了重要作用。2014 年宁波大学全职引进加拿大皇家科学院和工程院两院院士吴柯,2017 年又全职引进中国科学院院士、中国工程院院士各 1 名。投入专项资金 1700 余万元支持浙江大学宁波理工学院实施"9211 人才专项支持计划",从浙江大学引进 22 名"学科领航教授"和"教学卓越教授"。

为了深入实施人才强市战略,加大引人引智力度,积极推进人才政策创新,宁波市委、市政府频推新政,出台了《中共宁波市委、宁波市人民政府关于实施人才发展新政策的意见》(甬党发〔2015〕29 号)、《关于深化实施海外

高层次人才和高端创业创新团队引进"3315 计划"的意见》(甬党办〔2016〕48 号)和《关于实施"泛 3315 计划"引进支持急需紧缺高层次人才的意见》(甬党办〔2017〕75 号)、《关于加快推进开放揽才产业聚智的若干意见》(甬党发〔2018〕42 号),以及《关于优化人才住房保障的实施细则》(甬人社发〔2015〕179 号)、《宁波市加快集聚顶尖人才实施办法(试行)》(甬科计〔2018〕118 号)等"3315"系列引才计划,为宁波跻身全国大城市第一方队提供人才保障和智力支撑。人才新政策规定,对新引进的海内外顶尖人才领衔的重大项目给予最高 1 亿元项目资助,对其领衔的团队核心成员给予薪酬补助;宁波市事业单位引进领军及以上人才时,不受事业单位岗位总量、最高等级和结构比例的限制,可制定收入分配倾斜政策,不纳入单位绩效工资总量。对新引进的顶尖人才,给予最高 800 万元安家补助,按照 4∶3∶3 比例在 3 年内逐年发放。对新引进的特优人才、领军人才、拔尖人才、高级人才分别给予 100 万元、80 万元、50 万元、15 万元的安家补助,申请时已在宁波购房的,安家补助一次性发放;未在宁波购房的,按照 4∶3∶3 比例在 3 年内逐年发放。

(七)推进产教融合,深化产学研合作,推进校地合作共建

2014 年出台了《宁波市促进高等职业院校与地方共建的指导意见》,促进优质高等职业教育资源向经济发达的县(市、区)、高新区和产业集聚区延伸。与县(市、区)政府共建汽车、电子商务、影视等特色学院。如为支持杭州湾新区打造 100 万辆生产能力的汽车城,在杭州湾新区建设宁波工程学院汽车学院;宁波大红鹰学院与象山县政府签约共建影视学院,力争实现"创办一个学院,支撑一个产业"的目标。

强化行业指导办学。2014 年,宁波市教育局、市发改委、市经信委等部门联合出台《关于进一步推进行业指导高等职业教育办学的通知》,明确行业主管部门要积极发挥规划引领、政策指导、行业指导办学和监督管理等作用。与市卫计委、市商务委、市民政局、市口岸办等部门合作成立卫生、旅游、电子商务、影视动画、纺织服装、健康服务、跨境电商等 7 个职业教育行业指导委员会,预测行业产业人才需求,制定人才培养标准和规格。2015 年,宁波卫生行指委撰写的《在医药卫生大类中新增健康管理与促进类专业目录和专业名称修改的建议》被教育部采纳。2015 年,宁波市教育局、市发改委、市经信委、市商务委等部门联合出台《宁波市关于加快推进职业教育集团化办学的若干意见》,围绕宁波支柱产业、重点产业,全市组建了建筑、

园林、医药等 21 个以专业为纽带，由职业院校牵头，相关企业、行业组织多元主体参加的职业教育集团或联盟，主动对接服务重大发展战略。面向"电商换市"战略，2014 年，出台《教育系统实施电商人才培养培训专项行动计划》，成立浙江工商职业学院电商学院和浙江万里学院跨境电商学院；对接宁波市"中国制造 2025"试点示范城市需求，整合在甬相关高校、行业、企业资源，与市经信委合作筹建宁波市智能制造学院，重点培养具备应用研发能力的制造业紧缺人才，推进协同创新中心建设。2014 年市教育局、市财政局联合出台《宁波市高等学校协同创新中心建设管理办法》，引导高校以特色学科为依托，结合宁波市产业发展的需求，与国内知名高校、科研院所、行业、企业等联合建设协同创新中心，实现人才、学科、科研三位一体，有效提升创新能力，在推动解决宁波经济、产业发展中海洋和大气灾害、海洋养殖、城市交通、园林绿化、纺织服装、健康养老等一系列技术难题方面发挥了重大作用。

（八）多渠道筹措经费，加大对高等教育投入

宁波市持续加大财政投入力度。从 1999 年起，市委、市政府连续 5 年将市本级教育经费占财政支出的比重每年提高 1.5 个百分点，从 2004 年到 2005 年，每年增加 1.2 个百分点，并列入基数。"十二五"期间，市级财政累计投入高等教育 82.2 亿元，从 2012 年的 12.89 亿元增加至 2016 年的 19.94 亿元，年均增长 11.52%。从 2006 年起，市财政每年按实绩动态新增 5000 万元以上专项用于建设服务型教育体系。从 2007 年起，市政府市属高等职业院校生均经费达到省定标准，仅此一项，每年需要新增投入 1.5 亿元。同时，高校在市政府的主导下制定明确的债务消化计划，大大减轻了学校发展的负担，高校办学条件不断改善，生均资产总值、仪器设备值、藏书量等逐年提高。建立了"生均经费＋专项拨款"的机制。2013 年起，市属高校年生均经费本科院校提高到 12000 元，高职院校提高到 10000 元。

探索后勤社会化改革，实行"社会助"的方式扩大高教资源。如在宁波高教园区建设的过程中，采取"政府投、学校筹、社会助"的经费筹措方式。整个园区总建筑面积达到 213.6 万平方米，总投入达到 52.5 亿元，其中政府投 24 亿元，学校筹 10.5 亿元，社会助 18 亿元，较好地解决了园区建设经费问题。

聚焦重点项目。市政府决定从 2014 年起 5 年内，每年持续安排服务型教育体系专项经费，主要用于支持高校协同创新中心、教育与产业协同创新园等

项目建设。2012 年起,投入 1.68 亿元建设宁波市职业教育校企合作公共服务平台("校企通")、宁波市先进制造业公共培训平台和宁波市现代服务业公共职业培训平台。2014 年起,投入 1500 万元建设 16 个市级高校协同创新中心。"十三五"期间,宁波市支持高校建设 11 个试点特色学院,对每个特色学院安排不高于 500 万元的专项建设经费。

(九)创新绩效评价,推进质量保障体系建设

不断深化高等教育管理改革创新。2013 年出台《关于加强宁波市高校三级教学督导工作的意见》(甬教高〔2013〕446 号),推进市、校、院三级教学督导体系建设走向规范化、制度化。为了使有限的资源发挥更大的效益,积极改革财政资金的拨付方式,突出投入绩效评价,健全教育财政拨款的追踪问效、动态管理和公共监督机制。2006 年,宁波市政府办公厅转发市财政局《关于宁波市推行财政支出绩效评价的工作意见》(甬政办发〔2006〕89 号),以服务型教育体系专项经费使用为试点,发布了《宁波市区域服务型教育体系主要观测点》,着力观测专项经费投入后,发现教育为服务经济社会等方面所做出的成绩与效果,正是专项经费"四两拨千斤"和政府公共财政补位的有力体现。财政经费的使用进一步规范,财政监管力度进一步加大,有效提高了经费使用的绩效。

探索实施办学绩效评价。为鼓励学校根据办学定位,在不同类型和层次的高校中办出特色、争创一流,建成高水平大学,2016 年,市教育局和市财政局共同制发了《宁波市高校办学绩效评价办法(试行)》(甬教高〔2016〕41号),对宁波市经常性财政拨款的宁波大学等 8 所在甬高校和 1 所中外合作大学——宁波诺丁汉大学,按照管办评分离原则,委托第三方进行绩效评价,切实发挥绩效评价的激励作用,办学绩效评价指标体系采用"一校一指标体系"。绩效评价指标体系中的三级指标可根据学校规划和年度重点工作情况进行调整。通过广泛采集第三方评价数据,对高校基于战略规划目标、定位的实施情况,关键绩效指标完成情况以及关键性改革举措的落实推进情况进行绩效评价,推动高校切实围绕发展战略和既定规划目标,推进学校组织变革、体制创新,建立办学的持续改进机制,推动宁波高教整体水平提高。

第四节　存在的主要问题与基本经验

一、存在的主要问题

21世纪以来,宁波市高等教育快速发展,已从高等教育小市变成高等教育大市,培养的人才基本满足宁波市经济社会发展的需要,高校的科技创新能力和社会服务水平不断提升。但从横向来看,宁波市高等教育与同类发达城市相比还存在一定差距,与宁波市加快建设"名城名都"、早日"跻身全国大城市第一方队"的发展要求还不相适应。当前,宁波市高等教育领域的主要矛盾是人民群众要求接受高质量的高等教育与优质高等教育资源相对不足,经济社会发展需要高等教育支撑引领与高等教育服务能力相对不足之间的矛盾,主要表现在以下几个方面。

(一)层次结构不够合理

虽然宁波市高等教育类型多样,但优质高教资源短缺,缺少高水平大学。在全国15个副省级城市中,目前只有宁波和深圳没有"985"或"211"工程建设高校;《长江三角洲城市群发展规划》界定的南京、杭州、合肥、苏锡常、宁波5大都市圈中,也只有宁波没有"985"或"211"工程建设高校。仅有1所宁波大学跻身"双一流"学科建设,其余高校排名均在全国300位开外。高职高专占比较大,本科及以上教育资源相对有限,尤其是研究生教育发展相对滞后,具有硕士、博士学位授予权高校仅1所,在甬就读博士生仅248人,高层次人才培养和储备能力不足。

(二)学科特色不够鲜明

部分高校办学目标定位不够清晰,办学特色不够鲜明,片面追求综合化的倾向依然突出,高校同质化现象严重。一些院校热衷于兴办各种热门专业,学科专业存在重复设置现象。一些高职院校往往采用本科教学模式,与应用型、技术技能型的培养目标相脱离,教学模式趋同。宁波正致力于培育八大细分产业以打造新型制造业体系,但在新材料、新能源、装备制造、医药健康、互联网等方面缺乏厚实的学科专业支撑,学科设置与新兴产业、智慧城市建设和社会文化培育等结合度有待提升。

(三)高端人才不够集聚

在全市高校教师中,具有正高职称教师占专任教师比例为12.4%,具有博士学位的教师比例仅为29.3%。虽然宁波市通过"名师工程""甬江学者计划"等项目,大力引进高层次人才,高校师资队伍结构得到优化,但总体水平仍有待提高,尤其是高水平学科带头人和高层次创新团队还比较欠缺。由于各地对高端人才引进的竞争日趋激烈,"引才"难度逐步增大。同时,宁波市高校教师队伍整体待遇偏低,高校为中青年教师提供的发展平台有限,内部培养力度不够,"留才"也较为困难。

(四)创新支撑不够有力

首先,高水平创新载体不多。宁波市没有国家级重点实验室,而大连、青岛、深圳拥有国家级重点实验室分别为6个、7个和8个。现有的科技成果转化平台中,仅宁波大学高等技术研究院、宁波诺丁汉大学新材料研究院等少数平台在推动成果转化方面发挥了一定作用。其次,研发经费投入不足。2012年至2016年,市级财政共投入高校的科研专项经费2.13亿元,占高校专项经费投入的比例仅为4.55%,影响了高校科技成果产出质量和最终转化成效。另外,宁波市高校产学研合作形式比较单一,很多科研成果仅停留在纸面上,没有进行产业转化,对地方经济支撑不强。以2014年为例,宁波大学获当年国家自然科学基金会课题立项仅76项,而立项最多的大连理工大学有272项。

二、基本经验

(一)大学建设园区化

位于鄞州中心区的高教园区南区和环宁波大学的高教园区北区已形成了独特的"宁波模式"。建设高教园区是宁波市委、市政府为了突破经济发展的"瓶颈",为把宁波建设成为浙江省高等教育副中心而做出的重要决策。高教园区(南区)2000年开始规划兴建,占地4.33平方千米,2002年基本建成,完成投资52.7亿元。南区按照主体开放性、资源共享性、功能多重性,后勤社会化、信息网络化、管理法制化的"三性三化"的特点建设,集教育、旅游、文化、生态于一体。至2007年底,浙江大学宁波理工学院、浙江万里学院、宁波诺丁汉大学、宁波城市职业技术学院、宁波卫生职业技术学院、浙江医药高等专科学校等6所高校投入使用,园区内全日制在校生人数达到5.4万人;中心绿化带、园区图书馆、体育馆等公共配套设施都已建设完成。大学园区(南区)的基本建成使宁波市高等教育资源迅速扩大,为高等教育事业发展实现历史性跨越奠定了坚实的基础。与此同时,汇集了宁波大学、宁波工程学院、浙江纺织服装职业技术学院等高校的宁波大学园区(北区)日益成型,进一步实现优势互补、资源共享,成为以研究生教育为龙头、以本科教育为主体的区域性人才高地。

(二)办学模式多样化

办学模式多样化是宁波高等教育发展模式的重要内容。宁波历史上高校较少,特别是本科院校更少。宁波在大力发展宁波高等教育的过程中,积极探索走特色高校的发展路子,力求做到"一校一品""一校一特"。一是"独立学院"的办学模式。宁波大学科学技术学院是浙江省第一个民办的本科二级学院试点单位,其投入主要是由合作方承担或者以民办机制共同筹措,收费按照国家有关民办高校招生收费政策制定,其建设和发展的经费投入,主要依托宁波大学的品牌及师资优势,按培养成本收取学费。二是教育集团办学模式。1998年,浙江万里教育集团与浙江农技师专"联姻",通过国有改制,创办了全国首家国有民办的普通本科高校——浙江万里学院,学校实行新的管理模式和运行机制。三是依托名校办学模式。采取名城名校合作办学建立的浙江大学宁波理工学院是由市政府投资建设,浙江大学负责办学与管理,学院属浙江大学的一所异地办学分校(独立学院)。四是依托企业办学模式。宁波大红鹰职业技术学院是由宁波大红鹰经贸有限公司独家投资2亿余元兴办,属社会力量办学单位,按市场机制运作。五是捐赠模式。宁波大学开始创办时由包玉刚先生捐助2000万美元,而且在办学过程中,不断得到香港"宁波帮"人士的慷慨资助,为学校高起点办学、跨越式发展提供了有力的帮助和支持。这些院校体制各异,特色明显,大大丰富了宁波高校发展的内涵,激发了高校的活力。目前,这些学校正朝着或国内或省内或区域内或行业内一流学校的目标迈进。

（三）投入体制多元化

以政府投入为主，积极吸纳社会资金，大力发展民办教育。据统计，从1998年到2003年，宁波高等学校新增加的教育投资，只有40％来自政府，60％来自银行贷款和社会力量投入。尤其是"宁波帮"捐资助学，已经成为宁波高校建设的一大特色，仅宁波大学一家高校，就已经吸纳宁波帮捐资4亿余元。宁波高教园区南区在经费筹措方面，采取了"政府投、学校筹、社会助"的模式。在已投入的38亿元巨资中，政府投14亿元，学校筹14亿元，社会助10亿元。由大红鹰经贸有限公司投资2亿元创建的大红鹰职业技术学院，为鼓励企业办学的积极性，根据浙江省人民政府关于鼓励社会力量参与办学、鼓励社会力量举办高等职业教育的精神，结合宁波经济和社会发展的需要，宁波市政府在土地征用、学科与专业建设、事业编制（自筹经费）人才引进等诸多方面都给予学院与公办高校同样的政策与待遇。从经费来源来看：（1）教育部、浙江省、宁波市共建的宁波大学，财政性办学经费由省级、市级财政按照45：55的比例分担；（2）依托名校举办的浙江大学宁波理工学院，按照独立学院设置，办学经费来源主要是学生收费；（3）中外合作办学，如宁波诺丁汉大学，完全按照英国诺丁汉大学的理念、文化和模式办学，办学经费来源于全额收费和部分政府资助；（4）市属高校宁波工程学院，办学经费来源于市财政拨款和学费收入；（5）行业院校，如浙江纺织服装职业技术学院，依托浙江纺织服装产业而举办，办学经费来源于市财政拨款和学费收入；（6）万里教育集团举办的万里学院，依照《民办教育促进法》运营，办学经费来源于全额收费和部分政府资助。

三、几点启示

（一）提升城市综合竞争力必须发展地方高等教育

高等教育是教育事业的龙头，一个区域高等教育发展水平的竞争就是一个城市明天的综合实力、更是科技创新力的竞争。一个城市要建设成为"创新型城市"，就应该坚持实施"科教兴市""人才强市""高教强市"战略，唯有筑实高等教育的根基，经济社会的发展才会有强有力的智力支持和人才支撑。失去了地方高水平高等教育的有力支持，一个城市可持续发展的进程也就会大大延缓。高水平大学可以成为城市发展中最重要的战略要素和城市创新发展的新地标,高校与城市深度融合发展的时代逐渐到来,这是宁波未来高校发展新的方向、新的增长点。

(二)地方高等教育发展的关键在于政策与体制

灵活的体制和良好的政策是一个地方高等教育发展的活力之源,而资金仅是推动发展的一种途径和手段。这就要求我们必须转变观念,正确认识地方政府促进高等教育发展的作用,冲破"等、靠、要"传统模式,从自身实际出发,出台相应扶持政策,全面推进高等教育的快速、健康、可持续发展。宁波高等教育之所以能实现跨越式发展,主要得益于市委、市政府"科教兴市"一号工程、服务型教育体系等政策实施。在我国加速高等教育大众化进程中,通过体制机制改革创新,宁波依靠地方财力和社会力量建立多元体制共存、多元渠道筹资、多种模式办学、学科专业特色显著、类型布局完整的,以培养高素质应用型和技术技能型人才为主要目标的高等教育体系,在薄弱的基础上创造了独特而有活力的"宁波模式",达成全省高等教育副中心城市目标。

(三)发展高等教育必须因地制宜,走特色化发展之路

宁波是我国高等教育快速发展的一个地区。建立什么样的地方高等教育体制和结构,寻找什么路径发展地方高等教育,主要看其能否最大限度地调动社会资源以推动地方高等教育的发展,从而既能服务、支撑、引领区域经济社会的增长,又能满足本地人民群众日益增长的接受优质高等教育的需要。多数宁波高校在全省和全国高等教育体系中地位不高,推动高等教育由大到强,办学思路上要从全局和长远角度深入分析宁波高等教育所处的历史方位和所担负的使命、宁波社会经济发展的客观需要,探索一条适合自己的发展道路。为此,地方高等教育的发展必须符合本地人文环境、经济状况、人才需求等实际情况,在发展中形成自己的特色。

(四)发展高等教育必须面向世界,走国际化发展的道路

在高等教育实现跨越式发展的同时,宁波市适时提出了从量的扩张向质的提高转变的发展战略。放开眼界,主动寻找与国外名校、名院合作的机会,积极引进国外优质高教资源,加快教育国际化步伐。我国第一所独立设置的中外合作大学宁波诺丁汉大学,由浙江万里学院与英国诺丁汉大学合作设立,开创了我国高教领域中外合作模式的先河。在与国际名校合作的过程中,引

进世界名校的管理体系和运行模式,为宁波培养了区域经济和产业发展急需的国际化人才。

参考文献

[1]黄土力.宁波教育改革开放 30 年.宁波:宁波出版社.

[2]宁波市发展与改革委员会.宁波市"十三五"服务业发展规划.(2018-03-23). http://fgw. ningbo. gov. cn/art/2018/3/23/art_1229020629_43995218. html.

[3]宁波市人民政府办公厅.关于印发宁波市建设"中国制造 2025"试点示范城市实施方案的通知.(2016-10-18).甬政办发〔2016〕152 号.

[4]宁波市统计局. 2016 年宁波市国民经济和社会发展统计公报.(2017-02-22). http://tjj. ningbo. gov. cn/art/2017/2/22/art_1229042825_43281769. html.

[5]潘懋元.中国高等教育发展的宁波模式:课题研究篇.杭州:浙江人民出版社,2004.

[6]夏明华.宁波教育志.杭州:浙江教育出版社,1998.

第五章 厦门市促进高等教育 发展政策研究

第一节 厦门市经济社会发展概况

　　厦门市,别称鹭岛,简称鹭,位于福建省东南端,是闽南地区的主要城市之一,与漳州、泉州合称闽南金三角经济区。厦门是海滨城市,是中国最早实行对外开放政策的四个经济特区之一,也是两岸新兴产业和现代服务业合作示范区、东南国际航运中心、两岸区域性金融服务中心和两岸贸易中心。

　　厦门市面积 1700.61 平方千米。2017 年末全市拥有户籍人口 231 万人,其中城镇人口 196.9 万人。年末全市常住人口为 401 万人,城镇人口占总人口的比重(即城镇化率)为 89.1%。2017 年全市实现地区生产总值 4351.72 亿元,按可比价计算,比上年增长 7.6%。其中,第一产业实现增加值 23.46 亿元,增长 2.1%;第二产业实现增加值 1812.24 亿元,增长 6.7%;第三产业实现增加值 2516.02 亿元,增长 8.4%。三次产业之比为 0.5:41.7:57.8。按常住人口计算,全市人均地区生产总值为 109753 元。2017 年全市完成固定资产投资 2381.5 亿元,比上年增长 10.3%。2017 年,全市完成财政总收入 1187.5 亿元,比上年增长 9.6%。2017 年厦门居民人均可支配收入 46630 元,比上年增长 8.1%,其中城镇居民人均可支配收入 50019 元,比上年增长 8.1%,农村居民人均可支配收入 20460 元,比上年增长 8.3%。2017 年全年研发经费内部支出 142.4 亿元,同比增长 21%,外部支出 9.5 亿元,同比增长 8.3%。2017 年,全市共有普通中学 95 所,在校学生 15.5 万名;普通高校招生考试报名录取率达 96.95%。2017 年,厦门市办理从外地调入各类人才共

3775 人,其中高级职称 121 人,中级职称 373 人;博士 78 人,硕士 389 人,本科 2909 人。办理本市人才调动手续 864 人,柔性引进人才 122 人,新引进外国人 535 名;在厦持证工作的外国人 2041 人,其中博士 148 人、硕士 423 人、本科 1005 人、其他技能人才 465 人。截至 2017 年底,全市拥有各级学校(含成人教育、社会办学)1293 所,学年初招生数 23.68 万人,在校学生数 94.20 万人。其中普通高等学校 16 所,学年初招生数 3.91 万人,在校学生数 14.03 万人;普通中等学校 115 所,学年初招生数 7.10 万人,在校学生数 19.84 万人;小学 298 所,学年初招生数 5.57 万人,在校学生数 31.05 万人;幼儿园 709 所,学年初在园人数 16.05 万人;成人学校 149 所,学年初招生数 2879 人,在校学生数 11.43 万人;特殊教育学校 4 所,学年初在校学生 481 人。在各级各类学校中任职的专任教师 5.23 万人,平均每名教师负担学生 18 人。

第二节 厦门市高等教育发展的历史与现状

一、厦门市高等教育发展历程

(一)新中国成立后院系调整稳定阶段(1949—1978 年)

1949 年 8 月 17 日,福州解放,1949 年 10 月 17 日,厦门解放。此时福建省共有高等学校 9 所,其中,原"国立"3 所,分别是厦门大学、海疆学校和音乐专科学校;省立三所,即福建省立农学院、福建省立医学院和福建省立师范专科学校;私立三所,分别是私立福建协和大学、私立福建学院和私立华南女子文理学院。其中,厦门大学和私立福建协和大学在新中国成立前是全国知名的高等院校。厦门大学有文、理、工、法、商 5 个学院,共有中文、外文、历史、教育、数理、化学、生物、海洋、土木、机电、法律、银行、会计、国际贸易等 18 个系,专业设置较全,实力雄厚,修业年限是四年。

新中国成立后,在全国高校院系调整的浪潮中,福建省针对既有高校面临的以下问题,也开始进行调整:各类高校办学规模较小,地域分布极不均衡;学校师资力量薄弱;院系重复设置,偏重文、法、经而轻理工;工科、师范、农林、医药等科系的数量满足不了当地经济建设的需要。1950 年 5 月,华侨大学性质的海疆学校停办,并入厦门大学;1951 年 3 月,厦门大学航空系奉命与清华大学、西北工学院、北洋大学的航空系合并,重组航空学院;1951 年 6 月,福建省立农学院并入厦门大学,改称"厦门大学农学院",院址仍设在福州;1951 年 9 月,私立福建学院的法、政、经 3 系并入厦门大学,1952 年福州大学的财政经济学院(有会计、贸易、财政金融、统计和企业管理 5 个系)并入厦门大学;厦门大学的农学院和福州大学农学院合并,组建为福建农学院;9 月,厦门大学海洋系奉命把航海专修科与集美水专合并为独立的福建航海专科学校,海洋系的海洋生物组教学研究人员,连同仪器设备、图书资料调往山东大学,在此基础上发展为山东海洋学院(今中国海洋大学),生物组留在厦门大学生物系,改为海洋生物研究室。1953 年 7 月,厦门大学奉命将土木系及土木专修科调整至浙江大学,电机系调整到南京工学院,机械系调到华东水利学院;将财经学院的企业管理系并到上海财经学院;法律系调整到华东政法学院。1954 年 7 月,厦门大学教育系调整至福建师范学院;8 月,俄语专修科部分师生又并入南京大学。院系调整中,按照"整顿和加强综合性大学"的总方针,厦门大学被调整为文理科综合大学。

院系调整前,厦门大学有 5 个学院 18 个系,形成了学科门类齐全,具有文、理、工的综合性大学,当时的厦门大学号称中国十大最有实力大学之一,在教育落后的华南称霸一方。但在院系调整中,厦门大学苦心经营多年的在当时实力较强的土木系、机电系、机械系等特色院系和专业被调往外省,更重要的是众多知名学者、教授也随之调走,这在很大程度上削弱了厦门大学作为综合性大学的实力,造成了基础学科和应用学科的相互分离,影响了学科间的交叉和渗透,降低了厦门大学在国际上的地位。厦门大学为全国高等教育的发展做出了重要贡献,但自身 50 多年来仍难以突破文理综合大学的模式。1952 年院系调整,把厦门大学等综合大学的许多专业特别是工科割离出去,虽然这一措施对当时全国高等教育的发展起了重要作用,但在很大程度上削弱了福建省高等教育实力。现在福建省高等教育正进行新的调整,工科也在慢慢恢复,但这个过程是比较长的。

(二)改革开放后高等教育初步发展阶段(1979—1999 年)

新中国成立后厦门市高等教育在 30 年的时间中都只有厦门大学一枝独秀,直到 20 世纪 80 年代厦门理工学院的成立率先打破这一局面。截至 1999 年,厦门市共有高等学校 7 所,除了原有厦门大学外,集美大学、厦门理工学院、厦门华夏学院、华侨大学华文学院、福州大学厦门工艺美术学院、厦门兴才职业技术学院在这一阶段创办,厦门市高等教育在这一阶段属于起步发展阶段。

(三)新世纪以来高等教育跨越发展阶段(2000年至今)

2000年以后,随着高等教育大众化潮流的到来,厦门市高校的数量急剧增加,截至2018年,厦门市共有高校20所,其中普通高等学校16所(见表5-1、表5-2),其中本科7所,分别为:厦门大学、集美大学、厦门理工学院、厦门华夏学院、厦门工学院、厦门医学院、集美大学诚毅学院。专科9所,分别为:厦门海洋职业技术学院、厦门演艺职业学院、厦门华天涉外职业技术学院、厦门城市职业学院、厦门兴才职业技术学院、厦门软件职业技术学院、厦门南洋职业学院、厦门东海职业技术学院、厦门安防科技职业学院。本科院校年招生数23285人,毕业生数22507人;专科院校年招生15771人,毕业生数15490人。福建省"211"工程和"985"工程重点建设的大学只有厦门大学1所,由教育部主管。由福建省教育厅主管的有集美大学、厦门工学院、集美大学诚毅学院、厦门海洋职业技术学院4所,省市共建的有厦门理工学院、厦门医学院2所,其余的9所由厦门市教育局主管。在16所高校中,公办的有6所,民办10所。

表5-1 2018年厦门市高校基本情况统计

序号	学校(全称)	建校时间	办学性质	办学类型	院校隶属
1	厦门大学	1921	公办本科	本科	教育部
2	集美大学	1994	公办本科	本科	福建省教育厅
3	华侨大学(厦门校区)		公办本科	本科	中央统战部 (国侨办)
4	厦门理工学院	1981	公办本科	本科	省市共建
5	厦门华夏学院	1993	民办本科	本科	厦门市教育局
6	厦门工学院	2015	民办本科	本科	福建省教育厅
7	集美大学诚毅学院	2003	民办独立学院	本科	福建省教育厅
8	华侨大学华文学院	1997	普通本科高校二级学院	本科	华侨大学

序号	学校（全称）	建校时间	办学性质	办学类型	院校隶属
9	福州大学厦门工艺美术学院	1952	普通本科高校二级学院	本科	福州大学
10	厦门海洋职业技术学院	2003	公办高职	专科	福建省教育厅
11	厦门城市职业学院	2005	公办高职	专科	厦门市教育局
12	厦门医学院	2016	公办本科	本科	省市共建
13	厦门华天涉外职业技术学院	2002	民办高职	专科	厦门市教育局
14	厦门演艺职业学院	2004	民办高职	专科	厦门市教育局
15	厦门兴才职业技术学院	1983	民办高职	专科	厦门市教育局
16	厦门软件职业技术学院	2013	民办高职	专科	厦门市教育局
17	厦门南洋职业学院	2000	民办高职	专科	厦门市教育局
18	厦门东海职业技术学院	2002	民办高职	专科	厦门市教育局
19	厦门安防科技职业学院	2004	民办高职	专科	厦门市教育局
20	厦门国家会计学院	2002	继续教育	研究生	财政部

表 5-2　2004—2018 年厦门市普通高等教育基本情况

年份	学校数/所	毕业生数/人	招生数/人	在校学生数/人		毕业班学生数/人	教职工数/人	
				总计	其中:女生数		总计	其中:专任教师数
2004	6	7256	15573	40427	17114	8528	7581	3349
2005	10	8132	18790	50772	21794	10113	8414	3901
2006	12	9575	23351	64589	28109	12438	9919	4852
2007	13	11986	27869	79987	36381	16592	11008	6150
2008	15	15843	30634	94235	43695	20022	12563	7081

续表

年份	学校数/所	毕业生数/人	招生数/人	在校学生数/人		毕业班学生数/人	教职工数/人	
				总计	其中:女生数		总计	其中:专任教师数
2009	15	18985	34958	108919	51791	26755	13494	7858
2010	17	25457	37121	119278	58027	30328	14228	8251
2011	17	29209	39495	128470	63264	33838	14976	8708
2012	17	32515	41499	135722	66399	35117	15200	8798
2013	17	33956	43865	143964	69590	37603	15602	9180
2014	17	40678	46651	152546	80128	39118	16237	9639
2015	17	37260	45794	158346	76283	41470	16395	9825
2016	16	35642	42034	143992	68815	40750	15588	9303
2017	16	37844	40074	142948	67973	39546	15765	9284
2018	16	37997	39056	140266	66629	40883	12376	9300

从公共财政教育支出占公共财政支出的比重来看,厦门市公共财政教育支出占公共财政支出的比重有所增长,比值从2010年的13.90%增加到2017年的15.58%(见表5-3)。图5-1直观地反映了2010—2017年厦门市公共财政教育支出的增长趋势,从图形的走势来看,2010—2017年厦门市公共财政教育支出总体呈现增长趋势,从2010年的42.64亿元增长到2017年的126.52亿元。图5-2反映了2010—2017年厦门市公共财政教育支出占公共财政支出和占GDP的比重变化,其中2010—2011年公共财政教育支出占公共财政支出与GDP的比重呈现明显上升趋势,比值分别从13.90%上升到15%、2.08%上升到2.3%。2011—2013年,公共财政教育支出占公共财政支出的比重维持在15%左右。2014年公共财政教育支出占公共财政支出的比重呈现明显上升趋势,达到了16.25%,而后的2015年重新跌回15.22%,甚至在2016年低至14.38%。可以看出,虽然厦门市公共财政教育支出占公共财政支出的比重总体有所增长,但比重仅维持在15%左右。而公共财政教育支出占GDP的比重虽然持续上升——从2010年的2.08%到2017年的2.91%,但总体属于比较低的水平。

表 5-3　厦门市公共财政教育支出规模情况

年份	GDP /亿元	公共财政 支出/亿元	公共财政教育 支出/亿元	公共财政教育 支出占公共财政 支出比重/%	公共财政教育 支出占 GDP 比重/%
2010	2053.74	306.82	42.64	13.90	2.08
2011	2535.8	389.07	58.37	15.00	2.30
2012	2817.07	462.7	70.71	15.28	2.51
2013	3018.16	516.74	79.76	15.44	2.64
2014	3273.54	548.25	89.09	16.25	2.72
2015	3466.01	652.05	99.24	15.22	2.86
2016	3784.25	758.64	109.06	14.38	2.88
2017	4351.18	811.89	126.52	15.58	2.91

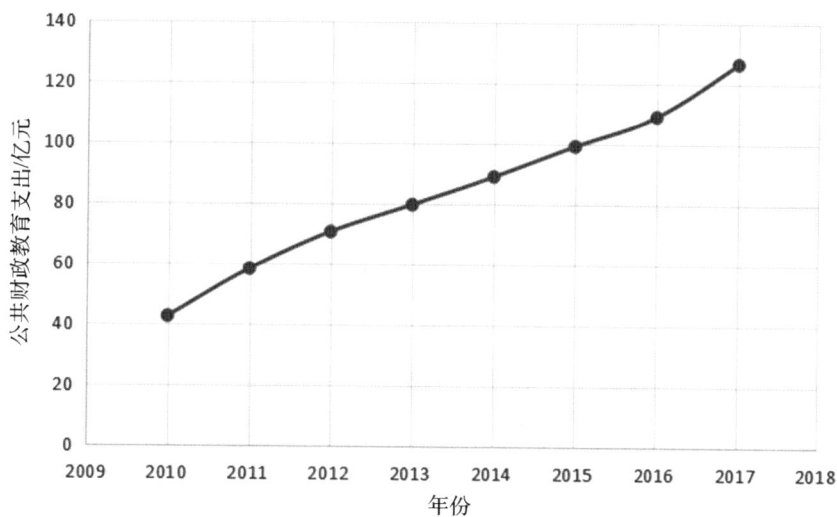

图 5-1　厦门市 2010—2017 年公共财政教育支出变化趋势

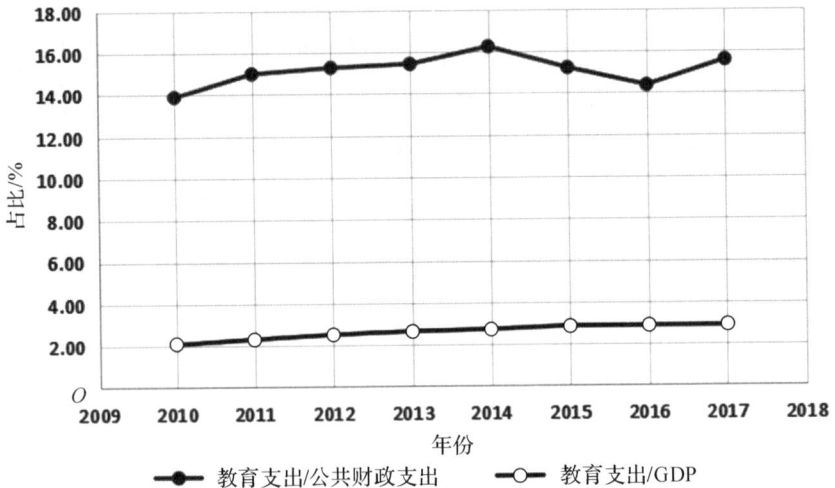

图 5-2　厦门市 2010—2017 年公共财政教育占公共财政支出与占 GDP 比重变化趋势

二、厦门市高等教育发展现状及挑战

厦门市属于高等教育后发地区,新中国成立后很长一段时间内厦门市只有厦门大学一所高校,从 20 世纪 80 年代开始,厦门市政府开始大力发展高等教育,先后成立了 5 所公办高等院校;世纪交替之时,民间力量开始大举进入厦门市高等教育领域,形成了厦门市民办院校数量多于公办院校、专科院校数量多于本科院校的局面。

(一)厦门高等教育的现状

1.职业教育发展势头强劲

厦门市高度重视发展职业教育,将职业教育纳入整个经济社会发展和产业发展规划,使职业教育的学生规模、专业设置与经济社会发展的需求能够匹配。通过制定完善职业教育支持政策,建立健全了厦门职业教育发展协调机制,现代职业教育体系的构建已见成效。积极推行"3＋2"五年制高职教育模式,中等职业教育与高等职业教育有效衔接,成效显著。厦门市逐步拓宽技能型人才培养渠道,建成了具有厦门特色的技能型人才培养高地。厦门市通过加快实训基地建设,与企业合作共建了一批高水准的专业实训基地,足以承担实训与生产两方面的任务,利用社会资源发展校外生产性实习基地。厦门的职业教育实践基地具有以下鲜明特点:校企共建、多方参与、功能兼顾。通过开展高水平的校企合作,探索工学结合、校企结合、顶岗实习的人才培养模式,开展实训基地共建、人才联合培养、专业教师培训、企业员工培训和高新技术研发等方面的实践。通过设立教师培养基金的方式,积极推进"双师型"教师队伍建设;引进与培养并重,拓宽职业学校教师来源;学校教师定期赴企业实践,促进了课程与实践的紧密结合;通过引进国际认可的职业资格证书与课程,促使职业教育课程不断与国际接轨。

2.高等教育办学质量显著提升

厦门市的省属、部属高校主要集中在思明、集美、翔安三区,为了提升整体办学质量,逐步建立起了高校及跨区高校教师互聘、学分互认、设施互用、图书互借、课程互选的资源共享机制,进一步优化了各高校的学科专业布局和结构,促进了新兴学科和交叉学科的发展。创新了教育质量评价机制,由用人单位、教师、学生共同参与评价;创新了校企联合人才培养机制,强化人才培养过程管控,提高了高等教育质量,实现了校企互利共赢。重视工科类人才培养,扩大创新型、应用型、复合型、技能型人才培养规模,优化了人才培养层次结构。引导高校加强了对先进制造业、现代服务业、高技术领域等紧缺研究型人才和工程技术人才的培养力度。紧紧围绕厦门市 13 条制造业产业链、10 个服务业产业群的产业布局,引导各高校优化专业布局,实施了"产业链(群)+创新平台"建设计划。设立了高等教育服务产业发展专项资金,促进了高校专业与产业的有效衔接。推动人文社科基地建设,建立了多学科智库和研究机构,围绕经济社会建设重大理论和实践问题开展研究工作,为政府部门提供决策支撑。

3.加强与国内外知名院校合作办学

厦门市以辖区内的部属高校为龙头,充分借助和发挥教育部、国侨办等资源,形成办学合力,率先将厦门大学打造成世界知名的高水平研究型大学。多措并举,加强省属、部属高校和市属高校的交流合作,分别支持华侨大学、集美大学逐步发展成为办学特色明显、学科布局合理的高水平大学。

(二)厦门市高等教育存在的挑战

厦门市的高等教育存在滞后于经济发展、教育投入不足和高等教育竞争力不强等问题,而且在高等教育的内部也存在着结构不合理、规模较小等一系列的问题。具体表现在以下几个方面。

1.厦门市民办高职院校发展的困境

民众的偏见与政策的歧视是制约民办高职院校发展的关键障碍。政府对民办高职院校的支持力度不够大,在各级教育政策上民办高职院校与公办院校相比也缺乏公平的竞争环境,加上社会对民办高职院校的偏见根深蒂固,导致了民办高职院校生源及规模效益不足,这一问题成为民办高职院校发展的严重掣肘。此外,办学经费的短缺是制约民办高职院校发展的致命问题,师资队伍素质水平及结构的不合理也是当下必须解决的难题。

2.高校办学经费投入方式单一化问题

厦门市虽然在高等教育的发展上大大超过了同省的泉州市及漳州市,但通过对教育经费来源的分析,可以发现厦门市高等教育的发展过度依赖财政教育资金的投入。在三级教育支出的分配中,财政教育资金对高等教育的投入要高于对初等教育及中等教育的投入。根据公共产品理论,高等教育并不属于纯粹的公共产品,在一定程度上具有竞争性及排他性,因此高等教育不应该将政府财政作为唯一资金来源。

3.中外合作办学中存在的问题

(1)合作办学层次布局不够合理。纵观厦门市中外合作办学的合作对象,我们可以发现其中鲜有一流的高校,这样不利于产生更大的辐射效应和示范效应。研究过厦门市中外合作办学的专业后,我们发现这些专业不完全是国外合作高校的优势专业,这种合作没有充分体现中外优质资源的互补和强强联合进行办学的目的。另外,厦门市中外合作办学的办学层次以本科为主,硕士研究生项目少,这样的办学层次不利于保持高端人才培养的连贯性。

(2)合作办学专业布局有待调整。厦门市高等教育合作办学专业布局失调主要包括两种情况:一是专业设置失调,与厦门市战略性新兴产业、先进制造业相关的合作办学专业并不多,在厦门市发展急需但又相对薄弱或空白的应用型专业方面缺乏合作,如新能源等专业。二是合作办学专业布局与厦门市未来生产力发展和社会需要的匹配度不高,这可能是基于招生和外方利益的考虑。《福建省中长期人才发展规划纲要(2010—2020年)》指出,到2020年,经济重点领域急需紧缺专门人才达到76.44万人,社会发展重点领域急需紧缺专门人才达到39.6万人。而厦门市合作办学与规划纲要中提出的紧缺专业相匹配的相关专业仅有 2 个。支柱性制造业的合作办学项目仅 1 个——电子信息项目,在支柱性服务业的合作办学项目也仅 1 个——厦门大学与爱尔兰都柏林商学院合作办学的金融专业项目。

(3)合作办学信息化布局不合理。《教育信息化十年发展规划(2011—2020 年)》中指出,教育信息化的发展要以教育理念创新为先导,以优质教育资源和信息化学习环境建设为基础。合作办学旨在引进优质的教育资源,这就为教育信息化提供了良好的基础。厦门市的合作办学信息化不足,在课程网络建设中投入的人力、物力、财力都非常有限,课程相关软件开发数量较少、质量不高,线上教育与线下教育结合不够完善,未能充分发挥合作办学外方资源优势。

第三节　厦门市促进高等教育发展主要战略和政策举措

"十二五"时期是实施中央建设海峡西岸经济区战略部署,推动厦门市科学发展、跨越发展的重要时期。厦门被赋予"对台交流合作综合改革试验区""福建省自由贸易区厦门片区""21 世纪海上丝绸之路核心区的前沿地带"等特殊地位,国务院批准了《厦门市城市总体规划(2011—2020 年)》,对厦门城市建设提出新要求。厦门市积极应对复杂多变的经济形势,强化经济运行协调和要素保障,增强主动适应经济新常态能力,同时抓住国家支持福建进一步加快经济社会发展、设立自由贸易试验区厦门片区等重大战略发展机遇,切实加快经济发展,全市工业保持稳步增长,产业调整成效明显,结构进一步优化,继续发挥其在国民经济中的主导作用。厦门新的城市战略定位迫切需要深化创新人才培养模式改革,培养大批具备创新精神和实践能力的创新型人才,迫切需要加快教育对外交流合作,提高教育国际化水平。福建省致力于建立和发展海峡西岸经济区,区域高等教育竞争力的提升是促进海峡西岸经济区综合竞争力提升的重要手段。厦门市作为海峡西岸经济区的重要一员,在促进高等教育发展上推出了一系列举措。

一、积极推进现代职业教育产教融合

厦门市坚持现代职业教育服务经济社会发展,围绕市委、市政府《贯彻落实《中共福建省委 福建省人民政府关于加快产业转型升级的若干意见》的实施意见》(厦委发〔2015〕12号)和《厦门市实施〈中国制造2025〉行动计划》(厦委发〔2015〕11号),紧密结合构建"5+3+10"产业体系要求,推动建立平板显示、计算机与通信设备、机械装备、生物医药、新材料、旅游会展、航运物流、软件信息、金融服务、文化创意等一批产业链(群)急需的专业群建设。着眼社会需求和学生就业现状,完善优化职业院校专业布局,厦门的职业院校布局与区域产业相适应,专业群与产业链相互衔接,职业院校为区域产业培养好用、管用的技术人才,实现了产教融合式发展。重视学生能力培养,采用校企双育人、校企双导师教学,实现了校企办学一体化,进一步完善和丰富了校企合作机制,确立了校企协同育人的长效机制,支持多方共建职业教育集团。突出行业、区域办学特色,推进了高职教育特色发展。

在民办高职院校的发展中,厦门市提出首先要以特色取胜。在激烈的教育市场角逐中,办学特色就成为民办高职院校的可识别性特征,所以每一所高职院校要办出自己的特色。其次是以对接地方经济取胜。服务地方经济社会发展能力的持续提高是民办高职院校获得可持续发展的重要法宝。厦门市民办高职院校顺应形势主动融入海峡西岸经济区建设,全面对接海峡西岸经济区建设与厦门经济特区社会发展需求,加大校企合作、产学研结合的力度,不断推进学校办学模式和人才培养模式的改革,使学校在为当地产业发展培养高技能人才和高素质劳动者的能力上更进一步。最后是高职院校要以协同取胜。与公办高职院校相比,特别是与"国家示范性高职"相比,民办高职院校在竞争中仍然处于劣势地位。民办高职院校要想提高自身实力,获得社会大众的认可,必须大力推进校校协同、校企协同、海峡两岸高职教育协同。因此,民办高职院校大力开展校校协同,努力实现所在片区内的民办高职院校资源共享,提高了资源使用效率。二是继续积极推进中高职合作,为高职院校的生源扩展提供机会,缓解民办高职院校的生源危机。三是持续不断地深化校企协同合作,开展各种类型的校企合作,在已有合作模式基础上,将校企合作进一步渗透到课程教学改革、"双师型"师资队伍培育培养、人力资源供给等方面。四是大力发挥地缘优势,力促两岸高职教育的协同,比如大力推进两岸技职院校进行教育交流合作,推动学生互访及联合培养,以拓展民办高职院校的办学空间与特色。

二、全方位推进高等教育内涵式发展

(一)完善高校之间的共建与支持机制

首先,加强与教育部、国侨办、省政府及其他部委办、省直有关部门合作共建厦门的省部属高校,推进厦门各高校与国内一流高校的战略合作,与清华大学、复旦大学、中山大学、华中科技大学等高校联合开展高层次人才培养,提高厦门高校应用研究水平。与中国科学院共建中国科学院厦门微电子工程学院暨厦门微电子产业研究院,以此对接厦门市微电子产业,吸引全国最顶尖的微电子专业力量来厦共谋发展。其次,厦门市在医疗卫生领域也正在和国内一流医学院开展市校合作。主要有:一是与北京中医药大学等国内知名医学院校洽谈战略合作;二是与复旦大学及厦门大学合作建设复旦中山厦门医院和厦门大学直属附属翔安医院项目,委托复旦大学附属中山医院开展医学人才培养工作;三是结合厦门市推进的重大医院建设项目和重点发展专科,与省内外医学院校加强合作,通过定向委托方式培养医疗卫生人才。最后,高校升级发展成效明显。厦门理工学院被列为福建省重点建设高校。厦门华厦学院和厦门工学院顺利转设为普通本科民办高校;厦门医学高等专科学校升格为本科院校,更名为"厦门医学院";厦门城市职业学院被列入福建省示范性现代高职院校建设工程培育院校。

(二)加强高校学科与学位建设

引导和支持高等院校优化学科结构,明确学科发展方向,突出学科建设重点,创新体制机制,激发高校内生动力和活力。鼓励发展高层次教育和向应用型高校转型,支持厦门医学院、厦门华厦学院、厦门工学院向高水平应用型本科院校发展,支持厦门理工学院加快建设成为省重点高校和高水平应用技术大学。鼓励发展工科教育,在财政生均综合定额拨款标准内,确保工学类专业与其他专业生均定额经费系数达到 1.5:1。

(三)提升高校创新驱动发展能力

坚持走学研协同创新的道路,基于服务需求和成果产出,引导高校教师和科研人员开展具有创新性的课题研究、科研攻关,服务于国家、省、市城市建设和社会需求,提升高校服务社会的能力。规划建设厦门市高校创新创业园区(或高校产业园区)、大学生创新创业实践基地,有力地提升大学生的创新精神和创业能力。

(四)加强高等教育课程建设,完善课程体系

加强专业课程内容对接新行业、职业标准和岗位规范,开发核心专业精品课程。加强中高职衔接的课程体系建设,开发配套教材和资源。加强高等教育基础课程建设,根据最前沿知识更新教学内容。加强专业间的渗透和文理科融合教育,加大选修课、专业技能的比例。加强网络课程资源建设和基地课程资源建设。鼓励校企合作,共同开发技能课程。

(五)多渠道提升教师队伍水平

教师是高校学术与教学质量提升的主体,教师素质的提升是学生学习品质提升的前提与保障,因此教师队伍建设是关键,而人才引进就成为教师队伍建设的重要举措。通过对厦门市教师队伍数据的分析发现,教师队伍中中高层次人才占比较高,师资队伍力量较强。高校规模的扩张使得高校教师队伍人数也大幅度增长。2016年,厦门市高校专任教师有9284人,其中,教授有1400人,副教授有2560人,具有高级职称的教师占专任教师总数的42.7%,可见,教师队伍中高层次人才占比较高。在高层次人才拥有量和吸引高层次人才的力度方面,厦门市在福建全省处于较高水平,这很大程度上是由于厦门市的地方政策和厦门市优越的地理位置吸引了高层次研究者。此外,厦门市发改委在高校教师队伍建设中尤其强调各高校要加大人才引进力度,并作为长期投注的计划。

为进一步规范民办学校教师队伍管理,加强民办学校教师队伍建设,维护民办学校教师的合法权益,促进民办教育事业的健康发展,厦门市教育局、厦门市人事局联合发布了《关于民办学校教师队伍管理暂行办法》。厦门市出台的《关于进一步支持和规范民办高等教育发展的实施意见》(厦府〔2013〕62号)提出试行民办高校教师最低工资指导,鼓励、督促民办高校逐步提高民办高校教职工工资水平。综合考虑厦门市各公办、民办高校教师的平均工资水平,制定出民办高校教师的最低工资指导标准,从而达到鼓励、督促民办高校逐步提高民办高校工资水平的目的;支持地方政府采取设立民办高校教师养老保险专项补贴的办法,积极尝试民办高校教师年

金制度,逐步探索建立由学校、教师个人、政府共同分担的民办高校教师保障机制,保障民办高校教师与公办高校教师有大体相当的退休待遇;保证民办高校教师在资格认定、职称评审、考核评价、评优评先等方面和公办高校教师享受同等的待遇。

(六)减免学费政策吸引生源

为贯彻落实《厦门市人民政府办公厅关于支持高职院校改革发展的若干意见》(厦府办〔2013〕27号),2013年12月,厦门市教育局、厦门市财政局联合发布了《关于厦门市高职院校五年制高职学生享受中职免学费和国家助学金资助政策的通知》,决定将本市高职院校五年制高职学生纳入中等职业教育免学费和国家助学金资助政策实施范围。具体做法是参照《关于全面实行中等职业教育免学费政策的通知》(厦财教〔2012〕6号),对在公办高等职业学校就读的五年制高职一、二、三年级学生,按物价部门核定的学费标准予以免除学费。在民办高等职业学校就读的五年制高职符合免学费政策条件的学生,其物价部门核定的学费标准高于相应专业财政免学费补助标准的,按相应专业财政免学费补助标准予以减免学费,高出部分由学生家庭承担;其学费标准低于财政免学费补助标准的,按实际学费标准免除学费。对于因免除学费导致学校办学收入减少的部分,通过财政给予免学费补助资金等方式解决,以保证学校正常运转。艺术院校艺术类专业学生,免学费财政补助标准为每学生每学年4800元;医药卫生院校医学卫生类专业学生,免学费财政补助标准为每学生每学年3000元;其他专业学生免学费财政补助标准为每学生每学年2600元。厦门各高职院校自办的五年制高职学生从2012年秋季学期起享受中职免学费政策。市财政、教育部门根据"全国中等职业学校学生管理信息系统"审核通过的受助学生数据拨付免学费财政补助资金。

三、推动教育开放发展

(一)深化对台教育交流与合作

厦门市依托对台交流合作综合改革试验区和"海峡两岸教育交流与合作基地",全方位搭建两岸教育教学资源共享平台,全面深化对台教育交流合作,创建对台教育交流特色城市。推进落实对台招教引师"16条",在社保、医保、住房公积金、退休待遇等方面给予市民待遇,吸引台湾优秀人才来厦任教。为台胞子女在厦就学提供优质服务。引进台湾优质教育资源联合举办高水平大学、应用技术型院校或行业特征鲜明的二级学院,办好一批与本市产业转型升级匹配度高的厦台合作项目。鼓励台湾优质职业教育机构、企业参与本市职业教育集团运作,与职业教育机构合作办学、共建专业、共同开发课程。扩大厦门市高校对台招生规模,提高台湾学生奖学金额度。支持厦门市教育科学研究院加强台湾教育研究,积极借鉴台湾教育的有益经验,为两岸教育交流合作决策提供参考。

(二)着力提升教育国际化水平

厦门市着力推进各级各类学校的国际化程度,大力支持普通高校、职业院校、民办高中与国外知名学校建立手拉手联谊学校,开展合作项目。支持在厦各高校与国外知名大学联合举办具有独立法人资格的中外合作高水平大学或二级学院,建设示范性中外合作办学项目(机构),开展多形式、多层次的中外合作办学,例如厦门大学与美国旧金山大学、集美大学与美国库克学院等。充分发挥厦门侨乡和国家孔子学院南方基地优势,依托厦门市海外华文教育基地接收海外华裔来华学习中华文化。支持孔子课堂建设,鼓励汉语教师和志愿者赴外任教,做好海外华文教育推广工作,打造厦门对外开展华文教育的品牌。

(三)大力开展与"金砖"及"一带一路"国家教育人才交流

教育合作和人才交流培养是厦门市与"金砖"及"一带一路"沿线国家进一步加强交流合作的重要环节,基础设施建设及经贸往来固然重要,但人文交流、文化融合是与"金砖"及"一带一路"沿线国家交流合作的社会根基,也是"一带一路"建设的重要驱动力,其中人才互动培养及教育合作扮演着重要角色。

厦门市政府相关部门十分重视与"金砖"及"一带一路"沿线国家的教育合作和人才交流培养:一是积极支持厦门大学创建马来西亚分校,开创中国高校走出国门办学的先河,被誉为"一带一路"上的璀璨明珠、中马高等教育合作的旗舰和新的里程碑。同时积极推动厦门大学马来西亚分校设立海洋与环境等21世纪海上丝绸之路沿线国家急需专业,创立"中国—东盟海洋学院",为中国和东盟各国培养输送高层次海洋人才。二是协助厦门大学"一带一路"研究院成立,为"一带一路"沿线国家提供一流的人才服务、政策研究、智力支持。三是推动厦门理工学院创立"21世纪海上丝绸之路与厦门发展研究中心",服务沿线国家贸易与服务外包运行监测与研究。四是推动集美大学筹建"福建省航运经济研究中心",服务海丝沿线国家的航运物流产业发展和人才培养。五是推动华侨大学与泰国曼谷宣素那他皇家师范大学达成合作意向,共建泰国华文学院,共同开设旅游管理、国际经济贸易等泰国优势领域专业。六是推动华侨大学、集美大学与泰国、印尼、菲律宾等21世纪海上丝绸之路沿线国家开设外国政府官员和青少年培训班,与安哥拉共同举办政府青年科技人才班,安哥拉总统基金会每年推荐安哥拉优秀高中毕业生到华侨大学留学。七是成立厦门市陈嘉庚教育基金会,支持21世纪海上丝绸之路沿线国家和地区特别是东南亚华侨华人学生来厦留学。

四、始终坚持对高等教育的大力投入

比较厦门市生均教育事业费可以看出,高等教育的生均教育事业费最高,中等教育次之,初等教育最低,体现了厦门市始终把高等教育放在重要位置。在加大教育经费投入力度的同时,厦门市也坚持促进高等教育与区域经济协同发展。随着产业结构不断升级优化,人才需求随之发生变化,如先进制造业、新兴产业和创新农业需要实用型和创新型的"学用合一"人才,因此人才培养规格和结构也需相应调整。高等教育不断培养相应的人才用以支撑区域经济的可持续发展,而区域经济发展又为高等教育提供强大的保障,二者相互依存、相互促进。

五、促进社会力量办学健康发展

厦门市不断创新社会力量参与办学。支持非营利性民办学校的管理者和骨干教师以技术、管理、资本等方式参与办学并享有相应的权利,鼓励公办学校和民办学校相互委托管理、购买服务。改善民办教育发展环境,落实民办和公办学校的教师、学生在法律上的平等地位。采取"以奖代补"方式,支持民办高校加强专业建设和教师队伍建设,扶持和规范民办高校健康发展。实行民办学校分类管理,基本形成非营利性、营利性民办学校分类管理体系。加大对非营利性民办学校的扶持力度,引导社会力量创办非营利性民办学校,加强民办学校规范管理,建立健全退出机制,提高办学质量。完善民办学校法人治理结构。完善董事会(理事会)、监事会制度,保障民办学校校长依法独立行使职权,加强民办学校党组织负责人队伍建设。

第四节　厦门市高等教育发展的经验及启示

一、厦门市高等教育发展的主要模式

(一)多方引进助推高等教育发展

1.紧密型的合作开发模式

厦门市科技局的调查发现,厦门市企业在电子信息、新材料、水产养殖等方面与厦门市高校合作较多。近年来,合作多集中在光电、软件行业。2007年,太阳能光伏成为亮点。在合作院校上,主要与厦门大学进行电子信息、新材料化工等方面的合作;与厦门理工学院主要进行软件、汽车机械等方面的合作开发;与集美大学的合作主要集中在航海、水产养殖农业领域。这些方面的合作开发,多是厦门特色产业、优势产业与厦门高校的优势学科的结合。这说明,城市产业及企业的发展离不开高校学科、科技、人才力量的支撑,企业技术进步的需求也带动、促进高校科研、教学的繁荣,校企可以在合作中实现双赢。

2.国际化发展模式

大力加强国际交流合作。通过组织国际学习参观活动,学习借鉴国外高校的办学经验和管理模式;通过举办、参加国际学术会议,开展高层次学习交流;通过国际科研合作、组织国外学者讲座、聘请国外客座教授等方式,加强教育资源、学术成就共享。鼓励厦门高校与海外高校合作办学、联合办学、联合培养;通过教职工出国进修、访学,为教职工提供机会,学习借鉴国外的先进教学理念、方法;与海外高校共同建立交流项目,为学生提供多样的国际交流学习机会。

3.两岸教育交流合作模式

充分发挥"海峡两岸教育交流合作基地"作用,大力推进两岸教育教学交流。创新两岸教育交流合作模式,推动两岸优质教育机构合作办学,促进两岸在教师、学生、教材、管理等方面加强交流。支持开展台湾教育研究项目，提高研究水平。

(二)多类型的民办高等教育建设模式

自厦门 1983 年开办第一所民办高职院校——厦门兴才职业技术学院以来，厦门民办高等教育迅速发展，经过几十年的探索和发展，取得了令人瞩目的成就，这一模式也成为厦门高等教育发展模式的重要组成部分。在发展过程中，厦门民办高等教育形成了五种办学类型，即政府参与型、自我积累型、校企合作型、企业投资型、公民办高校合作型。这五种办学类型各有优势，共同形成了厦门民办高等教育的发展模式。厦门民办高校在发展的过程中，坚持规模与质量并重，坚持走内涵式发展道路；注重应用型人才的培养，着力打造与企业相结合的产学研发展路径；关注市场变化，培养社会经济发展所需要的人才。厦门民办高等教育模式扩大了教育资源，缓解了公办高等教育的压力，满足了社会发展对各种人才的需求，拓宽了办学路子，形成了新的高等教育办学格局、发展模式。

(三)多类型的投资办学模式

在拓展厦门市高等教育发展资金来源的渠道上，该市正在不断探索财政以外的新型投资渠道，根据谁收益谁负担的原则，引入市场机制，从而逐步形成一套由财政拨款、受教育者个人缴纳学费、社会投入三方合力助阵的办学经费分担机制，增加厦门市高等教育的发展资金。在厦门市高等教育办学体制转变过程中不断尝试开展以下投资模式，在很大程度上促进了各级各类高等教育的大发展：一是在公办院校的投资模式中，政府投入为主，银校合作为辅的方式大大拓宽了对公办院校的投资渠道，使学校和社会发展的关系更紧密；政府投入为主，成本分担为辅的投资模式是世界各国高等教育财政改革的普遍做法，在解决学校资金不足的问题上这一方式是富有成效的。二是在民办院校的投资模式中，主要有以下投资模式：自有资产办学，其他股东加盟，学费及多渠道融资维持办学的投资模式，比单纯依靠学生学费的收入更有利于学校获得滚动持续发展；举办者以股份制形式办学，再以学费及其他收入滚动发展的投资模式有利于明确股东之间的责、权、利和义务；确保高等教育发展资金的相对稳定，在管理上所有权和经营权分离，这一投资模式比较符合民办高校的办学宗旨。三是教育集团投资办学，再以集团连锁的方式进行经营的投资模式将经济领域中集团连锁经营的方式移植到教育领域中,从而达到了复制教育管理模式、推行教育思想、实现品牌效应和资源共享的目的。四是混合型高等教育投资模式的出现,是我国高等教育办学体制改革不断深化的产物,其投资模式有以下四种:公办民助、民办公助、国有民办二级学院、大学城。这种投资模式的出现打破了传统公办、民办二分的局面,使人们开始跨越公与民的界限,从而探索出一种兼具两者优势的新的高等教育办学模式,这种借助民间的力量来举办高等教育的方式使政府摆脱了独立办学的困境,集公立院校的资源优势以及民办院校的体制优势于一身,为高等教育投资体制的改革找到了一条新的思路。

(四)文化资源共享的管理模式

为了实现资源共享,厦门市建设市属高校优质教育资源共享体系,推动建立形式多样的高校教学联盟,鼓励高校教师互聘、学分互认。推进高校专业教学与科研密切结合,在教学、科研实践中发现人才、培养人才。首先,互聘教师。在高等教育追求内涵式发展过程中,教师是人才培养功能发挥的保障,教师资源的共享是大学城文化资源共享的主要内容,教师资源的共享首先表现在高校间教师的互聘。为了确保教师互聘合理、有序地进行,高校之间需建立相关的教师互聘制度,同时应保证高校之间的师资信息的畅通,确保师资信息公开透明,这是互聘教师的必要保证。其次,互认学分。高校之间共同培养人才是大学城资源共享模式的核心,通过建立学分互认制度,大学城内各高校的学生可以跨校选择课程,实现了课程资源的优化配置。

二、厦门市促进高等教育发展的启示

(一)注重顶层设计,大力发展职业教育

为进一步落实《厦门市人民政府关于大力推进职业教育改革与发展的若干意见》和《厦门职业教育发展规划(2004—2010)》,确立职业教育战略地位,推进职业教育持续健康发展,厦门市政府于 2006 年颁布了《厦门市教育局 厦门市发展和改革委员会 厦门市财政局 厦门市劳动和社会保障局关于大力发展职业教育的若干意见》,2013 年颁布了《厦门市人民政府办公厅关于支持高职院校改革发展的若干意见》《厦门市教育局 厦门市财政局关于厦门市高职

院校五年制高职学生享受中职免学费和国家助学金资助政策的通知》,2015 年厦门市政府建立了厦门市职业教育工作联席会议制度。主要任务是贯彻落实中央和省、市有关职业教育工作的重大决策部署;研究制定全市职业教育发展专项规划和重要政策措施,督促将大力发展现代职业教育纳入市、区经济社会发展总体规划,推动全市职业教育体制机制方面的改革创新,审定职业院校结构布局调整方案;研究推进职业教育、职业培训相关领域重点项目建设,提出年度工作计划,落实工作任务;推动职业教育与厦门市"5＋3＋10"现代产业体系重点发展的千亿产业链(群)、福建自由贸易试验区厦门片区急需产业以及市委、市政府重点扶持和紧缺产业的紧密融合,将职业教育发展与厦门市重点产业发展规划相衔接,为厦门市产业发展培养急需的专业技术技能型人才,引导社会资源支持职业教育发展;推动厦门市有关部门、行业协会研究制定并落实好支持职业教育发展的相关政策;加强各部门间的会商沟通和信息共享,推动厦门市应用技术型大学、职业院校与行业企业间的融合互通,重点推进校企合作、企业办学、创新创业、人才交流、民办教育、厦台合作、对外合作交流等方面的工作。

2016 年颁布《厦门市人民政府关于加快发展现代职业教育的若干意见》,提出要统筹职业教育规划,加快构建现代职业教育体系,推动职业教育与产业深度融合,充分发挥就业指挥棒的作用,加强实训基地建设,加强教师队伍建设,支持民办职业教育健康发展,深化厦台职业教育交流与合作,加快职业教育信息化建设,构建职业教育质量监测、评价和保障体系。厦门市支持职业院校发展相应政策的出台,有效缓解了职业院校生源及规模效益不足、办学经费短缺的问题,对职业教育的发展起到极大促进作用。

(二)出台系列政策促进民办教育发展

为促进民办教育的发展,厦门市制定了一系列规章制度。如厦门市教委1992 年公布的《关于对我市社会力量办学实行分级审批和管理的意见》、2001 年公布的《关于加强我市社会力量办学管理工作的通知》、2002 年公布的《厦门市教育局关于民办学校学籍管理的若干意见》、2004 年厦门市教育局和厦门市人事局联合公布的《关于民办学校教师队伍管理暂行办法》,完善促进民办教育发展的优惠政策,加大公共财政对民办教育的扶持力度,建立市、区两级政府民办教育发展扶持资金,引导、鼓励和资助民办学校办出特色,提高质量,落实民办学校、学生、教师平等的法律地位。

(三)积极推进产教融合发展

紧密结合构建"5＋3＋10"产业体系要求,推动建立平板显示、计算机与通信设备、机械装备、生物医药、新材料、旅游会展、航运物流、软件信息、金融服务、文化创意等一批产业链(群)急需的专业群建设。积极推进现代职业教育协调发展,推进高职教育特色发展,实行"一校一策"目标管理,突出行业、区域办学特色。不断提高现代职业教育服务经济社会的能力,坚持需求和就业导向,加强职业院校专业规划,完善专业动态调整机制,形成与区域产业相适应的职业院校布局、与产业群相对接的专业群,培养服务区域发展的技术技能人才。通过校企双主体育人、学校教师和企业师傅双导师教学,推进校企一体化办学,推行现代学徒制,完善"校企合作服务中心"运作机制,鼓励企业和中高职院校共建校内外实训基地,形成学校和企业联合招生、资源共享、联合培养的协同育人的长效机制;制定企业、院校、科研机构、社会组织等共同组建职业教育集团的支持政策等来实施现代职业教育质量提升工程。

(四)多元化教育经费筹措渠道

健全高等教育以举办者投入为主、受教育者合理分担培养成本的机制。加大专项经费整合,根据各区财力、教育发展、投入和管理责任落实情况,探索建立综合奖补机制。税务部门按规定足额征收教育费附加,专项用于教育事业,并鼓励有条件的学校设立教育发展基金会,接受社会和校友的捐赠,完善基金运作机制,鼓励企业、社会团体和个人投资教育、捐赠教育事业。

参考文献

[1]傅先庆.福建高等教育发展研究.福州:福建教育出版社,1997.
[2]张玲.20世纪50年代福建省院系调整及其影响.教育与考试,2012(2): 91-93.

第六章　深圳市促进高等教育发展政策研究

第一节　深圳市经济社会发展概况

深圳市,中国四大一线城市之一,广东省省辖市、计划单列市、副省级城市,地处珠江三角洲前沿,毗邻香港,东临大亚湾与惠州市相连,西至珠江口伶仃洋与中山市、珠海市相望,北与东莞市、惠州市接壤,总面积 1953 平方千米。深圳经济特区于 1980 年 8 月正式成立,2010 年延伸到全市 1948 平方千米,2011 年延伸至深汕特别合作区。

根据深圳市统计局数据,2017 年末全市常住人口 1252.83 万人,其中户籍人口 434.72 万人,非户籍人口 806.32 万人。

2017 年深圳市实现地区生产总值 22438.39 亿元,居全国第三位,省内第一位。人均 GDP 超过省内的广州、佛山等城市,居省内第一位。来源于深圳辖区的一般公共预算收入达 8624 亿元,其中中央级收入 5292.4 亿元,地方级收入 3331.6 亿元;每平方千米产出财税收入(简称单位财税创收)从 2016 年的近 4 亿元跃升到 2017 年的 4.3 亿元,继续在全国大中城市中位居前列;全年深圳市居民人均可支配收入 52938.00 元。

在教育和科学技术方面,2017 年末深圳市各级各类学校总数达 2437 所,比上年增加 127 所;毕业生 45.77 万人,招生 60.08 万人,在校学生 208.27 万人。年末深圳市有幼儿园 1683 所,增加 104 所;在园幼儿 50.50 万人。有小学 342 所,增加 5 所;在校学生 96.45 万人。有普通中学 368 所,增加 16 所;在校学生 41.76 万人。中等职业学校(含技工学校)25 所,在校生 7.41 万人;特殊教育学校 5 所,在校学生 1050 人;工读学校 1 所,在校学生 78 人。

2017 年,深圳高校单位达 12 个,在校学生 9.67 万人;全年深圳市普通本专科招生 2.56 万人,在校生 8.06 万人,毕业生 2.09 万人;成人本专科招生 0.89 万人,在校生 2.14 万人,毕业生 0.43 万人;普通高等学校研究生教育招生 0.58 万人,在校研究生 1.61 万人,毕业生 0.43 万人。2013—2017 年度各类教育在校生人数见图 6-1。

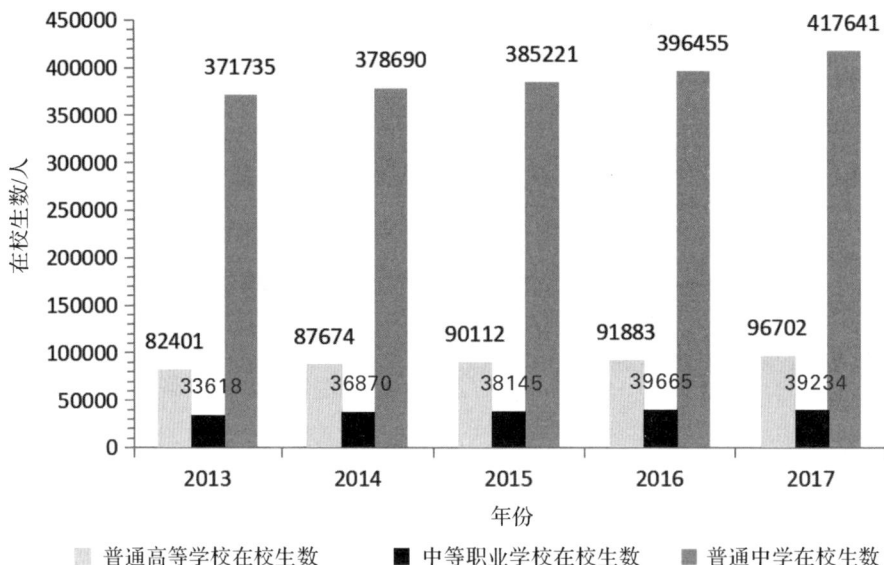

图 6-1　2013—2017 年各类教育在校生人数

2017 年末深圳市各类专业技术人员 153.80 万人,其中具有中级技术职称以上的专业技术人员 46.50 万人。全年新增各级创新载体 189 个,新增全职院士 12 名、"孔雀计划"团队 30 个,全年共引进各类人才 26.3 万名。

积极筹建了 8 个重大科技基础设施,新组建诺贝尔奖科学家实验室 3 家、基础研究机构 3 家、制造业创新中心 5 家、海外创新中心 7 家,新增福田区、腾讯等 3 家国家级"双创"示范基地,设立新型研发机构 11 家和创新载体 195 家,新增国家级高新技术企业 3193 家,累计达 1.12 万家。新增创新载体中,重点实验室、工程实验室、工程中心、企业技术中心共 141 个。其中,国家级工程实验室 3 个,国家认定企业技术中心 2 个,国家级孵化器 3 个;省级工程(技术)研究中心 88 个。全年专利申请量与授权量分别为 17.71 万件和 9.43 万件,分别增长 21.9% 和 25.6%。其中,发明专利申请量与授权量分别为 6.03

万件和 1.89 万件,分别增长 7.0％和 7.1％;PCT(《专利合作条约》)国际专利申请量 2.05 万件,增长 4.1％。出台加强知识产权保护 36 条举措,获国家科技奖 15 项,获中国专利金奖 5 项,占全国 1/5,有效发明专利 5 年以上维持率在 85％以上,居全国第一。

2017 年深圳全社会研发投入超过 900 亿元,占 GDP 比重从 2016 年的 4.1％提升至 4.13％,研发投入强度仅次于北京。

第二节　深圳市高等教育发展概况

一、深圳市高等教育发展历史

深圳是我国改革开放的前沿阵地,是在宝安县的基础上发展而来,高等教育的发展几乎是从零基础开始,和深圳市、深圳特区同步成长。1979—2017 年深圳市高等学校数量、教职工数量、在校生数量变化情况如图 6-2 至图 6-4 所示。

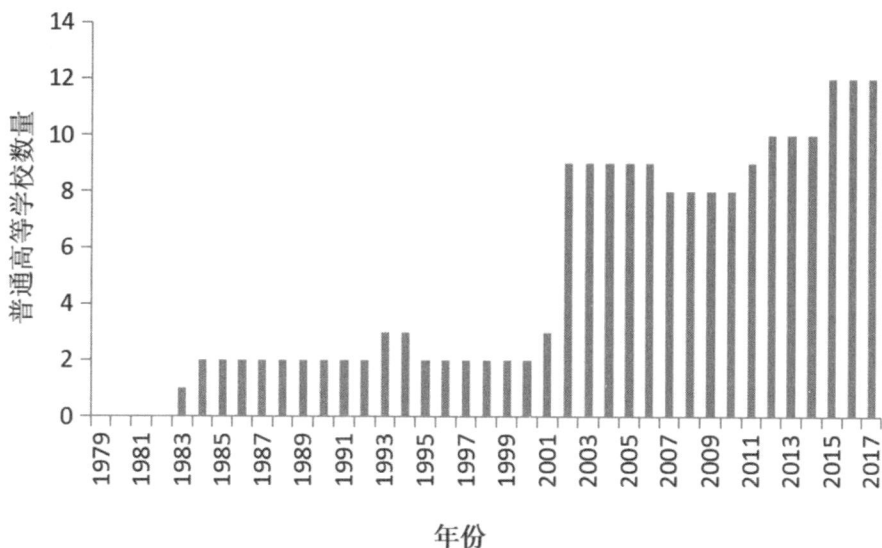

图 6-2　1979—2017 年深圳市高等学校数量变化

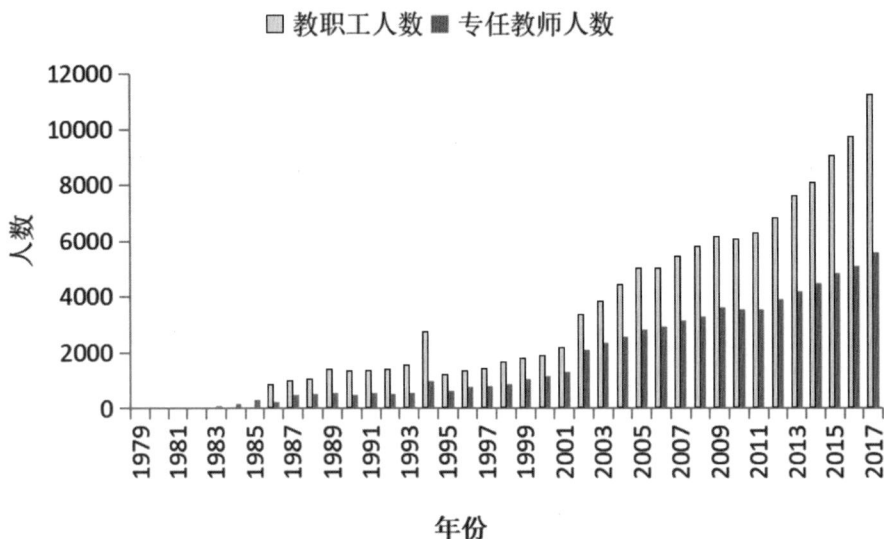

图 6-3　1979—2017 年深圳市高等学校教职工人数变化

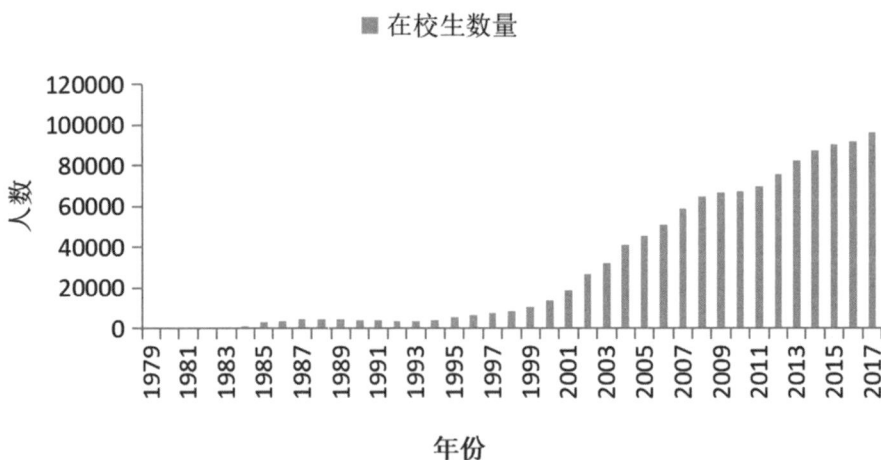

图 6-4　1979—2017 年深圳市高等学校在校生数量变化

深圳市高等教育的发展可以分为以下三个阶段。

（一）起步阶段（1979—1999 年）

1979 年建市之初,高等教育基础薄弱,仅有建于 1947 年的宝安简师、建于 1973 年的广东省宝安县卫生学校等中等专科学校。

深圳经济特区成立后,中央和地方高度重视特区大学建设,1980年深圳经济特区成立的同时第一所公办高等学校深圳广播电视大学成立,主要举办成人高等学历教育。2016年深圳广播电视大学在汕尾市(深汕特别合作区)筹建分校。

1983年,由北大援建中文、外语类学科,清华援建电子、建筑类学科,人大援建经济、法律类学科,市属普通本科高等学校深圳大学成功创办。

1993年,深圳市人民政府举办的专科层次全日制普通高等学校——深圳高等职业技术学院,是国内最早独立举办的高等职业技术教育院校之一,填补了深圳市职业教育的空白。1997年更名为深圳职业技术学院。

1993年2月,暨南大学在深圳华侨城设立暨南大学中旅学院,1996年建成并正式开学,构建了暨南大学三地五校区的格局,也是深圳市第一个一本招生的本科院校。2003年更为暨南大学深圳旅游学院。

1994年,在深圳师专基础上筹备,经省政府批准、原国家教委备案,撤销原深圳师范专科学校建制,成立深圳大学师范学院,并于1996年6月正式挂牌成立。

(二)平稳发展阶段(2000—2010年)

进入21世纪以来,深圳市高等教育蓬勃发展。1998年创办的民办职校广东新安职业技术学院于2000年经国家批准正式建校;2002年广东省人民政府批准深圳教育学院、深圳工业学校、深圳财经学校三校合并组建成立公办全日制普通高等学校深圳信息职业技术学院,2010年该校成为国家骨干高职院校建设单位。

为了弥补深圳市研究生教育的不足,深圳市政府与国内知名高校达成合作办学意向,2001—2002年陆续成立了北京大学深圳研究生院、哈尔滨工业大学深圳研究生院、清华大学深圳研究生院,以研究生教育为主,着力培养高层次人才,开展原创性科学研究、高科技成果转化。

原有高校也得到了迅速发展,深圳大学于1996年获批硕士学位授予单位后,于2006年获批博士学位授予单位。深圳职业技术学院2001年先后与129所高校签订联合培养硕士研究生、博士研究生协议,2004年深圳市卫生学校(前身即广东省宝安县卫生学校)并入,2009年成为首批国家示范性高等职业院校。

(三)引进赶超阶段(2011年至今)

由于起步晚、底子薄,深圳高等教育的发展速度滞后于举世瞩目的"深圳速度"的经济发展。为了使高等教育能够支撑经济社会发展的需要,"大力发展本土综合性大学"与"开放引进国内外高水平大学"两策并举,深圳市创建、引入了多所大学,探索多样化的办学模式。

2010年12月教育部同意筹建南方科技大学,2012年4月,教育部赋予学校探索具有中国特色的现代大学制度、探索创新人才培养模式的目标。2011年南方科技大学正式开学,2012年其招生分数线已达到"985"高校中上游水平。2015年南方科技大学成为首批广东省高水平理工科大学共建院校;2018年5月,南方科技大学获批博士学位授予单位,成为国内最快成为博士授权单位的高校。

为适应高端产业发展需求,培养高水平工程师、设计师等"工匠特色"的顶尖专门人才,深圳市"十三五"期间重点打造一所本科及以上层次的高水平应用技术大学——深圳技术大学,依托2016年成立的深圳大学应用技术学院筹建和办学,2018年5月31日学校申报获得教育部批准,重点建设院系包括中德智能制造学院、大数据与互联网学院、城市交通与物流学院、新材料与新能源学院、健康与环境工程学院、创意设计学院等。

在培养本土综合性大学的基础上,深圳加快了高水平大学的引入步伐,引入高水平高校在深圳创办分校,2014年创办了香港中文大学(深圳),2015年签署中山大学(深圳)合作协议,2013年开始与中国科学院大学合作建设中国科学院大学深圳校区等,与国内外高水平高等教育机构直接对接,提升了深圳高等教育水平。

深圳市创新采用了国内外顶尖高校联合办学的新模式,2016年前后深圳北理莫斯科大学、深圳吉大昆士兰大学等高水平高校纷纷创建,在中外合作办学的基础上探索新模式。

特色学院百花齐放,在综合性大学之外针对性引进各领域顶尖教育机构,提升各领域高等教育水平,如华南理工大学—罗格斯大学中美创新学院、哈尔滨工业大学(深圳)国际设计学院、北京大学汇丰商学院、深圳哥本哈根生物技术学院、金钟音乐学院、列宾美术学院、大连海事大学深圳国际物流学院、深圳微电子技术学院、深圳低碳可持续发展学院等在陆续创建中。

以南方科技大学为代表的研究型高校、以香港中文大学(深圳)为代表的合作办学和小而精的特色学院,精准对接深圳市经济、科技的发展,借助国内外优质高等教育资源,弥补了深圳市高教力量的不足,形成了高端、研究型的深圳特色高等教育。

二、深圳市高等教育发展现状

截至 2017 年,深圳市有成人高校 2 所(深圳广播电视大学、深圳城市学院)、高职高专 3 所、一般本科高校 2 所、中外合作高校 2 所,国内知名高校的深圳分校 3 所,民办高校 1 所,非独立学院 1 所,无"211""985"高校、双一流建设高校。但北京大学深圳研究生院、哈尔滨工业大学(深圳)、清华大学深圳研究生院母体为"211""985"、双一流建设高校。

此外,深圳还有一批建设中的中外合作办学高校、特色学院。以深圳技术大学为代表的独立公立应用型本科院校,面向高端产业发展需求,致力于培养高水平工程师、设计师等极具"工匠特色"的顶尖专门人才,是深圳市"十三五"期间重点打造的一所本科及以上层次的高水平应用技术大学。深圳吉大昆士兰大学为中外合作创办的特色化、专业化的高水平大学,致力于在两校的优势学科领域结合深圳市的经济社会发展需要,设立生命科学、新能源、环境等学科,培养具有国际竞争力的高端人才。中国科学院大学深圳校区、北京中医药大学深圳校区、中山大学(深圳)、华盛顿大学深圳分校为国内外知名高校在深圳建立的独立分校,有利于发挥高校学科专业优势和深圳地域优势。天津大学佐治亚理工深圳学院、北京大学汇丰商学院等为国内外知名高校联合在深圳创办的特色学院,旨在某一领域内开展教学、研究及成果推广,为深圳市产业发展精准供给智力支持。

三、深圳市高等教育发展特点

(一)起步晚、起点高

深圳市的高等教育几乎和特区建设同时从零起步,是改革开放的前沿阵地。深圳经济建设是以全国之力集中推动的结果,深圳的高等教育也离不开优质教育资源的支持。以深圳第一所综合性本科院校——深圳大学为例,北大援建了中文、外语类学科,清华援建了电子、建筑类学科,人大援建了经济、法律类学科。此外,清华大学深圳研究生院、北京大学深圳研究生院、哈尔滨工业大学(深圳)等,更是直接将国内高水平教育资源引进深圳,落地生根,成为深圳高等教育的中坚力量。

(二)政策自由、模式多样

深圳作为改革开放的窗口,在改革与探索方面具有先天优势,南方科技大学就是这一点的集中体现,它是在中国高等教育改革发展的时代背景下创办的一所高起点、高定位的公办创新型大学,直接被教育部赋予了探索具有中国特色的现代大学制度、探索创新人才培养模式的重大使命,被确定为国家高等教育综合改革试验校。它肩负着为我国高等教育改革发挥先导和示范作用的使命,并致力于服务创新型国家建设和深圳创新型城市建设。政策的探索给予了更大的办学自由度,通过人才引进、管理制度、人才培养模式等多方面的创新和探索,南方科技大学实现了赶超式发展。

深圳经济的高速发展为高等教育的发展提供了充足的资金支持,国内外高水平大学建设的分校、研究生院,与高端教育研究机构的合作办学、特色学院等多种模式百花齐放,为深圳教育、研究、人才培养服务。

(三)对接产业、服务社会

高等教育的重要作用是培养人才和服务社会,深圳高等教育零起点从某种程度上是一种优势,可以充分根据产业发展规划、经济社会发展需求建设所需的教育类型,没有传统的约束和限制。因此,深圳高等教育根据科技强市的总体战略,通过引入高端教育资源在深圳落地、发展,借他山之石,提升深圳的科技水平;通过特色学院精准对接四大支柱产业(金融业/物流业/文化及相关产业/高新技术产业)、七大战略性新兴产业(新一代信息技术产业、互联网产业、新材料产业、生物产业、新能源产业、节能环保产业、文化创意产业)、四大未来产业(海洋产业、航空航天产业、机器人、可穿戴设备和智能装备产业、生命健康产业),兼顾当前支柱产业发展和未来城市产业布局,为产业发展提供源源不断的动力。

(四)大力引入、政府支持

深圳高等教育的发展从零基础起步,其蓬勃发展离不开政府和国内外优质教育资源的支持。政府在物质基础、人才引进政策等方面为深圳高校提供了充足的保障,优质教育资源的引入为深圳高等教育提供了人才、办学经验、创新理念,促进了深圳高等教育的迅速发展。

第三节　深圳市促进高等教育发展
主要战略和政策举措

一、政府重视顶层设计,高教定位明确

中共深圳市委、深圳市人民政府印发的《关于加快高等教育发展的若干意见》(深发〔2016〕15号)思路清晰、目标明确、设计合理、保障完善,描绘了未来10年深圳高等教育的发展蓝图,提出坚持以打造高水平学科为基础,较大规模高校和特色学院建设并举,普通高等教育和职业高等教育同步推进,经过10年左右努力,建立国际化开放式创新型高等教育体系,将深圳建设成为南方重要的高等教育中心。

二、加大教育投入,经济支撑到位

根据《深圳市国民经济和社会发展第十一个五年总体规划》(以下简称"十一五"规划),"十五"期间,全社会教育支出占GDP比重达到3.15%,成为全省首个教育强市。深圳市"十一五"规划指出,2010年研究与开发支出占GDP比重达到3.6%,自主知识产权高新技术产品产值比重提高到65%,大专以上受教育人口比重达到1500人/万人。"十一五"期间,高等教育投资需求预计115亿元,其中市政府投资需求约60亿~80亿元。

根据《深圳市国民经济和社会发展第十二个五年规划》(以下简称"十二五"规划),"十一五"期间,深圳成为全国首个国家创新型试点城市,PCT国际专利申请量连续七年居全国首位,全社会研发投入占GDP比重达到3.64%,具有自主知识产权的高新技术产品产值占比超过60%。"十二五"期间,全社会研发投入占GDP比重达4.05%。

为了实现深圳高等教育大发展的目标,深圳加大了资金投入力度。例如,对纳入广东省高水平大学建设计划的高校,建设周期内每所给予最高10亿元专项经费资助;列入国家世界一流学科和广东省高水平学科建设的,每个学科分别给予最高5000万元和3000万元资助;承担国家级重大创新载体或深圳分支机构建设任务的,给予最高3000万元支持。2016—2020年,深圳市政府

每年安排不少于 10 亿元资助经费,主要用于支持重点领域的特色学院建设发展。

2013 年,深圳市建立教育支出保障协调机制,财政教育投入 280 亿元,教育基建资金投入 73 亿元;2014 年,深圳市财政教育经费投入 320 亿元,比上年增长 11.1%。2015 年,深圳全市财政教育经费投入 341.16 亿元。2017 年,深圳市国家财政性教育经费投入 593 亿元。充足的财政投入为深圳市高等教育的发展提供了重要保障。

三、持续人才引进,提升发展动力

(一)战略性加强人才培育和引进

深圳市"十一五"规划指出,实施人才强市战略。坚持培养和引进并重、就业和创业并举的人才引进政策,创新人才培养引进方式。以建设党政人才、企业经营管理人才、专业技术人才和高技能人才四支队伍为重点,形成长期、稳定和高效的人才引进机制。充分利用国内国际两种人才资源,大力提升人才总量和优化人才结构,将深圳逐步建成人才资源能力的培育中心、人才与智力资源的集散中心、人才价值充分体现的创业中心,构建创新型人才高地。加强和完善人才引进政策,实行个人申报入户核准制度,在科研经费、入户、住房等方面给予专项资助和生活补贴。2010 年,人才总量达到 160 万人以上,逐步建成国内有较大影响力的人才良港。

深圳市"十二五"规划指出,坚持引进与培养并重,集聚国内国际创新人才资源,建设人才宜居城市和人力资源强市。组织实施国内人才引进培育扶持计划,依托重大科研项目和重大工程、重点学科和科研机构、国际学术交流和科技合作项目,推进创新团队建设,吸引和集聚院士、优秀青年科学家、国家科技大奖获得者、重大前沿核心技术技能掌握者等创新人才。落实引进海外高层次人才孔雀计划,创新海外引智工作机制,统筹设立海外人才联络处,加强与跨国公司、一流科研机构和知名人才中介服务机构合作,充分利用国际人才交流大会等平台招贤纳才。"十二五"期间,力争引进 50 个以上海外高层次人才团队、1000 名以上海外高层次人才和 10000 名以上国内高层次人才。

深圳市"十三五规划"指出,深入实施人才强市战略,加快建设一支素质优良、结构合理的创新型人才队伍,实现"数量型人口红利"向"质量型人口红利"转变。实施全民素质提升计划,推动人才战略与人口战略紧密结合,实现人口结构性调整。高标准推进"孔雀计划",大力引进海内外高层次创新创业人才和团队。发展壮大重点产业人才队伍,加快引进和培养一批专业拔尖、掌握核心技术的产业领军人才。加强技能人才队伍建设,实施劳动者技能素质提升工程,深化技能人才认定评价社会化改革,完善现代技工教育和职业培训体系,推动校企合作办学和新型学徒制人才培养,分层次、多渠道、有针对性地培养一批高技能人才。加大各领域紧缺专业人才引进培养力度,在金融、医疗、教育、文化、法律等领域加快集聚一批高素质、国际化、创新型专业人才。到2020 年,新引进海外高层次创新团队 100 个、海外高层次人才 2000 名,新增技能人才 60 万人。

(二)构建层次分明、覆盖广泛的人才政策体系

落实中长期人才发展规划纲要,研究制定促进人才优先发展的政策措施。深入推进人才发展体制机制改革,激发人才创新创业活力,强化科研成果激励机制,加大对做出重大科技贡献的优秀创新团队和人才的奖励。继续推进人才评价制度改革,完善多元评价主体和多维度评价标准,推进人才市场化评价和认定,建立人才举荐制度。全面清理和打破妨碍人才流动的制度障碍,建立健全人才顺畅流动机制。

2008 年 9 月 19 日,《中共深圳市委、市政府关于加强高层次人才队伍建设的意见》(深发〔2008〕10 号)明确表示,通过从海内外大力引进和本土自主培养等途径,集聚一批领军作用突出的国家级领军人才、一批专业地位突出的地方级领军人才、一批在专业技术技能方面崭露头角和发展潜力巨大的后备级人才,形成结构合理、活力充沛、择优汰庸、持续创新的高层次专业人才梯队。

1. 人才引进

引进人才方面,开辟高层次专业人才引进绿色通道,设置"国(境)外专家特聘岗位"、完善柔性引才"候鸟计划",吸引高层次专业人才柔性流动方式短期来深工作,协助其解决实际问题。拓展渠道,加大海外智力引入力度,2010年 10 月推出了引进高技术人才的项目"孔雀计划"(《中共深圳市委、深圳市人民政府关于实施引进海外高层次人才"孔雀计划"的意见》(深发〔2011〕9 号)),海外高层次人才可享受 80 万—150 万元的奖励补贴,并享受居留和出入境、落户、子女入学、配偶就业、医疗保险等方面的政策待遇。对于引进的世界一流团队给予最高 8000 万元的专项资助,并在创业启动、项目研发、政策配套、成果转化等方面支持海外高层次人才创新创业。设立"引才伯乐奖",鼓励企事业单位、人才中介组织等对人才的举荐。发挥驻外机构、企业主体、群团和社

会组织的招才引智作用。

2. 人才保障

实施人才安居工程,优化高层次人才安居政策,多渠道加大人才安居住房供给,探索建立新型人才住房投资建设和运营管理模式,逐步扩大人才住房保障覆盖范围,提高新引进人才住房和生活补贴标准。深圳市于 2010 年 5 月 14 日发布了《中共深圳市委、深圳市政府关于实施人才安居工程的决定》(深发〔2010〕5 号)、2016 年 7 月 30 日发布了《关于完善人才住房制度的若干措施》等文件,明确统筹兼顾与突出重点相结合、实物配置与货币补贴相结合的原则,重点解决支柱产业、战略性新兴产业、其他鼓励发展的产业的人才安居问题,根据人才的层次合理配置。《深圳市保障性住房条例》规定,推出面向人才的安居型商品房,从 2010 年起总量上配建不低于商品住房总建筑面积 30% 的安居型商品房,其中用作人才安居住房的比例不低于 60%。"十三五"期间,新筹集建设人才住房不少于 30 万套,每年新增供应的居住用地中,人才住房和保障性住房用地面积应当不少于总用地面积的 60%。加大市、区财政性资金投入,每年安排不低于土地出让净收益 10% 的资金用于人才住房及保障性住房建设。公共租赁住房,"十一五"期间面向人才安排的比例不低于 60%,"十二五"期间不低于 80%。

深圳市优化人才子女入学政策,为高层次人才子女入学提供便利。为高层次人才、外籍人才提供医疗保障。

深圳市提升服务人才水平,构建全市统一的人才综合服务平台,完善联系优秀专家制度,建立高层次人才服务"一卡通"制度,强化人才知识产权保护。

3. 人才培养

拓展博士后工作新空间,开展"博士后引进工程"和"博士后留深计划",扩大博士后招生规模,鼓励深圳市企事业单位与市内外高校、科研机构博士后流动站、工作站建立联合培养机制。加大外籍博士后招收力度,积极吸引全球优秀青年人才到深圳市从事博士后研究,优化博士后生活服务和科研支持政策。

加快培养国际化人才,完善干部出国(境)培训制度,支持人才和项目国际交流合作。支持学生交换互读,完善留学生来深创业资助政策。

提高技能人才培养水平,推荐职业技能教育、技能人才培养国际合作。实施"双元制"职业教育模式,推进企业新型学徒制;加大高技能人才培养载体建设,弘扬"工匠精神",推动技能型人才培养。

由深圳市政府财政专项经费支持,开展"鹏程学者计划",在深圳全日制高等学校设立鹏城学者《深圳市高等学校鹏城学者计划实施办法(试行)》(深府

〔2007〕153 号）、《深圳市高等学校鹏城学者计划实施办法》（深发〔2016〕15号），聘请国内外著名教授和学科带头人，促进本市重点学科发展。

2016 年 3 月又发布了《中共深圳市委、深圳市人民政府印发〈关于促进人才优先发展的若干措施〉的通知》，实行更具竞争力的高精尖人才培养引进政策，实施杰出人才培育引进计划，深化和拓展"孔雀计划"、培育引进高层次创新创业预备项目团队，大力引进培养紧缺专业人才，强化博士后"人才战略储备库"功能。

4. 人才奖励

根据《深圳市产业发展与创新人才奖暂行办法》（深府〔2011〕121 号）、《深圳市产业发展与创新人才奖实施办法》（深府〔2016〕81 号），设立深圳市产业发展与创新人才奖（简称创新人才奖），奖励在产业发展与自主创新方面做出突出贡献的创新型人才。设立深圳市产业发展与创新人才奖联席委员会，由市政府主管领导和市人力资源保障、发展改革、财政、科技创新、经贸信息、金融、物流、文化等部门负责人组成，负责审议并决定创新人才奖的有关事项。市人力资源保障部门是创新人才奖的主管部门，市财政部门是创新人才奖奖励资金的监管部门，各行业主管部门是创新人才奖的协助管理部门。

（三）打造一流的人才服务体系

加大人才服务资源整合力度，构建统一的人才综合服务平台，提高人才服务效率，打造"一站式"人才服务模式。完善高层次人才管理和服务机制，开辟高层次人才服务"绿色通道"，为各类人才提供便利服务。探索简化外籍人才出入境和居留手续。加快推进人力资源服务业发展，积极开展人才市场化和社会化服务。完善人才荣誉和奖励制度，在全社会营造尊重劳动、尊重知识、尊重人才、尊重创造的人文环境。

四、深化教育合作，改善高教生态

"十二五"规划指出，率先建成国家创新型城市，坚持自主创新、重点跨越、支撑发展、引领未来的方针，大力实施自主创新五大工程。建成一批具有国际竞争力的基础性、前沿性技术和共性技术研究平台。完善高水平、研究型高等院校布局，着力提高南方科技大学、深圳大学以及北京大学、清华大学、哈尔滨工业大学深圳研究生院的科研水平，新建香港中文大学深圳学院。加快建设国家超级计算深圳中心、深圳国家基因库等重大科技基础设施。支持深圳先进技术研究院、华大基因研究院、光启高等理工研究院、热带亚热带作物分子设计育种研究院等快速发展,组建20家左右创新能力强的科研机构。大力提升电子信息产品标准化等国家工程实验室、化学基因组学等国家级重点实验室、医用诊断仪器国家工程技术研究中心以及一批国家级企业技术中心、研发中心的创新能力。深入开展与中国科学院、中国工程院、中国农科院以及国内其他著名科研机构和高校的全面合作,推动院市、校市共建研究机构。

"十三五"规划指出,推动高校分类发展,实施高校卓越发展计划,提升办学规模和质量,构建有深圳特色的开放式国际化高等教育体系。支持深圳大学、南方科技大学加快建设高水平大学,鼓励香港中文大学(深圳)探索境内外合作新经验,推动中山大学深圳校区、哈尔滨工业大学(深圳)、深圳北理莫斯科大学建成招生,加快建设清华—伯克利深圳学院等一批特色学院。推进优势和特色学科建设,加快培养和引进一批科学家、学科领军人物和创新团队,强化产学研用结合,打造一批国际一流学科专业。

五、实施梯级建设,完善高教体系

职业教育、本科教育、高层次人才教育,根据不同人群的需求,分层推进不同层次的高等教育机构发展,齐头并进,创建学习型社会,加快发展终身教育。

(一)大力发展职业技术教育

探索建立中职中技、高职高技、应用型本科、专业硕士教育衔接贯通的现代职业技术教育体系,提高技能型人才培养能力。优化普高与职高、高技教育比例结构,实现普通教育和职业教育协调发展。加大对民办职业教育的支持力度,鼓励社会资本参与职业教育。鼓励高职院校与境外院校、企业联合办学,鼓励企业建设专门学院。组建职业教育联盟,加快建设国家级和省级示范性中职、高技学校。

(二)加快发展终身教育

加快学习型城市建设,促进形成学有所教、学有所成、学有所用的终身教育体系。依托电教、成教和教育城域网等多种资源,建设覆盖全市的学习网络,逐步建立终身教育课程体系和远程学习系统。大力发展社区教育,支持发展老年大学、家长学校、妇女学校。加强社会培训机构管理,促进社会培训业规范发展。促进产教深度融合、中高职有效衔接,加快建设具有国际先进水平的现代职业教育体系。加快深圳技术大学等应用技术型本科大学规划建设。大力发展高职教育,鼓励深圳职业技术学院、深圳信息职业技术学院探索开展高职本科教育和中高职联合教育。促进中职学校优化专业特色发展,推进职业院校与国内外知名院校合作办学。加强职业院校高素质"双师型"教师队伍建设。到 2020 年,职业教育全日制在校生达到 12.5 万人。鼓励知名教育集团来深建设国际化学校,推动外籍人员子女学校建设。加快学习型城市建设,加强终身教育和老年教育,建成市、区、街道、社区四级"立体化、全覆盖"的社区教育网络,支持深圳广播电视大学建设高水平开放大学。

六、专业对接产业,实现产教共赢

由于深圳市高等教育起步晚、起点低,扶持综合性大学,培养研究能力、创新能力的传统步伐难以满足深圳市的经济发展需要,深圳市以创新思维引入高水平研究机构,以研究能力带动高等教育水平的发展。清华大学深圳研究生院、北京大学深圳研究生院、哈尔滨工业大学深圳研究生院等一大批国内高等学府的深圳研究生院,以研究生培养、科研项目落地为出发点,大大提升了深圳的研究能力、创新能力,促成了一大批国家级、省级重点实验室的建设。目前,深圳市在通信、医疗等领域有 14 个国家重点实验室、11 个国家工程实验室、7 个国家工程(技术)研究中心、26 个国家认定企业技术中心等一批国家级创新载体,为科技发展提供原动力,为经济发展提供驱动力。

时任中国国务院总理温家宝 2009 年 9 月 21—22 日召开三次新兴战略性产业发展座谈会,听取经济、科技专家的意见和建议。在会上,温家宝强调,发展新兴战略性产业,是中国立足当前渡难关、着眼长远上水平的重大战略选择,要以国际视野和战略思维来选择和发展新兴战略性产业。

深圳"十二五"规划和"十三五"规划均明确提出,开展国内国际合作,引进境外知名大学合作办学,大力推进专业特色学院建设;《深圳国家创新型城市总体规划实施方案(2011—2013 年)》(深府〔2011〕195 号)明确提出,按照"国际化、开放式、小而精"的原则,创新办学模式,大力推进特色学院建设,为自主创新提供人才和智力支撑。《关于加快特色学院建设发展的指导意见》(深府〔2013〕25 号)提出每年安排总额不少于 10 亿元的扶持资金,"十二五"期间,重点在生物、互联网、新能源、新材料、文化创意、新一代信息技术等战略性新兴产业和医药卫生、环境保护、金融、艺术等领域建设 10 所特色学院,2016 年颁布的《关于加快高等教育发展的若干意见》明确提出,2016—2020年,市政府每年安排不少于10亿元资助经费,支持重点领域的特色学院建设发展,以及特色学院正式招生后5年内收支不能平衡时必要的专项补贴。

深圳在针对特定领域的特色学院引进方面很早就开始了大胆探索,1996年成功引进暨南大学深圳旅游学院,培养商务、旅游、会展等领域的专门人才。其他特色学院与产业也呈现鲜明的对应关系(见表6-1)。

表6-1 特色学院与产业对接关系

产业		特色学院
七大战略性新兴产业	信息技术产业	清华伯克利深圳学院、天津大学佐治亚理工深圳学院、华南理工大学—罗格斯大学中美创新学院、深圳微电子技术学院、中国科学院先进技术研究院
	互联网	大连海事大学深圳国际物流学院
	新材料	华南理工大学—罗格斯大学中美创新学院
	生物产业	深圳哥本哈根生物技术学院、华大基因学院、中国科学院先进技术研究院
	新能源	清华伯克利深圳学院
	节能环保	天津大学佐治亚理工深圳学院
	文化创意	湖南大学罗切斯特设计学院、列宾美术学院、哈尔滨工业大学(深圳)国际设计学院、列宾美术学院深圳校区、金钟音乐学院
四大未来产业	海洋	大连海事大学深圳国际物流学院
	航空航天	深圳国际太空科技学院、中山大学深圳校区
	机器人、可穿戴设备和智能装备产业	天津大学佐治亚理工深圳学院、深圳微电子技术学院、中国科学院先进技术研究院
	生命健康产业	深圳墨尔本生命健康工程学院、清华伯克利深圳学院、麻省大学医学院

深圳市统计局发布的《深圳市2016年国民经济和社会发展统计公报》数据表明,深圳市战略性新兴产业增速喜人,已经在现代化经济体系建设中走在前列。2018年4月17日发布的《深圳市2017年国民经济和社会发展

统计公报》称,深圳 2017 年全年新兴产业增加值合计 9183.55 亿元,比上年增长 13.6%,占 GDP 比重为 40.9%。从数据可见,新兴产业已经成为深圳经济新支柱,从新一代信息技术、互联网、新材料、生物医药、新能源、节能环保、文化创意产业等新兴产业的增长可以看到,深圳在"现代化经济体系"建设方面已经走在了前列,特色学院与经济发展进一步融合,会进一步推进高等教育、研究与科技、经济发展的互利共赢。

第四节　深圳市高等教育发展模式分析与对策研究

一、引进维度——以开阔思路推进教育资源引进

(一)引进国内教育资源

2004 年的《关于加快推进教育现代化的决定》(深发〔2004〕8 号)要求加强高等教育区域合作与交流。积极引进国内有经验、高水平的大学合作办学,探索与广州、香港等周边城市和地区高校在资源共享、联合培养、合作研发、共建学科专业和重点实验室等方面的合作途径,形成政府间、高校间的长效合作机制,逐步实现区域高等教育的融合互动。在这种政策引导之下,以暨南大学为首的国内高校纷纷在深圳创办分校,香港中文大学、中山大学等紧随其后。哈尔滨工业大学、清华大学、北京大学等则在深圳开办了研究生院,将科研及成果转化植入深圳市的科技发展前沿,直接提升深圳市经济发展中的科技成分。其中哈尔滨工业大学深圳研究生院已发展为本硕博教育体系完备的"哈尔滨工业大学(深圳)",并于 2016 年首次面向全国 12 个省份招收机械类、材料类、计算机类、电子信息类、土木类、经济学类本科生共 376 名。就录取分数线来看,在 11 个省份的录取提档线超过一本线 80 分,8 个省份的录取提档线超过一本线 100 分,填补了深圳市一本高校的空白,实现了高等教育跨越式发展。

(二)推动国际国内合作

深圳"十二五"规划、"十三五"规划明确提出,开展国内国际合作,引进国外知名大学合作办学;2016 年颁布的《关于加快高等教育发展的若干意见》中

明确提出,以全球视野,借鉴吸收国际高等教育发展的先进理念和成功经验,大力引进国内外优质高等教育资源,鼓励和引导社会力量多途径支持高等教育发展。支持高校与国外高水平大学开展师生互派互访,提升国际化人才培养能力。

2014年5月20日,中俄两国教育部门在两国元首见证下签订谅解备忘录,支持莫斯科大学与北京理工大学在深圳合作举办大学。2014年8月11日,时任深圳市市长许勤、莫斯科大学副校长沙赫赖、北京理工大学党委书记郭大成共同签署深圳市政府与莫斯科大学、北京理工大学合作举办大学协议,筹建深圳北理莫斯科大学,在理工科方面开展合作办学。

二、建设维度——以集群化发展促进产学研融合

深圳大学城位于深圳市南山区东北部,是中国唯一经教育部批准,由地方政府联合著名大学共同创办,以培养全日制研究生为主的研究生院群,2000年8月开始创建。创办大学城旨在实现深圳高等教育跨越式发展,提高深圳自主创新的能力和后劲,提高经济质量、人口素质和文化品位,促进深圳率先基本实现现代化。至2017年已有南方科技大学、深圳大学(西丽校区)、哈尔滨工业大学(深圳)、清华大学深圳研究生院、北京大学深圳研究生院等高校和科研院所入驻,逐步形成深圳市高层次人才培养和聚集、高水平科研、高新科技信息和高层次国际交流四个平台。大学城各院先后与华为、中兴、富士康、清华同方、创维(深圳)、海王、深圳方正等400多个企事业单位和深圳市各区政府采取合建研究机构或研究生实践基地、合作进行项目研究和技术开发等形式,建立了新型产学研结合机制,积极为区域经济发展服务。

与深圳大学城遥相呼应、齐头并进的,是位于龙岗的国际大学城。2014年11月,深圳市政府正式决定将大运新城内的2.66平方千米的区域作为特色学院独立办学的集中建设区,命名为"深圳国际大学园"。按照规划,深圳国际大学园位于大运新城中部,包括深圳信息职业技术学院、香港中文大学(深圳)、深圳北理莫斯科大学和深圳吉大昆士兰大学4所高校,以及配套建设的科研共享中心及院士村。其中,香港中文大学(深圳)于2014年获教育部批准设立,并于同年开学,定位为一所立足中国、面向世界的一流研究型大学;深圳北理莫斯科大学由深圳市政府与莫斯科国立罗蒙诺索夫大学、北京理工大学三方共建,也于2017年9月正式开学。此外,还引进了一批特色学院,包括华南理工—罗格斯创新学院、深圳墨尔本生命健康工程学院、深圳国际太空科技学

院等。龙岗"深圳国际大学园"成功探索了一条开放式、国际化发展的办学新道路。

深圳市高等教育资源在市政府的统筹下，采取了集群化发展道路，不仅仅是地理位置集群化，更重要的是创新资源集群化、创新服务集群化、创新成果集群化，为深圳市创新型城市建设提供了重要的智力支持。

三、合作维度——以政府平台推进校、地、产融合

深圳市委、市政府为吸引和促进国内外名校、科研院所来深圳进行科技成果转化和产业化、中小型科技企业孵化和高层次人才培养，把大学的综合智力优势与深圳的市场环境优势相结合，大力发展高新技术产业而实施了具有战略意义的创新举措，于 1999 年成立深圳虚拟大学园，是我国第一个集成国内外院校资源、按照"一园多校、市校共建"模式建设的创新型产学研结合示范基地，是国家有关部委、省市认定的"国家大学科技园""国家高新技术创业服务中心""博士后科研工作站""高校学生科技创业实习基地""广东省教育部产学研结合示范基地""广东科技人才基地"。

在政府和院校共同支持下，植根于深圳特区、联络港澳、服务周边、辐射全国，聚集了 62 所国内外知名院校，包括：清华大学、北京大学等 46 所内地院校，香港大学、香港中文大学等 6 所香港院校，佐治亚理工学院等 7 所国外院校，以及中国科学院、中国工程院院士活动基地和中国社会科学院研究生院，建立事业单位建制、独立法人资格的成员院校深圳研究院 49 家，在深设立研发机构 113 家；形成了学士—硕士—博士的在职学历学位培养和从短期专项到为企业量身定做的订单式人才培养体系，41 所成员院校累计培训各类人员 144604 人；组织成员院校的资深专家来深开展学术活动、提供技术交流和决策咨询，举办国际学术会议、专家讲座 1363 场；与成员院校博士后流动站共建"虚拟大学园博士后工作站平台"，进站博士后 85 名；设立"深圳虚拟大学园孵化器"，现有孵化场地面积 4.5 万平方米，累计孵化科技企业 704 家。已逐步形成了特色鲜明、专业突出的高端人才集聚地、研发机构聚集地和中小科技企业集散地。作为各成员院校在深圳发展的创新载体和公共平台，深圳虚拟大学园聚集创新资源，不断提升市校合作水平，将大学的科研和智力优势融入深圳国家创新型城市建设，在人才培养、成果转化、技术创新、深港合作与国际化等方面为深圳经济建设与发展做出了突出的贡献，也为成员院校深化教学科研改革、服务社会、支持地方经济发展进行了卓有成效的探索，实现了市校共赢。

四、投资维度——以政府投入保障高等教育发展

深圳高等教育的发展起步晚、底子薄,与其经济发展地位不相称。深圳市委、市政府以战略性、全局性的眼光,大力支持高等教育发展。2004 年的《关于加快推进教育现代化的决定》(深发〔2004〕8 号)要求落实国家"教育财政拨款的增长应当高于财政经常性收入的增长,并使按在校学生人数平均的教育费用逐步增长,保证教师工资和学生人均公用经费逐步增长"的要求,教育经费支出要按照事权和财权相统一的原则,在财政预算中单独列项,优先保障。2010 年的《关于推进教育改革发展率先实现教育现代化的决定》(深发〔2010〕10 号)指出,财政资金优先保障教育投入。市、区财政部门要按照教育优先发展要求,做到"两个提高"和"三个增长",即依法确保财政性教育经费支出占本地生产总值的比例逐步提高、财政支出总额中教育经费所占比例逐步提高、教育财政拨款的增长明显高于财政经常性收入的增长、在校学生人均教育费用逐步增长、教师工资和学生人均公用经费逐步增长。市、区财政一般预算支出中教育拨款比例,每年同口径提高 1 个百分点。

2002 年的"十五"规划中就明确将深圳大学建设成为国际化特征鲜明的大学,拨款 7 亿元专项建设经费;2015 年底根据《深圳大学高水平大学建设规划实施方案(2015—2017)》,深圳大学将在三年内累计投入 10 亿元,使整体实力达到全国高校前 70,达到"211"高校中位水平。2016 年颁布的《关于加快高等教育发展的若干意见》提出,加快推进深圳大学、南方科技大学建设高水平大学。对纳入广东省高水平大学建设计划的高校,建设周期内每所给予最高 10 亿元专项经费资助。

五、管理维度——以包容性政策探索体制创新

高等教育与产业的相互促进,既依赖于校、企的主观能动性,更取决于顶层设计。深圳虚拟大学园就是国内外高校、科研院所在深圳发展的创新载体和公共平台,深圳虚拟大学园聚集创新资源,不断提升市校合作水平,将大学的科研和智力优势融入深圳国家创新型城市建设,在人才培养、成果转化、技术创新、深港合作与国际化等方面为深圳经济建设与发展做出了突出的贡献,也为成员院校深化教学科研改革、服务社会、支持地方经济发展进行了卓有成效的探索,实现了市校共赢。

在高等教育制度方面,充分发挥深圳改革开放先驱的示范作用,探索高等教育创新体制改革。这集中体现为南方科技大学的创办。2012年4月,教育部在《关于同意建立南方科技大学的通知》中明确要求南方科技大学"不断探索具有中国特色的现代大学制度,探索创新人才的培养模式",要求南方科技大学集深圳经济特区改革开放30年的经验,办一所能培养拔尖创新人才的高水平大学,成为中国高等教育改革的试验田;深圳将南方科技大学的建设放在服务创新型城市建设和提升城市竞争力战略布局的重要位置上。为此,南方科技大学从构建现代大学制度这个顶层设计入手,将国际先进经验与中国发展特色相结合。2012年5月,《教育部办公厅关于南方科技大学2012年本科招生试点方案的批复》正式下达,同意南方科技大学按照"6＋3＋1"模式进行招生。2015年9月14日,广东省教育厅与深圳市政府签署《共建南方科技大学协议》,南方科技大学成为首批广东省高水平理工科大学共建院校,深圳市将南方科技大学建设高水平理工科大学作为深圳市委、市政府的重点工作,支持南方科技大学高层次人才引进,建设研究生联合培养基地等。2011年5月24日,深圳市政府五届二十九次常务会议审议通过了《南方科技大学管理暂行办法》,并于2011年7月1日起施行,以法规形式明确了学校的权、责、利,赋予了学校机构设置、人员聘用、薪酬制度、财产管理、专业设置、国际合作、社会合作的自主权。

南方科技大学构建了理事会治理体制,市长任理事长,理事会是学校决策机构,议定学校发展的重大事项;校内坚持党委领导下的校长负责制,通过党委会、校长办公会、学术委员会、教授会、党政联席会、职工代表大会等方式,实现科学、民主决策;通过章程的落实和配套制度的完善,厘清党委、行政、学术组织和师生自治组织的责任边界、权力边界和运作方式与程序,建立健全党委统一领导、党政分工合作的协调工作机制,健全学校治理的各项配套制度,推进学校治理的科学化和规范化。

除了顶层设计的体制机制创新,南方科技大学还针对高等教育改革的重点领域和关键环节进行了探索。在人才培养模式上,南方科技大学瞄准人才培养的关键环节发力,学校关于自主招生、通识培养、学真本事等方面的提法,在全国引起强烈反响;率先改革招生制度,采用"6＋3＋1"(60%高考成绩＋30%自主测试成绩＋10%高中学业成绩),基于高考的综合评价录取模式,面向全国招收优秀学生。在学生管理上,学校以"学分制、书院制、导师制"和"国际化、个性化、精英化"为核心和特色,育人体系日渐完善。

在人事管理方面,南方科技大学完善了"按需设岗、竞聘上岗、择优聘用、合同管理"的全员聘用制度；全面实施国际通用的终身聘期制(tenured)、准终身聘期制(tenuretrack)和固定聘期制(non-tenure track)教师分类聘用、考核评估、晋升制度体系，建立教师晋升和退出机制。科研制度创新是大学发展的关键，南方科技大学推进开放式科研体系建设，积极鼓励学者之间、学科之间的交叉与融合；建立校级交叉研究平台，促进跨学科交流、合作，强化交叉研究项目的组织。实行独立课题组项目负责人制(PI制，principle investigator)；建立激励机制，实现教授、企业、学校三方股份分成的收益机制；探索技术转移市场化运作模式，建立专业的技术转移队伍和机制。

深圳的发展是中国特色社会主义的生动实践，创造了世界现代城市的发展奇迹，发挥了改革开放的经验探索和路径示范作用。南方科技大学对于体制机制的探索，在高等教育改革方面的先行先试，具有同样重要的意义。

第五节　深圳市高等教育发展存在的问题与基本经验

一、存在的主要问题

(一)高等教育规模偏小

深圳市作为一线城市，GDP排名全国第三位、广东省第一位，常住人口仅次于重庆、上海、北京、成都、天津、广州，居全国第七位，但2017年普通高等学校仅有12所，在校生9.6万人，毕业生2.5万人。其毕业生数量为全国直辖市、副省级城市中最少的，仅为倒数第二名(厦门市)的59.8％，为广州的8.9％，为重庆市的7.5％。从学生培养规模来看，深圳市高等教育还未能承担起与其经济、社会地位相称的社会人才培养责任。

其主要原因是深圳市高等教育起步晚，普通本科教育机构数量和规模都不足，高等教育发展的方向偏重"高精尖"人才、研究型人才，依靠强大的经济实力和开放性的人才引进政策，深圳市大量基础性人才的获取依赖于外引。

（二）缺少高水平综合性大学

统计显示，在全国 15 个副省级城市及 4 个直辖市中，目前只有宁波和深圳没有"985"或"211"工程建设高校；深圳市高校未能入选"世界一流大学和一流学科建设高校及建设学科名单"（简称"双一流"）。同属广东省的副省级城市广州，拥有"985""211"高校中山大学和华南理工大学，"211"大学暨南大学和华南师范大学，"双一流"建设高校中山大学、华南理工大学；双一流建设学科有中山大学的哲学、数学、化学、生物学、生态学、材料科学与工程、电子科学与技术、基础医学、临床医学、药学、工商管理学科；暨南大学药学学科；华南理工大学化学、材料科学与工程、轻工技术与工程、农学学科；广州中医药大学中医学学科；华南师范大学物理学学科。同样缺少"985"或"211"工程建设高校的宁波市，也有宁波大学的力学学科入围"双一流"建设学科。

在"2016 中国最好大学排行榜"中，无深圳市高校入围百强。广东省内有中山大学（第 10 位）、华南理工大学（第 21 位）、暨南大学（第 60 位）、南方医科大学（第 75 位）、华南师范大学（第 81 位）、汕头大学（第 83 位）共 6 所大学入围百强。深圳高等教育的短板比较明显，与其经济地位严重不符。

二、基本经验

（一）以战略性眼光扶持本土大学发展

本土大学为城市发展提供人才，是城市可持续发展的根本支撑力之一。深圳市高等教育起步晚、底子薄，与其经济发展地位不相称。因此，深圳市委、市政府以战略性、全局性的眼光，大力支持本土大学发展。如 2002 年的"十五"规划中就明确将深圳大学建设成为国际化特征鲜明的大学，拨款 7 亿元专项建设经费；2015 年底根据《深圳大学高水平大学建设规划实施方案（2015—2017）》，深圳大学在三年内累计投入 10 亿元，使整体实力达到全国高校前 70，达到"211"高校中位水平。

（二）以开阔思路引入国内外高水平大学

本土大学的扶持和培养需要经过较漫长的成长阶段，难以匹配经济社会发展的"深圳速度"。为了缓解高等教育发展滞后与经济、科技快速发展的需求之间的矛盾,深圳市以开阔的思路、多样化模式引入国内外高水平大学开办分校、联合办学,借他山之石琢己身之玉,立足深圳经济特区,利用深圳地处改革开放前沿、经济制度优越、社会改革领先等特点,以深圳市的经济发展为后盾,吸纳更多的高等教育资源来深,以实现高等教育燎原式发展。在这种政策引导之下,以暨南大学为首的国内外高校纷纷在深圳创办分校。

除此以外,国内外高水平大学联合创办深圳校区,也是深圳中外合作办学的又一创举。

中外合作办学,不仅引入了高水平的教育资源,更加将先进的管理体制引入高等教育过程,与国内高等教育相融合,催生出深圳特色的高等教育创新机制。

(三)以创新思维引入高水平研究机构

由于深圳市高等教育起步晚、起点低,扶持综合性大学,培养研究能力、创新能力的传统步伐难以满足深圳市的经济发展需要,深圳市以创新思维引入高水平研究机构,以研究能力带动高等教育水平的发展。清华大学深圳研究生院、北京大学深圳研究生院、哈尔滨工业大学深圳研究生院等一大批国内高等学府的深圳研究生院,以研究生培养、科研项目落地为出发点,大大提升了深圳的研究能力、创新能力,促成了一大批国家级、省级重点实验室的建设,为科技发展提供原动力,为经济发展提供驱动力。

(四)以精准的供给扶持特色创新学院

优质的产业结构体系是深圳跻身全国一线城市的核心支撑,深圳在针对特定领域的特色学院引进方面很早就开始了大胆探索,1996年成功引进暨南大学深圳旅游学院,培养商务、旅游、会展等领域的专门人才。"十二五"期间出台了《关于加快特色学院建设发展的指导意见》,更是提出每年安排总额不少于10亿元的扶持资金,精准引入生物产业、新能源、新材料、文化创意等特色学院,精准对接产业发展。

(五)以包容性政策探索体制创新

以南方科技大学为代表的深圳市高等教育政策创新探索也走在了全国的前列。从学校的创建思路、顶层设计、治理体系,到学科设置、人才聘用、招生模式等,均在现有办学模式的基础上进行了深入思考、创新探索、大胆尝试,为中国高等教育的发展探索出一条新的跨越式发展路径。

参考文献

［1］深圳市发展和改革委员会. 深圳国家创新型城市总体规划实施方案（2011—2013 年）. 深府〔2011〕195 号.

［2］深圳市人民政府. 深圳市产业发展与创新人才奖实施办法. 深府〔2016〕81 号.

［3］深圳市人民政府. 深圳市人民政府关于加快特色学院建设发展的意见. 深府〔2013〕25 号.

［4］中共深圳市委, 深圳市人民政府. 关于加快推进教育现代化的决定. 深发〔2004〕8 号.

［5］中共深圳市委, 深圳市人民政府. 关于实施人才安居工程的决定. 深发〔2010〕5 号.

［6］中共深圳市委, 深圳市人民政府. 关于推进教育改革发展率先实现教育现代化的决定. 深发〔2010〕10 号.

［7］中共深圳市委, 深圳市人民政府. 深圳市产业发展与创新人才奖暂行办法. 深府〔2011〕121 号.

［8］中共深圳市委, 深圳市人民政府. 中共深圳市委市政府关于加强高层次人才队伍建设的意见. 深发〔2008〕10 号.

第七章　保定市促进高等教育发展政策研究

　　保定是首都的"南大门",与北京、天津三角相倚,相距均不到140公里,素有"京师门户、京畿重地"之称。春秋战国时期的燕国、中山国,西晋末年的后燕都曾在保定辖区内建都。元、明、清三代定都北京后,保定地位更加凸显,发挥着"联络表里,保卫京师"的重要作用。政治上的重要地位和经济的繁荣促进了保定高等教育的发展,保定清代的莲池书院享誉海内外,近现代保定被誉为"军事摇篮""学生之城"。1912年,河北省会迁往天津,保定的政治功能开始衰落。省会城市的变动不仅仅是地理位置的变化,更重要的是政治、经济、文化中心都要发生转移。自此以后,保定的经济、高等教育也随之逐步衰落。如今,这座古城将重现辉煌。《京津冀发展规划纲要》明确了保定的政治地位,将其定位为区域性中心城市和非首都功能疏解的重要承载地。保定承接北京、天津高等学校和科研机构的转移是政治任务也是重大机遇,尤其是2018年保定境内雄安新区的批建,以及雄安大学、雄安大学城的提出和规划,必将为保定的高等教育水平、质量、层次、学科结构带来质的改变。

第一节　城市发展历史及现状

一、政治地位的历史变迁

(一)高峰期:京畿重地

保定在元代以前是中原王朝的边陲要塞,经济发展滞后。《保定郡志》记载燕昭王曾于今保定城东建"广养城",用来放牧战马,以备军需,其功能是为战备而建的军事后备之城。自此以后的各朝各代,保定都以一个军事重镇的身份成为朝廷所设的或攻或守的一个棋子。金元之后国家政治权力中心北移,元世祖忽必烈定都北京(大都),1403年,明成祖朱棣将大宁都司制迁到保定,保定成为北京重镇,保定城由边塞军事重镇变为京畿重地。由"边城"到"腹地"的变化,确定了保定城的军事地位,保定成为"北控三关,南达九省,地连四部,雄冠中州"的战略重地。

(二)辉煌期:直隶省会

清康熙八年(1669)直隶巡抚由正定移驻保定城后,保定这座"京畿重地"开始以直隶首府的身份出现在历史舞台上。直隶乃天子脚下的畿辅重地,直隶总督位高责重。自雍正元年(1723)特授李维钧为直隶总督以后至清末,便一直沿袭着"直隶总督"督管直隶全省的制度。清康熙八年(1669),保定始为直隶省省会,直隶省辖顺天(北京)、永平(治芦龙)、保定、正定、河间、顺德(治邢台)、广平(治永年)、大名八府。

(三)衰败期:三失省会

河北省省会六次迁移,创中国历史之最。1912年河北省会迁往天津,1935年省会迁回保定,1947年省会再次迁往北平。1949年再次迁回保定,1958年又再次迁往天津。具体情况详见表7-1。20世纪上半叶,河北省省会三次从保定迁入、迁出。省会变动不仅仅是地理位置的变化,更重要的是政治、经济、文化中心都发生转移。频繁的省会迁移以及战乱等因素极大地影响了保定原本较好的经济基础以及高等教育基础。

表 7-1　河北省省会迁移情况

序号	时间	省会迁移历程
1	1912 年	直隶省会由保定迁往天津
2	1935 年	河北省始以保定城为省会
3	1937 年	保定被日军占领,河北省政府遂成为流亡政府
4	1946 年	国民党河北省政府由北平迁至保定
5	1947 年	省政府由保定迁回北平
6	1949 年	河北省人民政府在保定市宣告成立,保定市为河北省省会
7	1958 年	河北省人民政府由保定市迁往天津市
8	1967 年	河北省省会迁往石家庄市

(四)转折期:双重机遇

保定曾经是河北省省会,距离北京 140 公里,距离天津 145 公里,三者构成黄金三角核心区,此外保定距离石家庄 125 公里,距离雄安新区仅 40 公里。绝佳的地缘优势再次为古城保定带来巨大的国家战略层面的发展机遇。

1.机遇之一:京津冀协同发展国家战略

2014 年,京津冀协同发展上升为国家战略,和长三角、珠三角的发展定位不同,京津冀的核心是疏解非首都核心功能,解决"大城市病"问题。2015 年颁布的《京津冀协同发展规划纲要》(以下简称《纲要》),首次将河北省全域纳入国家战略,两市一省进行一体化谋划。与长三角和珠三角是以市场调节为主不同,京津冀是典型的"政府推动型",在战略规划、统筹安排、重点突破方面占有不可比拟的优势。《纲要》第一次明确了"三区一基地"的功能定位。京津冀城市群,包括北京、天津两大直辖市以及河北省的保定、唐山、石家庄、廊坊、秦皇岛、张家口、承德、沧州、衡水、邢台、邯郸共 13 个城市。《纲要》中,中央将保定划入京津冀中部核心功能区,把"京保石"发展轴作为三大发展轴进行重点打造,《河北省城镇体系规划(2016—2030 年)》明确了保定的城市职能定位,即国家历史文化名城、新兴科技城、创新驱动发展示范区和京津保区域中心城市,国家重要的新能源和先进制造业基地,京南地区重要的综合交通枢纽,非首都功能疏解和京津产业转移的重要承接地。

2.机遇之二:雄安新区建设

2017 年国务院批复设立"雄安新区",目前我国有 18 个国家新区,最早是浦东新区、滨海新区,这些新区的功能定位与雄安新区不同。雄安新区更多承担政治、经济功能的转移。雄安新区含保定市雄县、容城、安新 3 县及周边部分区域,保定城区距离雄安新区核心区仅 40 公里。保定与雄安新区在地缘上关系最密切,保定提出建设雄安新区是千年大计、国家大事,保定坚决服从、坚决支持、坚决借势、坚决保障,超前制定预案,加强综合管控,高标准启动新一轮规划编制,推动与雄安新区统筹、协调、错位、融合、一体化发展。雄安新区建设引起国内外高度重视,并得到京津冀三地政府、大量国有和民营企业、高等院校与科研机构的积极响应。

二、城市发展现状

(一)经济体量与产业

2017 年保定生产总值完成 3227.3 亿元,比上年增长 6.0%(不含雄安增长的 7.3%)。其中,第一产业增加值 379.1 亿元,增长 3.7%;第二产业增加值 1472.2 亿元,增长 2.5%;第三产业增加值 1376.0 亿元,增长 11.2%。三次产业结构为 11.7∶45.7∶42.6。全市人均生产总值 30891 元,比上年增长 5.4%。总体而言,保定经济体量总量偏小、人均水平偏低。与珠三角和长三角区域内城市间经济发展水平差距较小不同,京津冀区域内城市间经济水平差距巨大。2017 年北京 GDP 为 28000 亿元,天津 18595.38 亿元,唐山 18595.38 亿元,石家庄 6003.5 亿元,沧州 3816.9 亿元,邯郸 3666.3 亿元,保定 3227.3 亿元。保定经济水平和京津万亿级经济体量相比,存在巨大落差,而河北省内保定不及沧州、邯郸,GDP 省内排名仅第 5 名。另外,保定产业发展面临的最大问题是层次较低,主导产业支撑力不足,新兴产业比重偏低,调整结构、转型升级的任务艰巨。保定的经济发展水平和产业发展状况与区域经济中心的定位差距巨大。

(二)面积与布局

为适应京津冀一体化发展,做好承接非首都功能疏解,2016 年保定市拉大城市框架,启动主城区行政区划调整,加强规划引领,做大城市发展空间,构建区域性中心大城市格局。根据国务院批复,保定市辖区由 3 个增至 5 个。保定完成了行政区的重新划分,市辖 24 个县(市、区),即 5 个市辖区、15 个县、4 个县级市。另设高新技术产业开发区、白沟新城。由此,市辖区由 3 个变成 5 个,市区面积由 312 平方千米增加到 2531 平方千米,保定主城区面积扩大到原来的 8 倍,市区人口由 119.4 万人增加到 280.6 万人。在解决困扰保定多年的"小马拉大车"问题上迈出关键一步,开启了"大保定"发展的新纪元。行政区域调整后的保定市区面积超过石家庄,仅次于唐山,位居河北省内第二,已经具备了建设区域性中心城市的基本框架,也为非首都功能疏解在承载力提升及功能拓展上提供了可能。

(三)文化与教育

千年古城保定,历史悠久,是国务院确定的全国历史文化名城之一。在历史长河中,这座古老的城市积累了深厚的文化积淀,义士荆轲,蜀汉昭烈帝刘备,宋太祖赵匡胤,北魏数学家祖冲之、地理学家郦道元,唐代诗人贾岛、卢照邻,元代杂剧作家关汉卿、王实甫、李好古都诞生于保定。保定近代的高等教育,更是闻名全国,一个世纪之前就建立了畿辅大学堂(1897)、直隶高等农业学堂(1902)、陆军军官学校(1902)、保定师范学院(1909)、河北大学(1921),历经百年的发展和沉淀,保定悠久的历史以及丰厚的教育资源,为区域科教文化中心的创建奠定了较好的根基。其具备了建设区域性中心城市的教育科技软实力,17 所高等院校,25 万名大学生,聚集了文化教育的优秀资源,同时也为承载北京高校、科研机构嫁接、转移、发展营造了良好的教育人文环境。

(四)交通与运输

作为北京的南大门,历史上保定就是重要的枢纽城市,保定具备区域性中心城市的交通优势。《河北省综合交通运输体系发展"十三五"规划》提出,到 2020 年,实现市市通高铁、县县通高速、市市有机场、市市通道连港口,形成京津冀核心区域 1 小时交通圈,相邻城市 1.5 小时交通圈。建设雄安新区以城市轨道交通为主的城市道路系统,实现雄安新区、北京新机场、北京副中心以及京、津、廊、保之间快速通达,形成核心区域 1 小时交通圈和区域内通勤交通网。京石高铁、津保铁路建成通车,京港澳高速改扩建工程全面完成,张石、保阜等高速全线通车,京昆高速与北京顺利贯通。京津冀交通一体化统筹推进以及 1 小时交通圈的形成,让为保定成为区域交通运输中心成了现实。同时,也为北京非首都功能的转移提供了现实的空间和时间上的可能性。

(五)城建与环保

2017 年河北空气质量排名中,保定市在 11 个市排名倒数第一,AQI(空气质量指数)数值经常超过 100。此外,保定城市发展也低于全省平均水平,城乡建设欠账较多,市民对于市内道路诟病尤多,断头路多、开膛破路多、路面老化、马路市场多、交通拥堵、出行难、停车难等问题亟待解决,如保定的火车东站修建时间长达 10 年之久,2017 年才修建完毕;再比如华北电力学院的校门口治安及道路整治,建校以来学校门前的道路就未曾修妥,校门口还曾出现过爆炸事件。而区域性中心城市和非首都功能疏解重要承载地的功能定位,对保定的经济社会发展提出了比较高的要求,比如,非首都功能的部分教育医疗等公共服务,其本身的运行对于区域内交通、信息、管理等方面的服务有较高的要求,保定经济实力相对薄弱,城市软环境和硬环境都将制约其疏解、转移后的运行和发展。

目前,虽然保定城市空间布局、历史文化、高等教育、交通建设等方面具备了一定的基础,但是保定的产业与经济水平滞后、城市建设水平滞后、环境污染严重,与区域性中心城市的定位存在一定差距。此外,北京市发改委对于非首都功能有明确的解释,包括一般性制造业(包括高端制造业的生产环节)等不具备优势的产业、区域性物流基地和区域性批发市场、部分教育医疗等公共服务功能以及部分行政性、事业性服务机构。可见,非首都功能疏解承载地的功能定位,对于目前经济基础薄弱、承载力有限的保定来说,是机遇,更是严峻的挑战,承接北京非首都功能疏解的任务艰巨。

第二节　保定市高等教育发展历史及现状

"一座总督衙署,半部清史写照",在保定历时 240 多年的直隶省会历史中,共计 202 任的直隶巡抚与总督在此任职。直隶总督署落成后,自清雍正八年(1730)直隶总督驻此至清朝灭亡(1911),直隶总督的"教育政绩"颇为显著。如李卫建立的莲池书院,改革了中国传统的教育制度,在某种意义上可以说奠定了中国近现代教育的基础。以莲池书院为代表的书院文化,促进了近代各种新式院校的建立;曾国藩、李鸿章等的练兵制度改革了传统的军事教育制度;保定陆军军校等16所军事学院创立,被称为近代军事将领的摇篮;直隶高等农业学堂、直隶高等学堂等多所高等学校也在保定创立。

一、保定高等教育的辉煌历史

保定的教育有着悠久的历史,是燕赵"北学"的繁盛之地。宋代保定就建有官学,即"州学"。保定教育发展的高峰期是清中期,以义学、书院为杰出代表。建有社学26所、义学30所,以及金台书院、上谷书院和莲池书院等多家书院。中国传统的旧教育向新型教育转型过程中,保定作为直隶省城一马当先,走在全国的前列,铸就了保定在中国新教育入口处的辉煌,成为中国近代教育的重要发源地,被誉为民国时期著名的"学生城"。

(一)民国时期著名的"学生城"

据光绪三十二年(1906)统计,保定城内有官立和公立(不含私立学校和教会学校)各类学堂33所之多。总括清末以来保定的教育,门类齐全,学校众多,教育教学质量在直隶乃至全国很有声望,保定形成了自身独特的新式教育体系和规模,建立了如畿辅大学堂、直隶法政学堂、直隶师范学堂、保定军官学堂、直隶农务学堂等多所高等院校,同时还涌现了保定军校、高级留法预科班、育德中学、"红二师"等一大批享誉中外的名校与教育机构(见表7-2)。保定既有综合类院校,也有专职类院校。在专职类院校中军事院校学科最全,形成了当时完整的军事教育体系,成为19世纪末20世纪初军事高等教育的典范。与此同时,配套的师范教育、中等教育、小学教育等学堂亦纷纷建立,清末新教育之风盛起,一直延续到民初,保定"教育之城""学生之城"声望远播。

表7-2 清末民初保定的中等/高等学校

建校年份	学校名称	历史评价
1733	莲池书院	直隶省的最高学府,莲池书院率先引入西方学校教育模式
1896	蒙养学堂	全国最早出现的新学堂,是中国出现最早的三所新型学校之一,现为保定师范附属小学
1897	畿辅大学堂	中国最早的地方大学,直隶省的第一座新式学堂,1913年并入天津的北洋大学,现为天津大学

建校年份	学校名称	历史评价
1902	直隶省学校司	我国最早的省级教育机构
1902	直隶高等农业学堂	中国最早的高等农业学校,1908 年升格改称为直隶高等农业学堂(高等教育),现为河北农业大学
1902	陆军军官学校	中国近代军事将领的摇篮,上承天津北洋,下开广州黄埔
1902	私立同仁中学	蜚声海内外,现为保定一中
1902	直隶巡警学堂	全国最早的警察学校
1903	直隶师范学堂	河北最早的高等师范学堂,也是全国最早的师范学堂,1921 年直隶高师并入新建的河北大学
1917	私立育德中学	留法勤工俭学策源地,育德中学与天津南开中学齐名,有"文南开,理育德"之美称
1909	保定师范学校	最具光荣革命传统的学校,1924 年建立了中国共产党的组织。20 世纪 20 年代末 30 年代初,中共保属特委设于该校,现为保定学院
1921	河北大学	河北省第一所综合性大学,1931 年,被河北省教育厅撤销

(二)具有代表性的高等学校

1.直隶省的最高学府——莲池书院

莲池书院开国际教育之先河,是全国仅次于贡院的亚文化中心,毛主席曾赞叹:"莲池之所以有名,关键是莲池书院有名,莲池书院在清末可称为全国书院之冠。"莲池书院由第四任直隶总督李卫在 1733 年创办,是清代直隶省官办的最高学府和学术研究机构。莲池书院自雍正十一年(1733)到光绪三十年(1904),历时 170 多年,使保定成为当时享誉全国的教育学术重镇。书院当时吸引了八方学子慕名而来,以致出现弟子盈门,"以待学者,犹不能容,或怅然而返"的场面。莲池书院文化成为当时中西跨文化交流的前沿,开辟了国际教育之先河。书院开设西文学堂、东文学堂、收取日本留学生等举措,不仅使书院"一变为储才研籍之地",更是使书院成为中外文化交流的研习、传播之地。莲池书院在跨文化交流与教书育人方面被誉为"教育英才,德意之厚,与天同功"。

2.全国最早的农业高等学校——直隶高等农业学堂

光绪二十八年(1902)五月,直隶总督袁世凯创立农务总局于保定西关外霍家大院,并于局内附设农务学堂(中等教育)。光绪三十四年(1908)农务学堂升格并改称直隶高等农业学堂。1912年中华民国建立,学校更名为直隶省立农业专门学校。1921年,学校并入河北大学。1931年,河北省立农学院成立。学校师资队伍实力雄厚,业务水平高,在教学上注重培养学生理论知识、实验手段和操作能力等全面发展。1937年9月,日军侵占保定,学校被迫停办。1946年在旧址恢复,1950年省立农学院改为河北农学院,1958年改称河北农业大学,是全国最早的农业高等学校之一。

3.中国首批创建的高等学府——畿辅大学堂

光绪二十三年(1897)秋,直隶总督王文韶为推动直隶教育维新,上奏清廷,准于省会保定创建畿辅大学堂。其是保定第一所新式大学堂,开直隶高等新式教育之先河,也是中国首批创建的高等学府之一,与京师大学堂同年创办。袁世凯任直隶总督后,改原畿辅大学堂为直隶高等学堂,亦称保定大学堂。1913年,直隶高等学堂撤销,并入天津的北洋大学。直隶高等学堂的监督、总教习,除丁家立这样的外籍教育家,均为国内著名文化学者、教育家,如王景禧,曾为翰林院编修;刘春霖,是清末状元;南开中学、南开大学创始人张伯苓、清华大学校长梅贻琦,也是从畿辅大学堂走出的。

4.中国近代军事将领的摇篮——陆军军官学校

保定陆军军官学校的源头为光绪二十八年(1902)建立的北洋行营将弁学堂。历经北洋速成武备学堂、陆军速成学堂、保定军官学堂、保定陆军预备大学堂几个阶段。保定陆军预备大学堂1912年更名为陆军大学,迁往北京,同年袁世凯在原址成立保定陆军军官学校。1923年8月,由于军阀混战、经费无着等,随着第九期学生的毕业,保定军校宣告停办。军校自开办至结束,历时11年,共办9期,培养各类军事人才6553人。对保定军校,孙毅将军题词:"中国近代军事将领的摇篮。"杨成武将军曾说它"上承天津北洋,下开广州黄埔,是对近代中国军事教育影响深远的一所值得纪念的学校"。

二、保定高等教育的现状

保定的高等教育伴随着保定城一起跌宕起伏,其辉煌停留在清末民初。由于省会曾六次变更等历史,高等教育的发展环境极不稳定,导致高等教育布局、数量、规模、质量等方面受到了严重的影响。清末民初保定的教育在全国领先,是由于保定的直隶省会地位以及政府的支持,而后省会的多次迁移极大地影响了保定教育的投入与发展。在省会搬迁的影响下,河北几所高校反复搬迁,损失校舍 43 万平方米,仪器 4000 多万元,实验设备的损失使得理工类院校的科学研究陷入瘫痪。以河北大学为例,其当时位居我国理工科院校的"四大金刚"之首,在艰苦的校址迁徙过程中受到严重的摧残,师生流离失所,大部分教学仪器、图书丢失。其命运如古城保定一样,再无昔日辉煌。

(一)高等教育规模

据统计,截至 2018 年 12 月,河北省拥有 141 所高校,其中本科院校 64 所,专科院校 77 所。石家庄作为省会城市,拥有高校 58 所,而保定高校数量位列河北省第二。2017 年,保定拥有高校 17 所,其中本科院校 10 所(独立学院 4 所),专科院校 7 所,高校数量位居省内第二位(见表 7-3),在全国地级市中高校数量名列前茅。保定拥有 2 所部属院校[华北电力大学(保定)、中央司法警官学院],两所河北省重点骨干校(河北大学、河北农业大学)。从规模上看,保定高等院校和在校生数量(见表 7-4),与区域经济发展需求相吻合,与区域性中心城市—科教中心的定位相适应。

表 7-3　2017 年河北省高等学校分布情况

城市	本科高校数量/所	高职高专数量/所	合计/所	排名
石家庄	23	35	58	1
保定	10	7	17	2
廊坊	5	5	10	3
唐山	4	7	11	4

续表

城市	本科高校数量/所	高职高专数量/所	合计/所	排名
秦皇岛	4	3	7	5
承德	2	4	6	6
沧州	2	4	6	7
张家口	3	2	5	8
邯郸	3	2	5	9

表 7-4　2017 年保定市高等教育规模

高校数/所	在校生数/万人				专任教师/万人			毕业生数/万人	高职毕业生本地就业率/%
	本科生	硕士生	博士生	高职高专	专任	高级职称	博士		
17	14.8873	1.4679	693	3.1013	1.107	0.597	0.337	4.8161	50

(二)高等教育层次

河北省的高等教育 118 所高校无一所"985"、双一流高校,唯一的"211"高校河北工业大学建在天津境内。保定 11 所本科高校,仅一所部属院校华北电力大学(保定)是"211",但华北电力大学的总部在北京,位于保定的是其分校。保定缺乏综合研究型大学,尚没有形成在全国有较大影响力的一流大学和一流高职院校,例如无"985""211"(华北电力大学保定校区作为分校区不计入"211"统计)、双一流大学,无国家示范高职、国家骨干高职院校。在 2018 年河北省最佳高校排行榜中,燕山大学蝉联榜首,河北大学居第 2,河北工业大学列第 3,河北师范大学居第 4,河北农业大学列第 5。保定高校进入省前五名的只有河北大学和河北农业大学。从全国的排名看,保定最好的河北大学全国排名第 135 名,河北农业大学排名第 197 名。可以说,虽然保定的高等教育在清末民初得到了快速发展,但发展的优势并未持续,近代保定的高等教育步履维艰,可谓"先天不足,后天不良"。保定距离区域性中心城市的定位、发挥中心城市区域科教中心的作用,只能说具备较好的基础,现实上还存在很大差距。保定市高等学校基本情况如表 7-5 所示。

表 7-5　保定市高等学校基本情况统计一览

学校全称	办学类型/性质	建校时间	办学模式
华北电力大学（保定）（"211"高校、双一流高校）	本科	1958 年	教育部直属高校，七家大型电力集团公司组建董事会，与教育部共建
河北大学（省重点骨干校）	本科	1921 年	教育部与河北省人民政府"部省合建"
河北农业大学（省重点骨干校）	本科	1902 年（直隶农务学堂）	河北省人民政府与教育部、农业农村部、国家林业和草原局共建
保定学院	本科	1904 年（保定初级师范学堂）	
河北金融学院	本科	1952 年（保定银行学校）	中央与地方共建
中央司法警官学院	本科	1956 年（公安部劳改工作干部学校）	司法部直属
河北科技学院（民办）	本科	1991 年	
中国地质大学长城学院（民办）	本科（独立学院）	2005 年	中国地质大学（北京）与保定贺阳教育投资有限公司合作共建
河北农业大学现代科技学院（民办）	本科（独立学院）	2001 年	河北农业大学举办
华北电力大学科技学院（民办）	本科（独立学院）	2002 年	华北电力大学与河北省电力公司举办
河北大学工商学院（民办）	本科（独立学院）	2001 年	河北大学举办
保定职业技术学院（省优质校）	高职	1935 年	

续表

学校全称	办学类型/性质	建校时间	办学模式
河北软件职业技术学院	高职	1972 年	
保定电力职业技术学院	高职	1957 年	国网冀北电力有限公司
河北轨道运输职业技术学院	高职	1949 年（铁道部职工学校）	河北省人力资源和社会保障厅
保定幼儿师范高等专科学校	高职	1984 年	
河北工艺美术职业学院	高职	2013 年	

（三）高等教育师资

京津冀地区一直是我国的重要战略区域，历史上就有很高的相互依存度和关联度，但改革开放后，三地在经济、公共社会服务等合作上滞后，产业资源竞争加剧。由于保定和京津产业梯度落差大，经济发展差距大，京津两地对保定以至河北产生巨大的虹吸效应，使得河北的重点产业、优秀人力资源逐渐涌向京津，仅 2016 年，就有 800 万的职业劳动者流出河北至北京、天津，高校高层次人才也不断外流。目前，保定高校高层次人才主要集中在华北电力大学（保定）、河北大学以及河北农业大学。如河北大学拥有两院院士、"长江学者"、国家杰青、国家级教学名师、国家"百千万人才工程"人选、国家有突出贡献中青年专家、国务院政府特殊津贴专家等国家级优秀人才 67 人，燕赵学者、省管优秀专家等省部级以上高层次人才 342 人。河北农业大学拥有国家百千万人才工程、国务院政府特殊津贴、省管专家等人才 82 人。另外，从整体上来讲，保定高校师资存在师生比相对较低、职称结构相对不完善、科研水平有待提高等普遍问题。在校生及师资情况详见表 7-6、表 7-7。

表 7-6　2017 年保定市高等教育基本信息统计（本科）

高校数	在校生数/人				专任教师/人			毕业生数/人
	本科	硕士	博士	留学生	专任教师	高级职称	博士	
华北电力大学（保定）	11716	4788	0	—	827	400	404	4525

高校数	在校生数/人				专任教师/人			毕业生数/人
	本科	硕士	博士	留学生	专任教师	高级职称	博士	
河北大学	25417	5437	391	226	1902	1226	917	6998
河北农业大学	27373	2097	302	18	1685	978	592	5226
河北科技学院	18093	2200	0	74	1319	777	478	4239
保定学院	11348	0	0	0	528	228	36	2355
河北金融学院	10002	157	0	18	604	231	48	2439
中央司法警官学院	6478	0	0	0	329	221	58	1720
中国地质大学长城学院	13882	0	0	0	690	241	68	3227
河北农业大学现代科技学院	8485	0	0	0	523	342	178	3137
华北电力大学科技学院	7089	0	0	0	590	262	260	1594
河北大学工商学院	8990	0	0	0	708	456	327	3361
合计	148873	14679	693	336	9705	5362	3366	38821

注:各高校的数据统计截至 2017 年 8 月 31 日;由于华北电力大学本部设在北京,北京校区和保定分校区实行两地一体化管理,因此无保定校区的单独数据,表格中华北电力大学的统计数据部分来自学校网站,部分是根据本科、研究生招生信息推算。

表 7-7　2017 年保定市高职院校基本信息统计(高职)

高校数	在校生数/人	专任教师/人			毕业数/人	本地就业率/%	年生均财政拨款/元
		专任教师	高级职称	博士			
保定职业技术学院	9052	390	197	1	3194	59	5467.66

续表

高校数	在校生数/人	专任教师/人			毕业数/人	本地就业率/%	年生均财政拨款/元
		专任教师	高级职称	博士			
河北软件职业技术学院	8859	164	83	0	2365	52	15970
保定电力职业技术学院	1979	170	62	0	770	14.3	10543
河北轨道运输职业技术学院	6122	251	128	0	1933	22.5	9713
保定幼儿师范高等专科学校	3044	279	92	1	482	84	6417
河北工艺美术职业学院	1957	109	50	0	596	69	17089
合计	31013	1363	612	2	9340	50	10866.6

数据来源:2018 年高等职业教育人才培养质量年度报告,数据统计截至 2017 年 12 月 31 日。

三、保定高等教育与区域经济发展的适应性

根据新增长理论和区域竞争理论,内生的技术进步是经济增长的决定性因素,技术、人力资本具有溢出效应,其存在是经济实现持续增长所不可缺少的条件。竞争优势不仅与区域自然资源禀赋有关,更与区域后天形成的知识、技术、管理因素有关。因此,以高等教育为核心的技术进步是区域经济社会发展的动力源。以高等教育为源泉的国民素质与科学技术是提升区域竞争力的核心要素。反过来,区域中心城市经济的不断增长势必会直接促进区域高等教育的发展,进而形成区域高等教育与区域协调发展。显然,保定的高等教育和区域经济协调发展"失灵",高等教育不能满足区域经济发展的需求,不能很好地为区域竞争力提供人力资源和科学技术支撑。同时,保定落后的经济和产业发展水平,也制约了区域内高等教育的发展。因此,分析保定的高等教育和区域产业经济发展的适应性和人才培养需求的吻合性,剖析保定高等教育

50 余年的没落原因以及分析保定产业结构特点,对中心城市的高等教育发展具有现实意义和借鉴价值。

高等教育的科类结构体现着经济社会对高校培养人才的数量、质量以及科技服务的服务水平的需求,是高校为区域经济社会发展服务最直接、最密切的体现,合理的高等教育科类结构是引领和适应产业结构调整需要的。保定的高等教育科类结构是否符合区域产业结构主要看保定高等教育培养的各科类专业人才与保定产业结构需求的契合度。由于篇幅有限,本节采用三产结构偏离度分析的方法,着重把与区域经济产业结构结合最为密切的本科高校科类结构及高职院校的专业结构作为分析对象,以点带面,深入剖析保定高等教育和区域经济的适应性。

产业结构是衡量区域经济的重要指标,目前,经济学把产业结构偏离度作为衡量三大产业产值结构和就业结构的核心指标。根据保定市社会经济年鉴2014—2017 年的统计,本书计算出保定三大产业产值比重以及就业人口比重,根据计算公式 $E = A/B - 1$(E 是结构偏差系数,A 是 GDP 的产值构成,B 是就业产值构成),2013—2016 年保定三大产业结构偏离度如表 7-8 所示。

表 7-8　保定三大产业结构性偏离度

年份	第一产业偏离度	第二产业偏离度	第三产业偏离度
2013	−0.72	0.53	0.74
2014	−0.72	0.49	0.77
2015	−0.73	0.42	0.88
2016	−0.74	0.38	0.92

从整体上看,保定的产业结构呈现"二三一"特征,但就业构成处于"一二三"的分布状态。其中,第一产业(以下简称一产)呈现明显的低产值和高就业特点。第三产业(以下简称三产)呈现高产值、低就业特点。相比较第二产业(以下简称二产),一产、三产的产业结构和就业结构的偏差较大,尤其是三产呈现逐年加大的特点,产业结构效益不高。

首先,一产结构偏离度近四年持续为负值,而且长期居高,还有继续增高的趋势,说明一产效益低下,就业结构和产业结构极为不均衡。由此可以看出,大量的劳动力滞留在一产,文化技能素质普遍不高,导致流动受限,存在着较大的隐形失业群体,潜在的就业压力大于实际的就业压力。

其次,二产结构偏离度均为正值,且逐年下滑,从 0.53 下降到 0.38,说明四年间,二产吸纳越来越多的劳动力。从保定争创"中国制造 2025"国家级示范区的发展目标来看,二产仍然是社会就业的主渠道。保定的产业正处于转型升级中,并承接非首都功能疏解而转移的制造业以及首都高端产业的生产环节,部分企业必然会出现高技能人才的缺口,对低端劳动力将出现"挤出效应",随着二产结构偏离度向零趋近,低端劳动力的用工必然出现缩减。

最后,三产的结构偏离度一直为正值,且逐年上升。结构偏离度的绝对值变大,从 0.74 上升到 0.92,说明三产结构与就业结构失衡严重,三产吸纳劳动力能力减弱,出现劳动力回流到一产的情况。

整体来看,保定的一产的产业结构和就业结构极为不均衡,农村劳动力转移面临巨大压力。二产的产业结构和就业结构持续向好,是吸纳劳动力的主要渠道,但吸纳劳动力的空间逐步变小。三产的产业结构和就业结构偏差较大,虽然是吸纳就业的主要力量,但日趋乏力,继续接纳劳动力的后劲不足。

(一)市科院校科类设置与区域产业结构的适应性

从某种意义上来说,区域人力资源的需求就是对高等教育专业的需求,根据《普通高等学校本科专业目录》,按照 12 个学科门类及所属专业的人才培养规格及目标规定,农学学科培养的人才服务一产(农业),理学、工学学科人才主要服务二产(工业),哲学、经济学、教育学、文学、历史学、法学、医学、艺术学、管理学重点服务三产。2016 年保定本科高校专业结构如表 7-9 所示。

表 7-9　2016 年保定高校(本科)专业结构

高校名称	一产	二产		三产									合计
	农学	理学	工学	哲学	经济学	教育学	文学	历史学	法学	医学	艺术学	管理学	
河北大学	0	9	24	1	6	3	12	2	3	10	10	13	93
华北电力大学(保定)	0	3	15	0	3	0	3	0	2	0	1	7	34
河北农业大学	16	14	32	0	5	0	3	0	1	0	5	11	87
河北科技学院	0	0	15	0	2	0	0	0	0	0	3	3	23
保定学院	0	7	3	0	0	6	3	1	2	0	5	1	28
河北金融学院	0	1	1	0	9	0	2	0	1	0	0	9	23

续表

高校名称	一产	二产		三产									合计
	农学	理学	工学	哲学	经济学	教育学	文学	历史学	法学	医学	艺术学	管理学	
中国地质大学长城学院	0	2	10	0	3	0	2	0	0	0	3	10	30
河北农业大学现代科技学院	0	2	18	0	4	0	1	0	1	0	1	4	31
华北电力大学科技学院	0	0	18	0	4	0	0	0	0	0	0	0	22
河北大学工商学院	0	1	5	0	4	0	5	0	0	0	5	5	25
中央司法警官学院	0	0	0	0	0	1	1	0	13	0	0	4	19
合计	16	39	141	1	40	10	32	3	23	10	33	67	415
占比	3.86%	43.37%		52.77%									

数据来源:河北省高校本科教学质量报告。

　　保定 11 所本科院校,共设置 12 个学科门类、415 个专业,其中对应一产专业 16 个(占比 3.86%),对应二产专业 180 个(占比 43.37%),对应三产专业 219 个(占比 52.77%)。二产对应的专业工学数量远远大于理学数量,说明保定工科专业偏重产业、行业的应用性。三产中专业数量排名前四位的分别为管理学、经济学、文学和艺术学。对专业占比与保定三大产业结构性偏离度进行比较分析,发现专业结构与产业结构适应性差,矛盾集中在二产和三产,专业结构和产业结构不能完全匹配。偏离度对比详见 7-10。

表 7-10　保定本科高校专业占比与产业偏离度对比

数值	一产	二产	三产
产值占比/%	11.67	48.37	39.96
从业人数占比/%	44.14	35.08	20.78

续表

数值	一产	二产	三产
产业结构偏离度	−0.74	0.38	0.92
本科高校专业占比/%	3.86	43.37	52.77

从产业产值占比来看,2016年一产产值占比11.67%,二产产值占比48.37%,三产产值占比39.96%,二产比三产产值高8.41个百分点,说明产业结构中二产比三产比重大。而在本科高校专业占比中,三产比二产高了9.4个百分点,也就是说三产对应的专业设置过多,这与产业实际对二产专业的需求相矛盾。说明专业结构与产业需求出现比较大的不匹配。

从产业从业人员占比来看,2016年一产的从业人员占比44.14%,二产从业人员占比35.08%,三产从业人员占比20.78%。从业人员分布呈现“一二三”状态,而专业占比呈现“三二一”状态,说明从业人员结构中,一产、三产之间存在巨大矛盾。将近保定从业人员一半的大量人口从事农林畜牧等一产,而高等院校仅仅设置农林畜牧相关专业16个,专业占比不足5%。此外,三产的从业人员最少,保定的本科院校超过半数的专业为面向三产的专业。说明专业设置与人力需求存在较大不匹配。

从产业结构偏离度来看。保定一产存在大量的隐性失业者,急需面向二产、三产的技术技能培训,产生人口就业流动。二产正吸纳大量的人员,对应的制造业、高新产业的高技能人才存在缺口。三产吸纳劳动力的能力逐渐减弱,产业发展和就业结构出现失衡,需要引起注意。从2017年专业占比来看,二产的专业比三产的专业低将近10个百分点,二产的专业数明显不能满足二产的需求,三产专业数又过多,后期会进一步加剧结构性失衡。

(二)高职院校专业设置与区域产业结构的适应性

同理,根据《普通高等学校高等职业教育(专科)专业目录》,高职高专院校设置19个专业大类,将19个专业大类的人才培养服务指向也分别归入一产、二产、三产,统计结果如表7-11所示。

表 7-11　保定高职院校专业设置情况

高职院校	一产 农林牧渔	二产 资源环境安全	能源动力材料	土木建筑	水利	装备制造	生物与化工	轻工纺织	食品药品粮食	交通运输	电子信息	三产 医药卫生	财经商贸	旅游大类	文化艺术	新闻传播	教育与体育	公安与司法	公共管理服务	合计
保定职业技术学院	8	0	0	1	0	9	0	0	0	0	6	0	11	2	11	0	0	0	0	48
河北软件职业技术学院	0	0	0	3	0	4	0	0	0	1	20	0	14	1	1	1	2	0	1	48
保定电力职业技术学院	0	0	6	0	0	0	0	0	0	0	3	0	0	0	0	0	0	0	0	9
冀中职业学院			1	2		5					2		3		4		2			19
河北轨道运输职业技术学院	0	0	0	0	0	2	0	0	0	15	1	0	1	0	0	0	0	0	0	19
保定幼儿师范高等专科学校	0	0	0	0	0	0	0	0	0	0	0	0	0	0	0	1	9	0	0	10
河北工艺美术职业技术学院	0	0	0	0	0	0	0	0	0	0	0	0	0	0	16	0	0	0	0	16
小计	8	0	7	6	0	20	0	0	0	16	32	0	29	3	32	2	13	0	1	169
合计（占比）	8 (4.73%)	81 （47.92%）										80 （47.34%）								

保定共有 7 所高职院校，共 169 个专业，覆盖了 13 个专业大类。与本科院校专业对应产业的"三二一"特征相比较，高职院校专业对应产业在结构上相对合理，二、三产业的专业数几乎持平，一产的专业数占比高于本科院校。二产专业数排名前三的为电子信息、装备制造、交通运输，其中电子信息比装备制造专业多了 20 个。三产中排名前三且专业数量超过 10 个的为文化艺术、财经商贸和教育与体育。偏离度对比详见表 7-12。

表7-12 保定高职院校专业占比与产业偏离度对比①

数值	一产	二产	三产
产值占比/%	11.67	48.37	39.96
从业人数占比/%	44.14	35.07	20.78
产业结构偏离度	−0.74	0.38	0.92
高职院校专业占比/%	4.73	47.92	47.34

从产业结构偏离度来看,高职院校在解决一产从业人员劳动力饱和、隐形失业人员的技能培训上,能够发挥比较大的作用,保定职业技术学院是高职院校唯一一所设置了农林牧渔相关专业的学校,48个专业中有8个面向一产的专业,但面对254万的一产从业人员,高职院校数量以及专业数量明显不足。此外,虽然二产、三产的专业数持平,但二产专业分布不均衡,集中在电子信息、装备制造、交通运输三个专业,能源动力、生物化工、轻工纺织、土木建筑等专业设置偏少,或者目前仍属空白,滞后于保定"十三五"产业规划布局。总体上来看,虽然保定的高职院校有7所,但排除人才培养行业特征过于鲜明的幼儿师范、轨道交通、电力、工艺美术4所后,只有3所综合性高职院校,其中冀中职业学院还设有2个教育类专业。高职院校的专业数量和人才培养的适应度远不能满足区域经济发展和产业发展的需求。

(三)保定高等教育重点学科和区域产业规划的适应性

河北大学、河北农业大学是地方重点大学的典型代表,不仅引领保定的高等教育发展,也是河北省的双一流及省重点骨干校。因此分析这两所高校的国家级重点/特色专业与区域产业规划和布局的吻合程度和适应性,能充分论证保定的高等教育在提升区域经济核心竞争力方面的优势和不足。重点专业详见表7-13。

---

① 经四舍五入处理,百分比数据加总可能不为100%。

表 7-13　河北大学、河北农业大学国家级重点/特色专业统计

国家级重点/特色专业分布

科类		学校	专业占比/%
一产	园艺	国家特色专业(河北农业大学)	31.25
	林学	国家特色专业(河北农业大学)	
	园林	国家特色专业(河北农业大学)	
	农学	国家特色专业(河北农业大学)	
	植物保护	国家特色专业(河北农业大学)	
二产	应用物理学	国家特色专业(河北大学)	3.33
	光电信息科学与工程	国家综合改革试点专业(河北大学)	
	土木工程	国家特色专业(河北农业大学)	
	食品科学与工程	国家特色专业(河北农业大学)	
三产	汉语言文学	国家特色专业(河北大学)	2.28
	教育学	国家特色专业(河北大学)	
	新闻学	国家特色专业(河北大学)	
	哲学	国家特色专业(河北大学)	
	财政学	国家综合改革试点专业(河北大学)	

数据来源:河北省高校本科教学质量报告。

《保定"十三五"发展规划纲要》明确提出,围绕打造"先进制造业和战略新兴产业基地",着力推动保定市产业体系与京津冀协同发展深度对接,基本建成特色鲜明、结构合理、集约高效、绿色循环、低碳高端的现代产业体系。以上两所高校的国家级重点/特色专业与其契合情况详见表 7-14。

表7-14 保定"十三五"产业规划布局和河北大学、

河北农业大学国家级重点/特色学科的契合度

保定"十三五"产业规划目标

目标	产业	相关的国家级重点学科	产业格局
做大做强三大先进装备制造业	汽车及零部件		打造先进制造业和战略性新兴产业基地,树立高端发展理念,以智能制造、柔性制造、低碳制造和服务型制造为方向,以基地和项目建设为载体,形成"3+4+3"产业格局
	新能源及能源装备		
	高端装备与智能制造		
培育壮大四大战略新兴产业	信息技术	河北大学光电信息科学与工程	
	新材料		
	生物医药		
	高性能医疗器械		
优化提升三大优势传统产业	纺织服装		
	食品加工		
	新型建材		

河北大学有7个国家级特色专业——应用物理学、光电信息科学与工程、汉语言文学、教育学、新闻学、哲学、财政学,没有装备制造类专业,只有光电信息科学与工程专业与保定"十三五"规划中的战略新兴产业吻合。

河北农业大学有7个国家级特色专业——园艺、农学、林学、植物保护、园林、土木工程、食品科学与工程,无一专业与保定的产业规划布局相吻合。

可见,保定高等教育的专业发展滞后于产业发展,国家级重点/特色学科的发展无法体现区域支柱产业和新兴产业的需求,尤其是面向新能源、高端装备与制造、汽车零部件等先进装备制造业以及新材料、生物医药、信息技术、高性能医疗器械等战略新兴产业,保定的地方重点高校发挥其"国民素质与技术进步原动力"的引领作用有限。

第三节　保定市促进高等教育发展的政策及举措

一、教育政策

(一)高等教育

京津冀三地教育主管部门通过协同平台和机制建设,建立了固定联络机制,三地教育行政部门每年定期会晤,总结交流工作进展情况,研究确定年度重大工作任务,协商确定重大事项,三地教育主管部门印发《京津冀教育协同发展行动计划(2018—2020 年)》,提出了优化提升教育功能布局、推动基础教育优质发展、加快职业教育融合发展、推动高等教育创新发展、创新教育协同发展体制机制等五个方面工作安排。《"十三五"保定科教发展规划》提出,保定要实施"京津名校引进工程",主动接受京津优质教育资源外溢,采取集团化办学、托管代管、合作共建等合作方式建设一批知名大学。吸引京津重点高校到保定设立分校,与保定高校共建特色学科,创建京津冀创新创业大学,组建"京津保高校联盟"。支持高等学校与科研院所、企业共建工程技术研发机构,提升高等学校自主创新和社会服务能力。推动高等教育内涵式发展,做特做强市属高校,进一步引导普通高校向应用技术型高校转型。经梳理,保定市出台并实施的教育政策相关的文件主要有《关于深化教育体制机制改革的实施意见》《关于全面深化新时代教师队伍建设改革的实施意见》《关于落实〈河北教育现代化 2035〉实施方案》《关于落实〈加快推进河北教育现代化实施方案(2018—2022 年)〉的通知》。

此外,河北省政府《关于深化科技改革创新推动高质量发展的意见》提出,落实国家关于雄安新区高等教育布局,以新机制新模式创建雄安大学。保定借助雄安新区近在咫尺的地缘优势,提出保定的高等教育要和雄安新区"一体化"发展。总体而言,在京津冀协同发展国家战略背景下,保定作为北京非首都功能疏解的承载地,表现出积极的主动接受态度,提出"引进京津高校,合建知名大学,做特做强市属高校"。但在具体引进京津高校政策制定方面缺乏具体措施,处于被动地位,主要原因是缺乏对所承接高校的选择权。

(二)职业教育

《"十三五"保定科教发展规划》提出,要大力发展面向经济主战场的职业教育,建立职业教育快速发展机制,逐步提高财政性教育经费用于职业教育的比例。加快培养模式与办学模式创新,引进优质职业教育资源,大力推进工学结合、校企合作,建成一批面向京津冀的职教园、技能型紧缺人才培养基地和公共实训基地,培养高素质的职业技术人才。保定教育局贯彻落实《河北省职业教育改革发展实施方案》,会同市人社局等 27 个相关部门起草了《保定市职业教育改革发展实施方案》《保定市职业教育改革发展实施方案重点任务分工计划》及《学前教育、护理专业人才培养方案》等七个文件。建立了保定市职业教育工作联席会议制度,积极推动《1+X 证书制度试点》《保定职业技术学院"双师型"教师队伍建设创新改革试点方案》《河北软件职业技术学院京津冀跨省市高职单独招生试点》等改革事项。在职业教育高技能人才培养方面,《2019 年保定市人力资源和社会保障工作要点》指出,探索创新校企合作、订单培养、"双元制"技工教育办学模式。推进专业设置与产业需求有效对接,理论教学与实操能力无缝对接,加快培育具有专业技能与工匠精神的高技能人才。全面落实国家职业资格目录清单管理制度,完善职业资格考试和职业技能鉴定,加强职业资格事前、事中、事后监管,健全职业资格证书管理。

(三)师范教育

河北省主动适应国家经济社会发展和教育改革的总体要求,坚持需求导向、分类指导、协同创新、深度融合的原则,制定《中共河北省委 河北省人民政府关于全面深化新时代教师队伍建设改革的实施意见》《河北省教师教育振兴行动计划(2018—2022 年)》等文件,逐步引导高职院校将师范类非学前教育专业转为学前教育专业。扩大高职院校学前教育专业招生规模,加大中高职衔接培养力度。鼓励支持具有教育学博士、硕士授权的高校在一级学科下自主设置"教师教育学"二级学科,加强教师教育的学术研究和人才培养。大力推进职业学校、高等学校与大中型企业共建共享师资,允许职业学校、高等学校依法依规自主聘请兼职教师,支持有条件的地方探索产业导师特设岗位计划。积极推进高校教师与中小学教师、企业人员双向交流。保定的河北大学、保定学院、保定幼儿师范学院、河北软件职业技术学院、冀中职业学院都面向不同师资培养层次开设教育学专业,保定学院的前身即为保定师范学院。《河北省教师教育振兴行动计划（2018—2022 年）》为保定师范教育的发展以及师资培养提供了政策保障和发展空间。

二、科技政策

（一）科技成果转化

保定探索具有保定特色的科技成果转化机制与路径，在线上创建京津冀技术交易平台、科技创新信息服务平台、保定科技企业服务平台、保定市科技创新券平台等四大科技创新服务平台，在线下举办京保校企成果转化对接会，积极引导科技成果转移转化，进一步将高校智力资源、创新科技成果汇聚到保定产业链上，促进高端科研成果、科技项目在保定转化、应用、落地，促进保定产业升级。支持国内外高校院所在保定设立技术成果转移转化中心，鼓励外地技术转移服务机构在保定设立法人单位或分支机构，为企业自主创新和高校院所科技成果转化提供全方位服务。

（二）创新联盟及众创空间

保定支持行业骨干企业联合高等学校、科研院所围绕市主导产业和新兴产业发展组建产业技术创新战略联盟，加大力度支持联盟科技创新、人才引进、平台建设、标准制定、成果转化。保定实施众创空间（星创天地）倍增计划，制定专项方案，着力打造一批众创空间（星创天地），鼓励每所高等学校建设 1 家以上众创空间，实施科技企业孵化器提升计划，依托高等院校、高新技术开发区，加快完善科技企业孵化育成体系。

（三）科技创新服务政策

保定制定并实施的科技创新服务政策，主要有《保定市资助大学生科技创新创业实施细则（试行）》《保定市科技计划项目管理办法》《〈保定市支持科技服务机构的政策措施〉实施细则》《保定市加快推进科技创新实施意见》《保定市科学技术奖励办法实施细则（试行）》《保定市重点实验室和工程技术研究中心建设与管理办法》《关于加快科技创新建设创新型保定的意见》《保定市双创示范基地认定管理办法（试行）》《保定市科技企业孵化器认定管理办法》《保定市众创空间认定管理办法（试行）》《支持科技创新创业领军团队的政策措施》

《关于深化科技体制改革加快推进创新发展的实施意见》。此外，保定积极落实《京津冀系统推进全面创新改革试验工作方案》《河北省系统推进石保廊区域全面创新改革试验方案》，推动知识产权综合管理、高等学校和科研院所科研评价制度、国有企业创新激励等改革举措的落地。

三、人才政策

保定市委、市政府制定并出台《关于深化人才发展体制机制改革的实施意见》《关于引进高层次人才的若干优惠政策（试行）》《保定市鼓励柔性引才暂行办法》《关于加强新形势下引进外国人才工作的实施办法》等政策文件，形成保定市创新人才发展体制、创优人才发展环境的"1＋N"政策体系。

（一）高层次人才引进

《关于保定引进高层次人才的若干优惠政策（试行）》，主要围绕高层次人才普遍关心的科研经费、资金支持、薪酬待遇、购房安家、社会保险、医疗保健、子女入学、亲属就业、人才评价等方面，明确提出了优惠政策，以满足高层次人才的生活需求，扶持激励高层次人才创新创业。《保定市鼓励柔性引才暂行办法》，主要包括挂职引才、兼职引才、合作引才、以才引才四种方式，柔性引才是指用人单位在不改变人事、档案、户籍、社保等关系的前提下，坚持"不求所有，但求所用；不重其形，但重其效"的原则，吸引市外高层次人才通过挂职、兼职、技术咨询、周末工程师等形式，助力经济发展的一种引才方式。柔性引进的高层次人才，用人单位可按特设岗位进行聘用。柔性引进可采取"一人一策、一事一议"的方式，通过"绿色通道"评审相应职称。

（二）外国人才引进

保定围绕加快建设创新驱动经济强市战略任务，突出高精尖缺方向，着力引进该市经济社会发展急需和紧缺的各类外国高层次人才，出台《关于加强新形势下引进外国人才工作的实施办法》，重点鼓励教育、卫生系统和高新技术企业吸纳高精尖缺外国人才，重点引进具有高端能力、掌握尖端技术的科学家、企业家和高层次人才团队，为当地经济社会发展服务。重点支持和鼓励保定市企事业单位、科研院所和高校融入引智共建蓝天计划、京津冀协同发展引智计划、农业引智计划、民生引智计划，引进一批高层次外国人才和项目。加强与京津外专引智部门合作,建立信息发布、政策互通、二次引进和柔性引进的外国人才引进合作机制,大力引进京津高端外国人才和科技成果,降低引智成本,实现资源共享。

第四节　保定市高等教育的经验教训

保定作为曾经中国高等教育史上名声显赫的"大学城",近代却逐渐失去应有的教育地位,未能延续辉煌,其历史的经验和教训值得中心城市高等教育行业借鉴。保定高等教育是体现区域经济和高等教育发展关系的一个典型案例,梳理整个历史脉络,能较好体现出政治、经济在高等教育发展中的作用,同样能体现出高等教育在区域经济发展中的重要功能。保定恰好体现了高等教育和经济发展相互促进"失灵"的现象,"失灵"的主要原因是高等教育与区域经济的不适应性。

一、历史上高等教育的成功经验

(一)成功基础:区域政治中心地位

清朝保定成为直隶省会,200多年的漫长岁月,保定一直是中国近代史上重要的区域政治中心。省会城市的高等教育有着其他城市不可比拟的优势,各种教育资源都聚集在省会,国家也在政策倾斜上充分考虑省会的政治、经济、文化中心地位。从《2017年中国大学研究报告》看,全国省会城市86所高校位列前100强,省会46所高校跻身全国一流大学名册。保定作为200多年的直隶省会,也是当时直隶区域内的政治中心和教育中心。

(二)成功保障:政府力量的积极推动

历任直隶总督都极为重视教育,政绩显著。如上文提到的李卫建立莲池书院、曾国藩、李鸿章建立保定军校,袁世凯建立直隶高等农业学堂、直隶高等学堂。一方面,政府尊师重教,重视"教育政绩",另一方面,当时高等教育的类型——军事学堂、巡警学堂、农业学堂、师范学堂,体现了当时保定社会的军事、政治、经济的需求。

(三)成功关键:开拓创新,大胆改革,形成新式教育体系

清末民初各种新文化冲击时下的旧中国,保定教育开拓创新、大胆改革,开"引进来""走出去"之先河,如莲池书院率先引入西方学校教育模式,私立育德中学是留法勤工俭学策源地。建立新学制,开设新学堂,既有综合类院校,也有专职类院校,形成了自身独特的新式教育体系和规模。

二、当代高等教育"落寞"的原因

(一)客观原因:不稳定的社会政治环境

河北省省会六次迁移,动荡的社会政治环境,尤其是政治重心的迁移、高校的搬迁,对保定高等教育带来的是毁灭性的打击。

(二)现实原因:高等教育和区域经济发展的不适应性

清末民初保定高等教育辉煌的内部关键因素是改革创新,高等教育的类型符合区域社会经济的发展。而现代的保定规模不算小,位居地级市前列,在校生也有25万人,但未能发挥其应有的、高教引领区域经济发展的效应。保定经济发展与城市功能定位适应性不足,高等教育发展与区域经济产业发展的适切性不良,高等教育的科类结构以及重点学科布局与区域产业结构的契合度不够,尤其是科类/专业布局与区域产业不相匹配,直接影响了保定区域经济发展。

(三)历史原因:历史的桎梏,创新发展的惰性

客观地来看,保定有着百年来的"京畿重地"和直隶省会的发展历史,一方面为保定沉淀了优秀的历史文明、较完备的教育框架和教育资源,另一方面其百年沉积的政治中心地位也为保定赋予了"政治色彩",对国家政策形成了"天然"的依赖,一定程度上阻碍了保定社会经济的整体发展,由此,现代的保定难以打破历史经验的桎梏,经济、社会、城市建设水平滞后,缺乏城市创新能力。这也是保定拥有较好的高等教育发展基础,却未能使辉煌延续的主要原因。

三、保定高等教育的启示

保定是中国众多千年古城从辉煌到落寞的一个缩影,从其高等教育和区域社会经济发展的互动关系中可以梳理出高等教育自身的成长和发展的客观规律。放眼世界高等教育,和欧洲大学发展的漫长历程相比,我国高等教育发展历史短、进步快,是典型的"后发外生型"发展路径。"后发"是时间维度的表述,"外生型"是影响因素维度的表述,我国高等教育发展离不开外在稳定的社会环境,尤其是政治环境和经济环境。以本章分析的保定高等教育为例,在民国,作为直隶省会,高等教育的繁荣发展过程中政治因素起到决定性作用。新中国成立后,河北省会几迁几回,高等教育发展随之起起落落,高等教育的衰落同样是政治环境的不稳定因素所导致。保定拥有着令其他中心城市艳羡的高等教育院校规模,但由于河北政治中心转移,资源投入不平衡,保定经济发展滞后,高等教育的发展也受到极大的阻碍和牵制。另外,从保定高校的自身发展而言,其专业结构和区域产业结构不相适应。而且,保定地处京津冀地区,北京和天津对高等教育人才产生巨大的虹吸作用,导致保定高等教育为地方经济输入人力资本的能力大打折扣。因此,政策变化、市场经济的落后及自身高等教育发展结构性不适应,三方面的因素导致了保定和所属高校很难建立起"共生共荣"的互动关系。

目前,保定高等教育发展的新机遇已经来临,在国家新一轮国家战略的政策红利和资源红利推动下,保定高等教育必须借力京津冀协同国家战略及政府强力推动下的保雄一体化发展战略,承担起服务京津冀协同发展的使命,在高水平大学以及"大院大所"的引进、合作、共建上,高起点规划,提早布局、抢抓机遇,充分利用保定历史积累的高等教育宝贵资源和基础,促进区域经济协调发展,真正发挥出高等教育人才培养、教学科研和社会服务的基本职能。

参考文献

[1]崔铭.保定教育史若干问题研究.保定:河北大学学位论文,2014.
[2]邓红.论保定军校与"保定军校生现象".民国档案,1999(4):83-88.
[3]韩兵,刘涛.论袁世凯与清末实业教育.北华航天工业学院学报,2012(3):17-20.
[4]韩毅.增强现代职业教育吸引力的制度及政策研究.天津:天津大学学位论

文,2017.

[5]黄新颖,秦芳芳.基于保定实证的城市文化形象建设研究.华北电力大学学报(社会科学版),2015(3):45-50.

[6]兰丽燕.我国研究教学型大学硕士研究生教育个人需求分析.保定:河北大学学位论文,2015.

[7]李天天,赵宪军,马烈.保定融入京津冀城市圈域经济对策建议.合作经济与科技,2015(14):22-24.

[8]刘沂青.基于京津冀协同发展的保定市社区教育策略研究.保定:河北大学学位论文,2016.

[9]吕昕.区域中心城市与区域高等教育发展关系的研究.石家庄:河北师范大学学位论文,2008.

[10]沈伟涛.中华人民共和国成立后河北省会变迁研究.西宁:青海师范大学学位论文,2016.

[11]魏隽如,汤倩.保定莲池书院的创建及其历史影响.保定学院学报,2012(1):122-126.

[12]许尧华.高等教育在维护和促进社会稳定中的作用研究.南京:南京理工大学学位论文,2008.

[13]张菊.河北省高校人文社会科学研究竞争力分析.保定:河北大学学位论文,2016.

第八章 无锡市促进高等教育
发展政策研究

第一节 无锡市经济社会发展概况

一、人口与 GDP 情况

无锡市位于江苏省南部,东临上海、西接南京,是长三角区域性中心城市和全国性综合交通枢纽,"一带一路"建设、长江经济带建设、扬子江城市群建设等在无锡叠加,是长江经济带、长江三角洲城市群的重要城市。无锡市辖 5 个区及 2 个县级市,全市总面积 4627.47 平方千米,2017 年户籍人口493.05 万人。

2017 年,无锡市实现地区生产总值 10511.80 亿元,比上年增长 7.4%,跻身"万亿俱乐部"。在全国 14 个万亿城市中,无锡占地面积最小,人均 GDP 也处于全国领先水平,按常住人口计算,人均生产总值达到 16.07 万元。2013—2017 年无锡人口及 GDP 情况见表 8-1。固定资产投资小幅增长,全年固定资产投资完成 4967.51 亿元,比上年增长 4.7%。分产业来看,一产投资 10.26亿元,比上年增长 44.5%,二产投资 2089.73 亿元,比上年增长 5.7%,三产投资 2867.52 亿元,比上年增长 4.1%。全年财政收入 930 亿元,比上年增长6.3%,在长三角城市中位列第六。全市居民人均可支配收入 46453 元,同比增长 8.6%;城镇常住居民人均可支配收入 52659 元,同比增长 8.3%;农村常住居民人均可支配收入 28358 元,同比增长 8.4%。无锡企业研发经费占销售收入比重提高到 1.75%，列江苏全省第一；社会研发投入占 GDP 的比重 2.5% 左右，位列全省第二；科技进步对经济增长的贡献率达 63%，位列全省第一。

表 8-1　2013—2017 年无锡人口及 GDP 情况

年份	人口数/万人	GDP 总量/亿元	人均 GDP/万元
2013	653.48	8070.18	12.46
2014	652.40	8205.31	12.64
2015	651.10	8518.26	13.09
2016	650.01	9210.02	14.13
2017	648.41	10511.80	16.07

数据来源：历年无锡市国民经济和社会发展统计公报。

二、产业发展情况

2017 年，全市实现一产增加值 135.18 亿元，比上年增长 0.8%；二产增加值 4964.44 亿元，比上年增长 7.3%；三产增加值 5412.18 亿元，比上年增长 7.7%；三次产业比例调整为 1.3∶47.2∶51.5。其中，完成规模以上工业总产值 15861.19 亿元，同比增长 16.8%，实现规模以上工业增加值 3382.77 亿元，同比增长 8.6%，高于全省平均 1.1 个百分点，全市高新技术产业产值占规模以上工业总产值比重达到 43.4%，提高 1.1 个百分点。

2015 年以来，无锡确立了创新驱动核心战略和产业强市主导战略，坚持以"智能化、绿色化、服务化、高端化"为引领，大力推动发展具有比较优势的战略性新兴产业、具有领先优势的智能制造产业、具有特色优势的现代服务业，工业经济增速持续回升，以物联网为龙头的新一代信息技术产业加速发展，现代服务业发展势头良好。截至 2016 年，全市新兴产业产值增长 8.9%，其中物联网产业营业收入增长 20% 以上，全市物联网企业超过 2000 家，物联网产业营业收入突破 2000 亿元，无锡企业累计牵头和参与制定的物联网国际、国家标准 52 项，2016 年、2017 年，无锡成功举办了两届世界物联网博览会，影响力持续扩大，无锡已成为公认的"物联网之城"。现代服务业快速发展，现代物流、金融、科技等生产性服务业向专业化和高端化拓展，2016 年，全市服务业实现增加值 4728 亿元，占地区生产总值的比重达到 51.3%，首次超过二产，占据产业结构主导地位，软件和信息服务、云计算、服务外包产业保持 20% 以上的增速。现代农业发展加快,全市新增农业园区面积 2 万亩以上。

三、教育发展情况

无锡各级党委、政府始终坚持把教育摆在优先发展的战略地位,2013—2017 年,全市教育经费投入累计达 746 亿元,其中国家财政性教育总投入 640 亿元,为教育事业的持续健康发展提供了有力保障。"十二五"期间,累计新建、改扩建幼儿园 215 所、小学 88 所、中学 68 所,幼儿园建设布局保持在 1.56 万人/所,义务教育学校保持在 1.96 万人/所,成为全国首批所有县(市、区)全部通过"义务教育发展基本均衡县(市、区)"国家认定的大中城市,4 个区建成"江苏省义务教育优质均衡发展示范区"。

截至 2017 年底,全市共有幼儿园 403 所,比上年增加 20 所;九年义务教育巩固率 100%;全市普通中学 186 所,其中初中学校 141 所,高中学校 45 所,高中阶段教育毛入学率 100%;普通教育与职业教育比例稳定在 1:1,高等教育毛入学率超过 60%,就业创业工作取得明显实效,全市共调查无锡籍高校毕业生 24646 人,截至 10 月末,16710 人已实现就业,就业率达 88.71%,全市共接收毕业生 42750 人,其中,博士 230 人,硕士 5214 人,本科 27909 人,大专 9338 人,中专 59 人;城乡居民社区教育年参与率接近 65%,较为完备的终身教育体系基本建成。全市 80% 以上的幼儿园建成省、市优质幼儿园,90% 以上的义务教育学校达到省义务教育现代化办学标准,公办普通高中达省四星级高中比例提高至 76%,高水平示范性职业院校占职业院校的比例近 50%,优质教育资源覆盖面进一步提升。

自 2013 年江苏省全面启动新一轮教育现代化建设以来,无锡教育现代化综合得分逐年稳步提升,2015 年得分 88.59 分,全部市县(市、区)得分均达 80 分以上,建设水平稳居全省前列。

第二节　无锡市高等教育发展历史与现状

一、无锡高等教育发展历史

无锡高等教育具有悠久的办学历史、厚重的文化积淀,从 1920 年创办第一所高等学校——私立国学专修馆起步,无锡高等教育已有90多年发展历史。

1952年,教育部根据"以培养工业建设人才和师资为重点,发展专门学院,整顿和加强综合大学"的方针,进行了全国性院系调整,南京大学、复旦大学、浙江大学的农化系,武汉大学农化系与园艺系,原私立江南大学的食品工业系等五校相关专业组建成南京工学院食品工业系。1958年夏,南京工学院食品工业系东迁无锡,独立建成无锡轻工业学院。从此,无锡这一近代工商业的摇篮之一正式拥有了自己的全日制本科大学。当时,学院以培养发展纺织服装、食品科学、工业设计等9门轻工业的人才为主,为当地的轻工业发展提供了强有力的人才支撑。1995年,无锡轻工业学院获准更名为无锡轻工业大学,隶属轻工部,1996年成为国家"211"工程重点建设的百所高校之一,作为全市唯一一所"211"工程重点建设高校,学校以此为契机,在市场经济快速发展的大背景下,大力培养综合型人才,在校学生人数达五六千人,在全国具有一定的名气,被誉为"轻工高等教育的明珠"。除了本科教育,多所高职院校于20世纪五六十年代创立,无锡职业技术学院、无锡商业职业技术学院、江苏信息职业技术学院、无锡工艺职业技术学院四所国家级及省级示范性高职院校都有40年以上的办学历史。

改革开放以来,无锡高等教育进入蓬勃发展的时期。独立设置的普通高校由1978年的1所发展到11所,在校生达10万人,高等教育毛入学率达55%,30年间实现了从精英化到大众化,再到普及化的历史性跨越。2001年,无锡轻工业大学、江南学院和无锡教育学院三校合并,组建成为新的江南大学;2003年,学校全盘接收东华大学无锡校区,这两次资源整合,使得江南大学的办学规模、学科门类和综合实力都上了新台阶,2017年,江南大学顺利入选一流学科建设高校名单。江南大学太湖学院2011年经教育部批准转设为独立建制的无锡太湖学院,成为江苏省第一所转设的民办本科高校和无锡市第一所应用型本科高校,至此无锡本科院校达到2所。与此同时,高职教育加速发展,无锡职业技术学院的前身江苏省无锡机械制造学校于1999年7月经教育部批准升格为普通高等专科学校,更名为无锡职业技术学院,入选国家首批28所"国家示范性高等职业院校";无锡商业职业技术学院的前身江苏省无锡商业学校于2000年10月经江苏省人民政府批准升格更名为无锡商业职业技术学院;无锡城市职业技术学院的前身无锡高等师范学校与无锡市干部学校、无锡市职工大学、无锡市轻工职大、无锡市城建职大和江南学院旅游经贸分院合并成为新的职业院校;无锡工艺职业技术学院的前身陶都工业大学 2004 年 7 月升格为无锡工艺职业技术学院;无锡科技职业学院、无锡南洋职业技术学院、无锡交通高等职业技术学校、太湖创意职业技术学院、江南影视艺术职业学院、江阴职业技术学院等高职院校也于 20 世纪末 21 世纪初纷纷创立,高职教育体系逐步形成。可以说,改革开放以来,无锡通过不断为高校发展营造更好的氛围,提供更好的土壤,创设更好的条件,有力促进了在锡高校办学质量、基础设施条件、人才学科建设、科技创新能力和社会服务能力的全面提升,为经济建设提供了强有力的人力支撑。

二、无锡高等教育发展现状

无锡市把高等教育摆上经济社会发展全局工作的战略位置,不断推进无锡高等教育实现新跨越,加快推进高等教育重点项目建设,积极扩大高层次高等教育资源,多渠道多形式发展本科以上学历教育,重点扶持一批办学条件好、教育质量高、坚持公益性的在锡高校做大、做强、做优,建设高水平大学,高等教育的发展水平、综合实力和服务经济转型发展的能力居全省前列,基本形成结构合理、规模适度、制度创新、质量一流的高等教育体系。

(一)高等教育办学规模不断扩大

2017 年,无锡普通高等教育本专科招生 3.22 万人,全日制普通高校在校生超过 12 万人,毕业生 3.20 万人,研究生教育招生 0.26 万人,在校生 0.72 万人,毕业生 0.19 万人,为无锡经济社会发展提供了有力的人才支撑,进入高等教育普及化阶段。在锡高校共开设理、工、农、医、文、法、经、管、艺等 10 多个学科门类 191 个专业,基本覆盖了全市经济社会发展急需的一、二、三产业,培养层次涵盖了从专科到博士多层次学历教育。

(二)高等教育办学条件显著改善

2005 年起,无锡市规划建设了滨湖区大学城和藕塘职教园两大教育园区,全市高校抓住机遇,先后进行了校区异地新建和改扩建,校园面貌焕然一新。如江南大学蠡湖校区 2005 年建成使用,占地面积 3200 亩,建筑面积 107 万平方米,获教育部校园规划一等奖。太湖学院校园占地面积扩展至 2000 多亩,新一轮校园规划建设全面启动。江阴职业技术学院、无锡南洋职业技术学院、无锡开放大学也完成了校区改扩建工程,资源配置整体优化,办学条件全面改善。

(三)高等教育办学质量加快提升

全市共有 7 个博士学位授权一级学科、28 个硕士学位授权一级学科。江南大学以"建设特色鲜明的研究型大学"为目标,持续实施"攀登计划",办学水平实现了跨越式提升。在教育部组织的第三轮全国学科评估中,学校 4 个学科进入全国前 5 名,其中,食品科学与工程蝉联第一,轻工技术与工程位居第二,设计学并列第四,纺织科学与工程位居第五;在相关研究机构最新发布的2015 年中国大学排行榜上,江南大学位居全国高校第 45 名、江苏高校第 6 名,被誉为进步最快的大学之一。太湖学院办学声誉持续提升,被评为"全国软件服务外包类嵌入式人才培养基地",入选"教育部—中兴通讯 ICT 产教融合创新基地合作院校",会计学被评为"省品牌专业";应用经济学、计算机科学与技术、设计学被评为江苏省"十三五"重点建设一级学科,学校已培养 12 届本科毕业生,其中 90% 在长三角经济发达城市高质量就业,就业率达 99% 以上,招生录取人数、生源质量均创历史新高,居江苏同类本科高校前列。高职院校办学实力全面增强,无锡职业技术学院成为首批国家示范性高等职业院校,无锡商业职业技术学院、江苏信息职业技术学院、无锡工艺职业技术学院、无锡科技职业学院成为江苏省示范性高等职业院校。2015 年,在锡高校 15 个专业入选江苏高校品牌专业建设一期工程。

(四)高校服务发展能力逐步增强

在锡高校坚持以服务地方经济社会发展为己任,围绕促进无锡战略性新兴产业和支柱产业发展,着力加强优势学科和品牌专业建设,深化政产学研合作,不断提高服务地方发展的能力和水平。东南大学无锡分校发挥东南大学和无锡市合作共建的优势,将集成电路国家人才培养基地引入无锡,建成了无锡市生物芯片重点实验室、国家专用集成电路系统工程技术研究中心、无锡太湖水环境工程研究中心等,学校正努力建成高层次人才培养基地、高水平科学研究基地、高科技成果转化基地,为无锡市经济建设和社会发展服务的综合服务平台。其他各高校主动适应无锡产业升级和经济转型需求,加大力度整合教育资源、调整专业设置,努力培养服务外包、物联网、新能源等战略性新兴产业发展所急需的各类专门人才,为无锡市深入实施创新驱动战略,加快推进苏南自主创新示范区建设,提供了科技和人才支撑。

(五)高等教育投入机制日益完善

1.逐步形成高等教育经费稳定投入及增长的保障机制

多年来,无锡一直足额保证职业教育事业经费,确保地方教育附加费用于职业教育的比例不低于 30%。2013—2015 年,市级财政安排 3000 万元专项引导资金,用于开展"地方政府促进高等职业教育发展综合改革试点"和"江苏省职业教育创新发展实验区"建设。2016—2020 年,市级财政安排 1 亿元专项经费,实施新一轮职业教育质量提升工程,对入选重点项目给予经费支持。2016 年,地方普通高校生均公共财政预算教育事业费支出 25891.82 元,比上年增加 7774.95 元,增长 42.92%。2017 年,生均公用经费、校舍维修资金市级基准定额与省定标准浮动挂钩、动态调整。2018 年,在高等教育方面,对教育投资公司增加注资 2 亿元、安排滨江学院搬迁资金 0.6 亿元、江南大学合作资金 0.1 亿元,促进高等教育补短板;在职业教育方面,财政投入 2.7 亿元,支持高等师范学校、开放大学、技师学院的基础设施建设。

2.利用社会力量发展现代职业教育

制定引导行业、企业和社会资源支持职业教育发展的优惠政策,以财政、税收、信贷、担保等多种手段,鼓励社会力量通过资金、土地、装备、技术、人才等多种要素投资职业教育。鼓励有条件的公办院校与企业、科研院所合作举办股份制或混合所有制性质的二级学院。

3.制定专项资助计划

"十一五"和"十二五"期间市财政投入专项经费 9750 万元,支持建设重点专业和专业群 330 个、精品课程 270 门,落实资源整合、职教集团、校企合作和教学改革等重点任务。"十三五"期间市财政安排专项经费 1 亿元,支持建设 150 个现代化专业和专业群、100 个校企合作示范组合、50 个创新创业重点项目、40 个现代化实训基地、60 个名师工作室和 200 门精品课程。

第三节　无锡市促进高等教育发展主要战略和政策举措

一、从战略的高度重视高等教育的发展

无锡将高等教育放在全市经济社会发展和教育现代化建设全局重要位置。相对于周边兄弟城市,无锡的本科高校数量和在校大学生的数量都偏少,为了改变这种现状,无锡市委、市政府将扩大高等教育规模作为重要工作之一,并列入教育事业"十三五"规划中,提出到2020年无锡将再添3所本科高校的目标,在2017年的政府工作报告中也特别指出,2017年无锡市要推进高水平中外合作办大学取得突破。同时,无锡市委、市政府把发展职业教育纳入全市国民经济和社会发展规划以及先进制造业、现代服务业等产业发展规划,明确了建设全国一流区域性职业教育中心的发展目标,并将其纳入全市率先基本实现现代化总体规划和"苏南现代化建设示范区"规划。市政府成立"无锡推进职业教育改革发展工作领导小组",由市长任组长,两位分管副市长任副组长,市发展改革委、经信委、教育局等七个部门的主要负责人为成员,领导小组办公室设在市发展改革委,统筹推进全市职业教育改革发展工作。2018年11月,无锡教育改革"1+4"文件获得通过,涉及教育体制机制改革、教师队伍建设管理改革、高等教育创新发展、职业教育现代化建设、学前教育优质普惠发展等方面,推动教育高质量发展。

二、出台一系列促进高等教育发展的文件和扶持措施

(一)出台一系列促进高等教育质量提升的文件

2006—2018年出台的文件主要包括:《无锡教育改革和发展规划纲要(2010—2020年)》《无锡市教育事业发展"十三五"规划(2016—2020年)》《无锡现代职业教育发展规划(2015—2020年)》《关于加快推进职业教育现代化的实施意见》《关于大力推进高等教育创新发展的若干意见》《关于建设无锡高品质职业院校的意见》《关于实施职业教育质量提升工程加快培养高素质技能人才的意见》《关于建立全市职业学校教学质量保障体系的实施意见》《关于推进

职业教育集团建设的工作意见》《无锡市政府关于深化国有公立职业院校办学体制改革的试行意见》等，以上文件对加快构建现代高等教育体系进行了整体规划部署。扶持高等教育发展主要文件及策略见表 8-2。

表 8-2　无锡扶持高等教育发展主要文件及举措

部门	文件名称	出台时间	主要举措
无锡市委、市政府	《中共无锡市委 无锡市人民政府关于大力推进职业教育改革与发展的意见》	2006-07-13	——推进"三项计划"：职业教育倍增计划、技能型人才培养计划、学习型社会构建计划； ——根据先进制造业中心建设和产业结构调整的要求高标准建设藕塘职教园； ——加强开放式实训基地建设； ——在建设用地、资金筹措等方面制定鼓励民办职业教育发展的政策； ——政府统筹职工教育经费的 20% 和教育费附加的 30% 以上，建立职业教育专项资金，统筹用于发展职业教育
	《无锡市教育改革和发展规划纲要（2010—2020 年)》	2011-01-21	——推动组建多形式的职业教育集团集约办学； ——完善职业院校学生实习实训定点企业制度，开展校企一体办学创新实验； ——建立职业教育发展专家委员会； ——打造职教园区品牌，创建成国家示范性职教园； ——加快筹建无锡大学； ——支持高校、职业学校建设一批国际化的学科专业和课程，25% 的职业学校专业课要实现与国际通用职业资格证书对接； ——把教育信息化纳入全市信息化发展整体战略，积极推进信息技术与课程教学的整合，到 2015 年，基本达到"整合"要求； ——推动高校建设现代大学制度，落实和扩大学校办学自主权，健全学校目标管理和绩效管理机制； ——实施"职业院校教师素质提高计划"，全力支持高校申报国家海外高层次人才引进计划、长江学者奖励计划、国家杰出青年科学基金以及省优秀中青年教师留学计划、学术大师和特聘教授引进计划等项目； ——实行以举办者投入为主、受教育者合理分担培养成本、学校设立基金接受社会捐赠等筹措经费的机制，积极鼓励社会力量捐资、出资办学，完善教育捐赠税收优惠政策等激励机制

续表

部门	政策名称	出台时间	主要举措
无锡市委、市政府	《中共无锡市委 无锡市人民政府关于推进高等教育创新发展的若干意见》	2018-12-11	——大力实施"四名工程"(名校、名院、名所、名企),鼓励高水平大学在无锡建立"研究院＋研究生院＋产学研合作"的新型高等教育机构; ——实施一流学科专业建设工程:进入国家"世界一流学科"建设名单以及全球排名前 20 位或国家学科评估前 10 位的学科最高给予 3000 万元支持,一级学科博士点最高给予 1500 万元支持,省优势学科或重点学科最高给予 1000 万元支持,国家高水平专业最高给予 500 万元支持,省高水平专业最高给予 100 万元支持; ——鼓励高校围绕无锡市产业发展需求打造具有竞争力的特色学科专业,对高度契合产业发展需要的市级培育重点学科和专业最高给予 100 万元经费支持; ——在锡民办高校和高校分校、研究生院引进市外高层次人才,可按照规定申请使用"无锡市支持高等教育人才引进专项事业编制",引进人才和团队入选无锡"太湖人才计划"的,给予相应项目支持; ——支持高校加强教学团队建设,建立学科专业带头人工作室、教学名师或技能大师工作室,视建设和作用发挥情况,最高给予 100 万元支持; ——深化高等教育领域"放管服"改革,扩大高校办学自主权; ——培育一批高校中外合作办学高水平示范性建设项目(特色学院和中外合作大学); ——建设高水平创新载体:高校承担国家实验室、国家重点实验室、国家工程研究中心、国家技术创新中心和部省重点实验室、技术创新中心、协同创新中心等国家级和部、省级科技创新基地建设任务,给予 1∶1 配套经费支持;承担市级重点实验室、技术创新中心等建设任务,给予最高 200 万元经费支持;以著名科学家命名并牵头组建实验室的,给予最高 1 亿元经费支持。 ——保障高等教育土地供给,规划建设"锡东大学城(国际大学园)"和"大学科技园"; ——在锡高职院校建成中国特色高水平高职院校和江苏省卓越高职院校、江苏省高水平高职院校,分别给予最高 5000 万元和 3000 万元、2000 万元经费支持; ——建立全市"一站式"人才服务平台,为高层次人才和高校提供政策咨询、证件办理、项目申报、服务申请、业务办理等优质便捷的公共服务

续表

部门	政策名称	出台时间	主要举措
无锡市委、市政府	《中共无锡市委 无锡市人民政府关于深化教育体制机制改革的实施意见》	2018-12-11	——构建现代职业教育体系,促进中职与高职、应用型本科的纵向贯通,实施高品质职业院校建设工程; ——推进职业教育融合发展,推行现代学徒制和企业新型学徒制; ——探索推进股份制、混合所有制办学改革试点; ——完善民办教育扶持管理制度,实行非营利性和营利性民办学校分类管理,健全扶持政策,加强规范管理; ——推进职业院校国际职业资格证书引进,支持高校提升中外合作办学层次水平; ——创建省级教师教育创新实验区,积极筹建"无锡师范高等专科学校"; ——坚持把教育作为各级政府财政制度的重点领域予以优先保障,确保一般公共预算教育支出、按在校学生人数平均的一般公共预算教育支出"两个逐年只增不减"要求
	《中共无锡市委 无锡市人民政府关于加快推进职业教育现代化的实施意见》	2018-12-11	——推进中职高职衔接、中职本科衔接、高职本科衔接,开展中职、高职、应用型本科教育分级培养和联合培养试点,支持建设 30 个中高等职业教育衔接示范专业; ——深入实施高技能人才振兴工程,依托职业院校建设一批具有特色优势、符合产业发展方向的专项公共实训基地,对经认定的市级专项公共实训基地,按规定给予 30 万—50 万元的一次性建设经费补助; ——把就业质量作为办学水平考核的重要指标,吸引更多的职业院校毕业生在无锡就业创业,市和各县(市、区)按照职业院校毕业生在无锡的就业创业人数,每年给予职业院校专项奖励; ——建立政府推动、行业指导、学校企业双主体实施的校企合作机制,支持建设 20 个设备先进、技术超前、集产学研于一体的职业院校专业实习实训中心,支持建设 8—10 个市级、省级和全国示范性职教集团; ——加强职业教育名师工作室和技能大师工作室建设,发挥名师示范引领作用,建立职业院校教师引进绿色通道; ——完善国家、省、市、校四级职业院校师资培训体系,实施 5 年一周期的教师全员培训制度,实施职业院校"双师型""一体化"教师队伍建设计划; ——支持地方政府和民办职业院校合作举办混合所制性质的学院或二级学院(系部),加大对优质民办职业教育的投入

续表

部门	政策名称	出台时间	主要举措
无锡市委、市政府	《中共无锡市委 无锡市人民政府关于加快推进职业教育现代化的实施意见》	2018-12-11	——完善校企合作激励机制,开展产教融合型企业评定,对深度参与职业教育、取得突出成效、发挥引领作用的企业,由市政府认定为"无锡市产教融合型企业",财政、税务部门按规定落实相应的优惠政策;建立规模以上企业把开展职业教育情况纳入企业履行社会责任报告制度,发改、经信、科技、财政、工商联等部门单位将校企合作成效作为企业评优评先、项目资助的重要依据; ——市财政每年安排专项资金,用于实施全市职业教育现代化工程重点项目;高水平高等职业院校生均财政拨款基本定额标准,提高到与普通本科同等标准
	《关于全面深化新时代教师队伍建设改革的实施意见》	2018-12-11	——创新教师研训模式,提供菜单式选学服务,满足教师多样化培训需求,严格落实专业课教师每5年累计不少于半年赴企业实践制度; ——加强名师工作室建设,到2020年建成100个市级中小学名师工作室; ——鼓励各级各类学校专任教师在职学习深造,提高学历层次,对在职进修教育类专业并获得高一层次学历或学位的专任教师给予学费总额2/3的财政经费补助; ——教师培训经费按每年不少于教职工工资总额(含绩效工资)的2%纳入同级财政预算
无锡市政府	《无锡市创建江苏省职业教育创新发展实验区实施方案》	2011-10-20	——试点中高职对口自主招生;探索五年制高职校与高职院校合作培养; ——联合组建职教集团; ——实施"四项提升工程"(专业、课程、师资、技能);建立教学质量监测体系;强化无锡职教园功能建设; ——研究制订职业学校生均财政拨款标准和生均预算内公用经费标准,生均财政拨款标准和生均预算内公用经费标准居于全省前列;安排专项经费,重点支持示范性职业学校、品牌专业、精品课程、实训基地建设及师资培训、兼职教师聘用等
	《无锡市开展地方政府促进高等职业教育发展综合改革试点实施方案》	2011-10-20	——省、市对改革项目给予足够的经费保证和政策支持,根据教育部统一规定给予配套经费支持; ——2010—2012年,每年安排专项经费800万元,用于实施职业教育专业、课程、师资、技能四项提升工程; ——进一步加大无锡市公共实训基地建设力度

部门	政策名称	出台时间	主要举措
无锡市政府	《无锡市教育信息化三年行动计划（2013—2015)》	2013-04-26	——大力推进职业教育信息化,推进职业教育政务网、资源网、科研网"三网"合一,加快职业院校数字校园建设,推进职业教育政务网、资源网、科研网"三网"合一,加快职业院校数字校园建设; ——深化高校课程与专业资源数字化建设,在现有高校数字图书馆基础上建立"共知、共建、共享"的开放知识服务平台,构建数字化科研协作支撑平台
	《无锡市现代职业教育发展规划（2015—2020年)》	2015-10-14	——建立产业结构调整驱动专业改革机制;重点建设一批公共就业技能培训基地、示范性高技能人才培训基地和技能大师工作室; ——开展紧密型职教集团建设试点;实施职业教育品牌和特色专业建设计划; ——组织实施国家现代学徒制和企业新型学徒制试点项目,完善学徒培养的教学文件、管理制度及相关标准; ——实施职业院校教师素质提升计划,建立职业院校校长、教师专业化发展和全员培训制度; ——建立职业教育科研和教学成果奖励制度,建立完善职业教育先进单位和先进个人表彰奖励制度; ——建立无锡市及各市(县)区职业教育联席会议制度; ——实施以改革和绩效为导向的生均拨款制度;建立职业教育重点课题财政资助制度;完善财政贴息贷款等政策,健全民办职业院校融资机制; ——规划开展好每年的"职业教育活动周"活动
	《无锡市教育事业发展"十三五"规划》	2017-01-13	实施八大工程:教育现代化示范区建设工程、教育资源布局优化工程、学生核心素养培育工程、学校品质提升工程、职业教育质量提升工程、教育人才队伍建设工程、教育对外开放提升工程、智慧教育建设工程

续表

部门	政策名称	出台时间	主要举措
无锡市教育局	《关于推进职业教育集团建设的工作意见》	2012-05-04	——在职业教育经费中优先安排资金支持职教集团建设,对职教集团及其成员单位承担的政府安排的职业教育项目在政策、资金等方面予以倾斜; ——鼓励职教集团开展深化校企合作、工学结合和中高职衔接等改革,对成效显著的集团及其成员单位给予表彰奖励
	《关于实施职业教育质量提升工程加快培养高素质技能人才的意见》	2016-04-18	——加强专业现代化建设,评选建设"无锡市职业教育现代化品牌专业"100个,每个专业补助经费10万元;评选建设"无锡市职业教育现代化特色专业"50个,每个专业补助经费5万元;评选建设"无锡市职业教育现代化专业群"100个,每个专业群补助经费10万元;评选建设"无锡市职业教育精品课程"200门,每门课程补助经费5万元; ——完善专业实践教学平台:按照产教紧密融合、校企共建共享的要求,评选建设40个集技术技能人才培养中心、技能教学研究中心、技术创新推广中心于一体的"无锡市产教深度融合现代化实训基地",每个入选基地补助经费10万元; ——促进职业教育与产业融合发展:评选建设"无锡市校企合作示范组合"100个,每个入选示范组合补助经费10万元;每年评选"无锡市职业院校产业发展贡献奖",对获奖职业院校给予10万—30万元奖励;评选建设"无锡市职业院校创新创业教育重点项目"50个,每个入选项目补助经费5万元;评选建设"无锡市现代学徒制重点项目"100个,每个入选项目补助经费10万元; ——深化职业教育开放集约办学:实施江苏省现代职业教育体系建设项目试点,每个试点项目给予2万元经费支持;依托试点项目建立20个中高职专业办学联盟,每个办学联盟分年度给予总计20万元经费支持;评选优秀职业教育集团,对获奖职教集团给予5万—20万元奖励; ——实施职业院校教师素质提升计划,评选建设60个"无锡市职业院校名师工作室",在建设期内每个名师工作室每年补助经费2万元; ——2016—2020年,在市级教育事业专项中统筹现有存量资金1亿元,专项用于实施职业教育质量提升工程,对入选重点项目给予经费支持

部门	政策名称	出台时间	主要举措
无锡市教育局	《无锡市职业院校管理水平提升行动计划实施方案》	2016-03-14	实施六大行动:突出问题专项治理行动、现代学校制度健全行动、管理队伍能力建设行动、管理信息化水平提升行动、学校文化育人创新行动、质量保证体系完善行动
	《无锡市"十三五"教育信息化发展专项规划》	2017-05-26	——实施七大工程:教育信息化基础环境提升工程、优质数字教育资源整合应用工程、智慧校园建设工程、教育管理和服务信息化水平提升工程、教师信息技术能力提升工程、教育信息化融合创新工程、网络与信息安全提升工程; ——统筹安排教育信息化专项资金,多渠道筹集经费,健全"基础性服务政府买单、个性化服务市场运营"的长效机制
	《无锡市"十三五"教育信息化发展专项规划实施意见》	2017-09-01	——推动将教育信息化纳入本地经济社会发展整体规划,纳入政府督查内容,研究制订教育信息化建设激励机制,对教育信息化建设表现突出、成绩显著的学校,采取以奖代补的方式予以支持; ——完善职业教育数字教育资源库,开展技能大师网络工作室建设,强化职业院校与行业、产业、企业之间资源共享,建立虚拟仿真实验平台,开发数字化虚拟仿真实验实训资源; ——加强教师教育信息化应用能力培训,完成7万人次教师信息技术培训任务,培养100名不同学科和专业的信息化创新教师; ——探索建立资源建设绩效与名师、骨干教师评聘挂钩的机制; ——将教育信息化基础设施和重点项目的建设、应用和维护资金列入财政预算,学校安排不低于生均公用经费的5%,用于信息化教学资源更新与日常运行维护
	《关于建设无锡高品质职业院校的意见》	2018-05-01	实施六个专项行动: ——管理水平提升行动:推进学校治理体系和治理能力现代化; ——专业建设提升行动:建立专业建设与产业发展联动机制; ——学生素养提升行动:实施学生职业素养提升计划; ——教师队伍提升行动:实施教师教学能力提升计划; ——校园文化提升行动:产业文化进教育、企业文化进校园、职业文化进课堂; ——服务产业提升行动:推进"引企入教"改革、探索建立以资本为纽带、专业为支撑的紧密型职教集团,探索校行企联合"走出去"模式

（二）实施高等教育发展专项行动

无锡市先后实施职业教育"三项建设""四项提升工程"和职业教育教学质量提升工程，持续推进职业教育内涵建设。"十三五"期间，还将实施"职业教育质量提升工程"，未来五年累计安排 1 亿元专项资金，打造 250 个品牌特色专业和专业群、200 门精品课程、100 个校企合作示范组合、100 个现代学徒制重点项目、50 个创新创业教育重点项目、40 个产教深度融合现代化实训基地等一批重点培育建设项目。

三、建设高等教育发展的载体和平台

（一）建设无锡职教园

2005 年，按照"开放、共享、国际化"的原则，高起点规划建设了无锡职教园，将其建成为集教育、科研、实训和高新技术产业孵化于一体的职业教育改革开放试验区，优化职业教育资源配置。无锡职教园包括各类中高职院校 8 所和一个公共实训基地，每年为无锡乃至长三角地区培养 1 万多名毕业生和近 3 万名实习生，为各类中高职院校和企事业单位开展 20 多万人次的培训，成为无锡乃至长三角地区职业教育中心的重要基地以及高技术高技能人才的培养培训基地，职教资源的集聚功能、产业孵化功能、职业教育改革开放试验功能、服务辐射功能，对促进无锡职业教育持续健康发展起到了重要的作用。

（二）建设无锡山水城（太湖新城）科教产业园

无锡山水城市（太湖新城）科教产业园于 2006 年 4 月经市委、市政府批准组建，园内集聚了江南大学、北京大学软件与微电子学院无锡产学研合作教育基地、中科院软件所无锡基地、无锡职业技术学院、江南计算技术研究所、中国船舶重工集团公司第 702 研究所等一批高校和科研院所，成为国内外高端人才聚集的高地。

（三）建设功能齐全、水平领先的无锡公共实训基地

建立了国内一流的现代制造业、现代服务业、现代信息技术、现代电工电子技术、现代汽车技术、现代环保技术、职业素质训练和创业实训等八大实训

中心,建成并投入使用 60 余个实训鉴定室。无锡公共实训基地已成为国家级和省级高技能人才公共实训基地,中国高技能人才公共实训中心、亚太经合组织技能开发促进中心落户其中。

(四)建设职业教育服务平台

截至 2015 年,已扶持和建设职业教育技术服务平台近 20 个,评选和建设 5 个省级职业教育名师工作室、23 个市级职业院校名师工作室、国家和省级技能大师工作室各 2 个、市级技能大师工作室 68 个。

四、推动高等教育国际化和信息化

(一)推动高等教育国际化

推进江南大学与国外高校合作办学,加快筹建欧洲工商管理学院无锡基地,扩大 NIIT(中国)服务外包学院和埃卡内基国际高级 IT 人才学院。开展中外合作办学项目,市教育局与美国麻省理工学院、波士顿大学洽谈推进中外合作办学,东南大学无锡分校与意大利都灵理工大学合作办学项目签约,无锡职业技术学院与爱尔兰阿斯隆理工学院合作举办无锡职业技术学院爱尔兰学院,筹建中的"无锡波士顿大学"项目被列入省"十三五"重点建设工程。深化职业教育国际交流合作,与美国、加拿大、丹麦、澳大利亚、新西兰、新加坡和韩国等举办中外合作办学项目,全市职业院校建立了近百所境外友好学校,开展 21 个中外合作项目,在专业人才培养、英语教学等方面开展了多种形式的探索,社区学院国际发展联盟(简称 CCID)在无锡高职院校建立了 CCID 中国中心,在海外办学、招收外国留学生等方面取得了突破。积极响应"一带一路"倡议,评选建设职业院校参与"一带一路"重点项目,每个重点项目补助经费 5 万元。无锡商业职业技术学院抓住江苏红豆集团公司在柬埔寨建设西哈努克港经济特区的契机,与其联合成立了西港特区培训中心,为企业员工培训职业和汉语能力,开展普通学历教育,开创了高等职业教育服务中资企业走出去、与企业联合培养本土应用型高技术技能人才的先河,走出了一条高等职业教育服务中国海外企业的崭新办学路径,成为服务国家"一带一路"倡议的标志性项目。2015 年 5 月,无锡商业职业技术学院与西港特区启动了普通高等学历教育人才联合培养计划,当年 10 月,首批普通学历教育学生进入特区开始汉语学习,标志着校企海外办学的第二阶段目标顺利实现。

(二)推动高等教育信息化

立足无锡建设学习型、创新型城市的需要,无锡市大力推动高等教育信息化建设,促进信息技术与高等教育深度融合,切实提高在锡高校人才培养质量、科学研究水平和社会服务能力。2018年3月20日,无锡智慧教育云平台作为全国首批试点平台,率先接入国家数字教育资源公共服务体系,真正实现了以资源共享应用为基础服务的教育云环境。江南大学与中国电信无锡分公司签署战略合作协议,积极拓展校园服务智能化、物联网建设应用、大数据分析等领域的合作,推动相关项目的研发、应用和推广。2017年,在教育部举办的全国职业院校信息化教学大赛中,无锡商业职业技术学院获得高职组信息化教学设计赛项一等奖,无锡职业技术学院获得实训教学赛项一等奖。无锡科技职业学院在2017年江苏省高等职业院校信息化教学大赛中获得一个一等奖、三个二等奖、两个三等奖。无锡职业技术学院作为首批国家示范性高职院校,依托无锡"智慧城市"的基石,于2012年成立物联网工程专业,一跃成为江苏信息化教学领域的领头羊,截至2018年,该校主持数控技术、物联网应用技术2个国家资源库建设,主持国家级精品课程13门、省级精品课程16门,其中13门国家级精品课程全部成功转型国家级资源共享课程,在全国高职院校中独占鳌头。

五、推进高等教育的综合改革和创新发展

(一)大力建设全国"开展地方政府促进高等职业教育发展综合改革试点"城市和首批"江苏省职业教育创新发展实验区"

成立无锡推进职业教育改革发展工作领导小组,统筹实施职业教育改革发展重点工程,投入专项经费支持高等职业教育发展综合改革试点城市和职业教育创新发展实验区建设。

(二)推进现代学徒制试点

作为国家首批现代学徒制试点城市,无锡整体推进现代学徒制试点项目,推动校企联合招生、联合培养、一体化育人,首批试点项目共招收了2500名学

生,评选建设"无锡现代学徒制重点项目"100个,每个入选项目补助经费10万元,同时支持无锡商业职业技术学院、无锡旅游商贸高等职业技术学校、无锡汽车工程学校开展国家级和省级试点。

(三)构建中职、高职、本科衔接贯通的人才培养体系

作为全省现代职业教育体系建设试点城市之一,无锡近年来着力解决职校学生发展的"断头路"问题,完善中高职"3＋3"、中职本科"3＋4"培养模式,每个试点项目给予2万元经费支持;高职本科联合培养等人才培养"立交桥"已初具规模,2017年获批试点项目达73个,对口单招、专转本、专接本等多种升学通道,让职业院校学生升学、就业面更加宽广;依托试点项目建立20个中高职专业办学联盟,每个办学联盟分年度给予总计20万元经费支持。

(四)创新高等教育办学体制

积极探索政府主导、社会参与、办学主体多元、办学形式多样的高等教育办学体制,无锡城市职业技术学院与无锡淘宝影视文化传播公司合作建立混合所有制"淘宝影视学院",率先创新高等教育办学体制。

六、加强高等教育基础能力建设

(一)提高职业院校师资队伍水平

建立国家、省、市、校四级师资培训网络,选派600多名专业骨干教师赴国外培训,职业教育师资素质不断提高。实施职业院校教师素质提升计划,发挥职教名师的示范引领作用,评选建设60个"无锡职业院校名师工作室"(2015年启动)。

(二)建立职业教育各项大赛制度

根据国家和省统一部署,定期举办全市职业院校技能大赛、信息化教学大赛、创新大赛、创业能力大赛、文明风采大赛、班主任基本功大赛,组织参加省赛、国赛,按要求承办国赛、省赛的相关赛项。2017年参加全国职业院校技能大赛获20块金牌、12块银牌,其中6个比赛项目全国排名第一,在全国、全省职业院校技能大赛中金牌和奖牌总数居全省前列。

(三)开展无锡职业院校管理水平提升行动

实施现代学校制度健全行动、管理队伍能力建设行动、管理信息化水平提升行动、学校文化育人创新行动、质量保证体系完善行动,评选和奖励管理工作先进学校,全面提升高等院校管理水平。

第四节　无锡市高等教育发展的典型模式及经验

一、集团化办学

集团化办学是打破隶属关系不同的限制,把全市开设相关专业的中、高等职业院校都组织到集团中来,通过集团进行中高职专业建设的统筹、人才培养方案的对接、师资教学实训资源的共享、对口升学的组织等,从而有效推动校企合作的集约化、常态化和制度化。

无锡 2011 年开始启动职业教育集团化建设,几年来,推动组建了物联网、服务外包、商贸物流、数控、旅游、微电子、建设、艺术设计、汽车、焊接等 10 个市级职教集团。2016 年,又新建 3 个职教集团。市级职教集团建立以来,坚持以服务全市经济转型和产业升级为宗旨,以加强专业现代化建设为纽带,以促进校企合作和中高职贯通衔接为重点,充分发挥集团内职业院校、行业、企业、科研院所等资源优势,在人才培养、专业建设、课程开发、师资培训、学生实习、招生就业、理论研究、社会服务以及企业职工培训、技术攻关、产品开发、信息交流等领域,广泛开展形式多样的校企合作、校校合作、校地合作等活动,在创新职业教育人才培养模式,提高职业院校办学水平,服务和促进行业企业发展等方面取得了明显成效,使职教集团建设逐步成为无锡市职业教育改革发展的亮点和特色。

随着集团化办学的推进,无锡职业教育集团逐步从区域性集团向全国性集团迈进,成为全国职业教育集团化办学的领头羊,无锡职教集团一览见表 8-3。

2017 年,移动互联和机器人人才培养产教对话活动暨全国移动互联和机器人职教集团成立仪式在无锡科技职业学院举行,该集团通过集团内各个院校之间的经验交流,与行业企业的产教对话,整合教育资源,搭建合作平台,探索制定专业建设标准,对移动互联和机器人行业的人才培养提供教育教学指导;同时,全国商贸职业教育集团也在无锡成立,来自北京、天津、江苏、广东等地的170多家单位抱团推动商业服务业发展,全国商贸职教集团由江苏商贸职教集团牵头组建,将推进教育资源重组,在内部构建生源链、师资链、信息链、服务链、成果链,实现社会创新活力、社会资源与职教资源的有机结合,在全国范围深化校企合作。

表 8-3　无锡职教集团一览

序号	集团名称	牵头院校
1	全国机械行业智能制造技术职业教育集团	无锡职业技术学院
2	全国移动互联和机器人职教集团	无锡科技职业学院
3	全国商贸职业教育集团	无锡商业职业技术学院
4	无锡商贸物流职业教育集团	无锡商业职业技术学院
5	无锡物联网职教集团	无锡职业技术学院
6	无锡服务外包职业教育集团	无锡科技职业学院
7	无锡数控职教集团	无锡机电高等职业学校
8	无锡焊接职教集团	无锡焊接职教集团
9	无锡旅游职教集团	无锡旅游商贸高等职业技术学校
10	无锡微电子职教集团	江苏信息职业技术学院
11	无锡艺术设计职业教育集团	无锡工艺职业技术学院
12	无锡建设职业教育集团	无锡城市职业技术学院
13	无锡汽车职业教育集团	无锡汽车工程中等专业学校
14	无锡传媒艺术职教集团	江南影视艺术职业学院
15	无锡现代护理职教集团	无锡卫生高等职业技术学校
16	无锡智能制造职业教育集团	无锡技师学院

二、产教融合

产教融合是经济发展方式转变和区域产业深度转型对职业教育的必然要求,是现代职业教育发展的重要指导思想和现实路径,在产教融合的教育模式下,企业和学校通过建立实际生产经营过程和教育教学过程的密切联系和互动互通机制,充分发挥企业和学校在人才培养中各自的优势,把以传授间接知识为主的课堂教学环境与直接获取实际经验和技能为主的生产现场环境有机结合起来,培养既具有理论知识素养,又具备相关实践经验的技能型人才。无锡一直积极打造职业教育产教融合"高速路",在改革和创新中探索构建产教深度融合的现代职教体系,先后入选"江苏省职业教育创新发展实验区"、国家"地方政府促进高等职业教育发展综合改革试点"城市和全国首批"现代学徒制试点"城市。2016 年,职业院校社会服务效益和横向科研到账经费超过 2 亿元;2018 年,江苏省政府办公厅对落实有关重大政策措施真抓实干成效明显的地方予以督查激励,无锡市推进校企合作力度大、措施实以及职业教育投入保障有力、发展环境优越,被通报激励。

(一)根据产业布局调整专业设置和招生

全市高职院校共开设 90 个专业,专业设置覆盖了全市支柱产业和重点发展的新材料、新能源、物联网、电子信息、先进制造业等五大高新技术产业。为适应全市新一代信息技术、高端装备制造、新能源和新能源机车、文化创意、旅游休闲、社区管理、养老服务等产业发展要求,2016 年和 2017 年新增设了新能源汽车运用与维修、汽车运用与维修技术、机电一体化技术、工业机器人技术、建设工程管理、助产、健康管理、酒店管理、陶瓷设计与工艺、老年保健与管理、数字媒体应用技术等 20 个五年制高职专业,同时,根据产业布局调整和人才劳动力市场要求,控制会计、文秘、商务英语、商务日语等专业的设置和招生规模。按照专业建设紧跟产业发展的原则,2016 年和 2017 年评选出首批 89 个无锡职业教育现代化品牌专业和特色专业,支持建设经费 645 万元。无锡还进一步增强职业教育服务能力,根据产业布局优化职业院校专业结构,开展职业学校专业结构与产业结构吻合度调研、职业学校毕业生就业质量跟踪调研,促进人才培养与岗位需求有效衔接。

(二)全面优化产教融合、工学结合的人才培养模式

将人才培养与地方产业发展和企业需求精准对接,鼓励校企共同制定人才培养方案,共同开展现代学徒制、订单培养、定向培养、冠名班等人才培养试点,共同开展产学研合作,共同推动教育教学改革。为提高校企合作水平,2016 年和 2017 年全市评选了 40 个校企合作示范组合、58 个现代学徒制重点

项目,支持建设经费980万元。以无锡机电高等职业学校为例,该校先后组建16个订单班、19个冠名班、合作企业参与专业教学比例达100%,学校"多元合作、互惠双赢(一汽锡柴合作项目)"等5个项目相继被评为无锡职业教育校企合作示范项目。

在现代学徒制试点方面,无锡2015年入选全国首批现代学徒制试点城市,同时,无锡商业职业技术学院入选首批试点高校,江阴海澜集团公司入选首批试点企业,是江苏企业界的唯一代表,无锡旅游商贸高等职业技术学校、江苏省无锡汽车工程中等专业学校入选"江苏省现代学徒制试点单位"。市政府办公室下发《关于推进现代学徒制试点工作的实施意见》,明确试点工作要求,推动试点院校和企业做到"8个双":签订学校与企业、学生与企业"双协议",明确学生企业学徒和在校学生"双身份",抓好学生在校学习和企业实践"双环节",实行学校教师指导和企业师傅带徒"双导师",利用好校内教育教学资源和企业实践岗位"双资源",学生毕业获得毕业证和职业资格证"双证书",实现招生即招工、毕业即就业"双目标",形成学校育人和企业育人"双主体"。"十三五"期间,市财政投入1000万元专项经费,遴选培育100个"无锡市现代学徒制重点项目",每个重点项目支持工作经费10万元。2016年,全市参加现代学徒制试点的职业院校达到22所,试点专业50个,合作企业包括海澜集团、红豆集团、海力士半导体、华润微电子公司等50多家骨干企业,合计招生2000人。无锡机电高等职业学校先后组建"铁姆肯""宝玛""联想示范班""信捷班"等7个现代学徒制班;无锡南洋职业技术学院汽车技术服务专业与上汽车享家开展现代学徒制人才培养合作;江阴职业技术学院、江阴中等专业学校、江苏长电科技股份有限公司两校一企进行了中高职衔接现代学徒制人才培养试点;无锡旅游商贸高等职业技术学校则采用英国现行的现代学徒制方式,在酒店管理专业人才培养中率先实施现代学徒制实践;无锡卫生高等职业技术学校与江阴市人民医院达成协议,由高护专业38名学生组建"江阴临床班",尝试"3+1+1"教学形式改革的实践探索。

(三)加强产教融合载体建设

建立职业院校实习实训定点企业制度,选择声誉良好、管理严格、技术先进、关心教育的大中型企业作为全市职业院校学生实习实训定点企业,入选企业由市政府授予"无锡职业院校实习实训定点企业"铜牌,定点企业达到100家,涵盖了海澜集团、红豆集团等全市大中型企业;大力建设产教深度融合现代化实训基地、校企合作示范组合,2017年,全市共培育了24个市级产教深度融合现代化实训基地,名单见表 8-4。建立职业院校产业发展贡献奖评选制度,引导职业院校主动融入全市产业科技创新体系建设,重点服务中小微企业技术开发和产品升级,提高对地方产业发展的贡献度,产业发展贡献奖每两年评选一次,获奖学校由市政府发文表彰和授牌,2016 年,无锡职业技术学院、无锡商业职业技术学院、无锡卫生高等职业技术学校等 10 所学校获得了首届"无锡职业院校产业发展贡献奖",市财政奖励每所学校 30 万元。

表 8-4　2017 年无锡市产教融合现代化实训基地名单

学　校	实训基地名称
无锡职业技术学院	智能装备技术实训基地
无锡城市职业技术学院	酒店管理专业综合实训基地
无锡商业职业技术学院	现代餐饮综合实训基地
江阴职业技术学院	江阴装备制造校企政协同育人实训平台
无锡科技职业学院	智能制造现代化实训基地
江苏信息职业技术学院	先进装备制造实训平台
无锡工艺职业技术学院	物联网综合应用产教融合现代化实训基地
无锡南洋职业技术学院	汽车技术服务实训基地
江南影视艺术职业学院	计算机软件技术实训基地
无锡技师学院(立信中专)	现代制造技术实训基地
江苏省无锡汽车工程中等专业学校	建筑工程实训基地
江苏省无锡交通高等职业技术学校	江苏省新能源商用汽车技术实训基地
无锡江南中等专业学校	美术设计与制作实训基地
无锡机电高等职业技术学校	电气自动化技术实训基地
无锡卫生高等职业技术学校	药学实训基地
江苏省惠山中等专业学校	物联网应用技术实训基地
江苏省宜兴丁蜀中等专业学校	工艺美术(紫砂陶)现代化实训基地
中船澄西高级技工学校	船舶制造实训基地
江苏省宜兴中等专业学校	电子与信息技术实训基地

续表

学　　校	实训基地名称
无锡旅游商贸高等职业技术学校	烹饪实训基地
江苏省江阴中等专业学校	数控技术实训基地
江阴市华姿中等专业学校	现代都市农业实训基地
宜兴市和桥中等专业学校	信息技术实训基地
无锡宏源技师学院	现代制造公共实训基地

三、内提外引

针对无锡高等教育本科高校数量依旧较少、高层次人才培养能力较弱、办学结构尚不尽合理的问题,无锡采用"内提外引"的发展模式,采用引进、升格、重组、合作共建等多种创新机制,积极探索具有无锡特色的高教跨越发展之路,推动无锡本科教育实现数量、结构、层次方面的大跨越。

(一)全面提升在锡市科院校内涵建设水平

大力支持江南大学建设发展,市政府与江南大学签订"十三五"合作共建协议,江南大学新增1名院士、9名长江学者,智能制造协同创新中心建设方案获教育部批准,组建智能制造服务团队,轻工技术与工程、食品科学与工程两门学科入选国家"世界一流学科"建设计划,市政府与江南大学携手共建无锡医学院,学院的发展目标是建设成为一所在若干医学领域国内领先、特色鲜明的研究型医学院;宜兴市与江南大学签约共建江南大学宜兴研究生院;太湖学院入选江苏省硕士学位授予立项建设单位;江南影视艺术职业学院"升本"通过江苏省教育厅评估。

(二)开展"名校名院名所"引进

与国内"双一流"建设高校、国外世界知名大学、国家科研机构开展系列合作,推进在无锡建立分校区、研究院、大学科技园,努力拓展本科高校资源,提升本地高校办学水平。整体引进南京信息工程大学滨江学院迁址无锡办学;江阴市与南京理工大学合作共建江阴校区;与东南大学展开新一轮合作,全面加强合作办学、人才培养、科学研究、成果转化、产学研融合等领域的合作共建,推动该校国家示范微电子学院落户无锡,建设东南大学国家示范性微电子学院、国际联合学院、国际工程师学院、微纳加工与测试平台;西交利物浦大学开设江阴校区并于 2018 年招生;与中国科学院大学洽谈筹建中国科学院大学无锡学院;积极引进西安电子科技大学办学资源落户无锡。

四、产学研协同创新

无锡市与省内外一批具有学科优势的高校、院所共建了若干个产学研合作平台和载体,形成"一镇一院一产业"的模式,为传统企业与高校院所产学研对接开辟了便捷高效通道,即一个乡、镇与高校或研究机构合作,共建一所研究院所,大力发展一项产业,先后建成的科研院所如清华大学无锡应用技术研究院、江南大学开放创新设计研究院、中国电科 58 所、中国电子十一科技所等。构建公共服务平台,提升"支撑效应",先后建设"无锡国家工业设计知识产权示范园区""中国工业设计示范基地""省工业化信息化两化融合示范区""省工业设计示范园区""省新型工业化产业示范基地""省重点产业链国际合作示范区"等,提供专业化、系统化服务;支持企业与高校、科研机构合作共建院士工作站、科技研发机构、工程技术研究中心、重点实验室等产学研协同机构,加强科技研发设施建设,提升技术创新能力,拓展"引领效应"。除了加强与国内知名高校合作外,也在不断加强与世界一流名校的交流和合作,支持各类重点发展的行业、产业和高新园区引进国外一流高校或海外创新团队,共同建设产业技术研发机构,共同建设融技术研发、技术服务和技术转移为一体的具有较强辐射能力的开放性综合创新载体。如无锡市是全国首家与美国麻省理工学院全面开展产学研合作的行政区域,该项目得到了科技部和江苏省科技厅的高度关注。

第五节　无锡市高等教育存在的问题

无锡高等教育事业虽然取得了长足的进步,发展水平和质量逐步提高,但仍然与无锡的城市能级和经济社会发展水平在全国的地位不相匹配。普通本科院校稀缺,在全国、省内有影响的学科(专业)少,在学术界有影响的专家、学者少,与无锡经济社会发展水平相当的苏州、宁波、扬州、青岛、大连等城市的地方高教事业发展步伐明显快于无锡,无锡高教事业的发展已严重滞后于经济的快速发展,距离跻身国内大城市第一方阵的高定位,距离人民群众对在家门口享有优质高教资源的高期盼,距离全面支撑、引领无锡战略性和重要产业发展的高要求,都还有很大差距。

一、高校数和大学生数明显偏少

无锡地区现有高等教育资源主要分为四大块:(1)教育部直属高校;(2)省属高等职业技术学院;(3)民办高等教育资源;(4)无锡下属的市、区高等教育。无锡高校数和在校生数在江苏 13 个地级市中排名偏后,与青岛、宁波、大连也有差距。

现有高等教育资源中,又以专科院校为主,除了江南大学和太湖学院,其他基本是专科性质的学校,而与无锡地位相近的苏州市、青岛市,本科高校数量都多于无锡。本科院校是高层次人才重要的研发阵地,而专科高校不具备批量生产高层次人才的基础,因此,这种相对滞后的高等教育环境十分不利于高层次人才的聚集和培养,也制约了无锡城市现代化建设和产业结构转型升级,成为无锡深入实施创新驱动战略所必须面对和解决的问题。

二、高层次顶尖人才相对匮乏

大学是高层次人才培养、聚集的场所,对产业转型起着重要的支撑作用,但无锡所培养的高层次人才总量不足,而且结构、分布不合理。据统计,2017年全市拥有人才总量 160 万人,高技能人才超过 26 万人,高层次人才突破 11 万人,其中海外高层次人才达 1.1 万余人,这些人才大多流入了无锡四大支柱产业:以物联网为代表的新一代信息技术,智能制造,高端服务业和生物医药业。但相比较而言,无锡高校高层次人才则较为匮乏,高校中两院院士、国家杰青、长江学者入选者数量偏少,仅有中国工程院院士 1 人,"国家杰出青年基金"与"国家优秀青年基金"获得者 13 人,与苏州、宁波、青岛等城市差距明显。例如苏州有中国科学院及工程院院士 6 人,发达国家院士 2 人,"国家杰出青年基金"与"国家优秀青年基金"获得者 48 人;宁波大学 2017 年引入 3 名全职院士,同时有共享院士 5 名、加拿大两院院士 1 名、国家"百千万人才工程"入选者 7 名、长江学者特聘教授 1 名、国家杰出青年基金获得者 2 名、享受国务院特殊津贴者 15 名。青岛高校高层次人才集聚更为突出,仅中国海洋大学就有中国科学院院士 5 人、中国工程院院士 5 人,国家杰出青年科学基金获得者 17 人、"长江学者"17 人、优秀青年科学基金 9 人、国家级有突出贡献的中青年专家 9 人,973 计划和重大科学研究计划项目首席科学家 10 人、国家自然科学基金委创新研究群体 2 个、科技部重点领域创新团队 2 个、教育部"长江学者"创新团队 4 个、享受国务院政府特殊津贴专家 112 人、"百千万人才工程"一二层次人才 11 人、科技部中青年科技创新领军人才 3 人、教育部新(跨)世纪人才 107 人。此外,受全国人才"抢人大战"及长三角周边城市和地区高层次人才政策调整的影响,无锡高层次人才外流速度加快,尤其在缺失本科院校这一重大高层人才载体的背景下,高校内高层次人才外流的现象将更为明显。

三、办学体制较为单一,办学水平有待提升

(一)办大学的投资力度不够

无锡高等教育在总体上仍然没有跳出国家办学的模式,如江南大学直属教育部,主要由教育部、江苏省和无锡市共建,一批高等职业技术学院则由江苏省教育厅主管,而民办高等教育只占了很少的份额,高等教育的投资模式和运行机制仍较为单一,没有充分发挥出无锡作为一个全国经济中心城市在举办高等教育方面应有的作用。

(二)合作办学体制探索有待深入

高等院校合作办学的模式主要有中外合作,校企合作,校院(科研院所)合作,校际合作和高校与地方政府合作办学五种模式。无锡在中外合作办学、校企合作办学、高校与地方政府合作办学上取得了较大的成效,但在校院合作、校际合作还有待推进。高校与地方政府合作办学模式中,也主要以高校、地方政府联合办学为主,高校、地方政府、企业(民间机构)联合办学的模式比较缺乏,仅有东南大学无锡分校(东南大学、无锡市政府和中国华晶电子集团公司联合创办)采取该种模式。

(三)办学水平有待进一步提升

高职院校人才培养模式、教学模式不能完全适应当前生源特点和人才培养目标要求,文化素质教育有待进一步加强;课程内容与职业标准、教学过程

与生产过程、毕业证书与职业资格证书的对接尚需进一步探索和实践；高职院校师资队伍结构和质量与发达国家和地区相比存在较大差距，拥有 3—5 年企业工作经历的专业课教师比例较低，专业教师技术服务能力不够强；企业兼职教师队伍建设、专业教师企业实践等方面缺乏有效的制度保障；无锡职教园区资源共享机制有待进一步完善；无锡公共实训基地以及各职业院校实训基地的资源共享机制需要进一步完善，可持续建设模式和资源利用率需要进一步提高；少部分职业院校生均占地面积和生均建筑面积尚未达到国家和省相关标准。

四、高等教育服务经济和产业能力不足

（一）高校专业布局与产业契合度不够

针对无锡"十三五"产业发展规划中，对于未来急需的高级人才，例如软件服务外包、物联网、金融、新能源和生物医药等行业的人才需要，无锡各高校还没有准备充分，从专业设置和招生情况来看，一产的专业招生人数和专业布点数最少，二产的专业招生人数在专业点与产业结构中的比例相比偏少，三产的专业发展占绝对优势，这与无锡三次产业结构表现出大体一致性，但无锡的制造业一向很发达，而且下一阶段无锡要打造七大先进制造业，相比之下，二产专业所占比例偏小，且在制造业中涵盖的产业面偏窄。三产的专业规模发展超前，但重复度高，数据显示，无锡各大高职院校开设专业大多集中在制造、电子信息和财经大类，如计算机应用技术、会计、电子信息技术、电子商务等专业每个高职院校基本都有开设，开设数量排名前十的高职专业见表 8-5，专业重复现象比较普遍。而新兴专业开设的院校比较少，如新材料、新型显示、生物医药类、新能源等新兴产业所需专业几乎没有高职院校开设，金融保险等专业性现代服务业专业也只有 4 个学校开设。无锡的新能源、物联网等产业在全国起步较早，但针对这类专业高职院校的设置比较单一，以物联网为例，无锡的物联网产业发展得如火如荼，但很多院校的专业设置还停留在一些传统专业上，如计算机应用、电子信息工程技术、软件技术，有些院校虽然开设了物联网应用技术专业，但没有更深入的细分和延伸；无锡的科技、旅游服务等产业发展前景良好，高职院校虽有涉猎，但普遍存在软硬件设施缺乏的情况，无法很好地进行技能训练以满足产业快速发展的需求。专业设置与无锡产业发展需求的错位造成无锡高等教育对无锡产业转型的支持力度没有达到预期的效果。

表 8-5　无锡开设数量排名前十的高职专业

名次	专业名称	开设院校数
1	国际经济与贸易	13
2	会计与审计	12
3	机电一体化技术	11
4	电气自动化技术	10
5	会计	10
6	电子商务、软件技术、市场营销、电子信息工程技术	9
7	电子信息工程技术、计算机网络技术、数控技术、物流管理、计算机应用技术	8
8	酒店管理、旅游管理、模具设计与制作、物联网应用技术、应用电子技术、商务英语	7
9	广告设计与制作、动漫设计与制作、汽车检测与维修技术	6
10	财务管理、服装设计、汽车技术与服务营销、视觉传达艺术设计、装饰艺术设计、建筑工程技术	5

(二)高校科技创新能力偏弱

中心城市建设需要的是高尖端人才,而无锡高校仅仅停留在普通的人才培养层面,远远达不到人才培养战略的要求。目前,除江南大学以外的在锡高校均属于应用型或职业技能型高校,这使得在锡高校国家级实验室、工程中心、研究基地等高层次科研平台偏少,"973"等国家级科研项目不多,科研成果的转化和产业化较少,科研服务能力不足。

(三)产教深度融合有待进一步加强

职业院校专业设置与行业企业人才需求对接缺乏制度保障;行业对职业教育缺乏有效的指导,鼓励行业、企业全面参与职业教育教学各个环节的制度不够完善;职业教育集团凝聚力有待增强,各成员单位的性质、产权、身份和财务状况独立,组织结构比较松散,遇到较大的合作项目时,集团内部的资源不能有效整合,影响了合作的深度和广度,在成员自身利益和集团利益不尽一致时,就会导致组织内部的凝聚力下降,使集团办学停留在章程和协议阶段;无锡高职院校在校企合作方式上层次浅、松散化,组织化程度不高,合作深度不够,合作的长效机制尚未形成,企业的社会责任感相对较弱,他们与学校的合作很多都是出于自身利益的考虑,追求利益最大化,一般较少考虑学生利益和社会可持续发展,导致产教融合、校企合作层次浅、领域窄、随意性大,导致高职院校技术服务能力和成果转化能力普遍不强,高职院校与企业的合作停留在浅层次的流水线操作型岗位实习、紧缺技能人才订单培养等方面。合作企业多为外地企业,导致技能劳动者外流现象严重,削弱了高职院校人才培养与企业用人的紧密性和契合性。

第六节　无锡市促进高等教育发展政策
对其他中心城市的启示

高等教育是推动区域经济转型升级的重要支撑,对打造城市品牌、提升城市综合竞争力意义重大。无锡结合城市战略定位和转型发展需要,进一步整合无锡高教资源,加快"教育立市"步伐,积极推进无锡高等教育发展本土化,推动无锡高等教育事业规模、结构和质量的提升,为其他中心城市发展高等教育提供了启示。

一、应进一步确定中心城市高等教育发展目标定位

中心城市高等教育要把提高劳动力的综合素质、扩大办学规模、积极推进高等教育的大众化和普及化作为总体目标,让广大适龄青年接受不同层次的高等教育,全面开发人力资源,因此必须加强高等教育发展顶层设计,从服务中心城市发展的高度统筹谋划高等教育。

要将高等教育发展纳入当地经济和社会发展的总体规划,推动高等教育统筹发展。要制定高等教育强市建设规划,指导各个高校在研究型、应用型、中外合作、高职高专等不同层次、不同类型错位发展、特色发展,加大对一流学科建设的支持力度,以本市产业需求为导向,重点建设处于省内同类学科前列、在国内有一定影响力、对区域经济社会发展具有重要支撑作用的学科,打造学科高峰;支持若干优势特色学科建成国内一流学科。要推动大科学技术中心平台建设,支持研究型大学整合学科专业资源,重点打造国家级重点实验

室等一批大学科大平台,加快实现研究能力与科研水平的大幅度提升。要打造一流高等职业教育,学习德国、瑞士等国家先进的职业教育理念、标准与模式,创新政策支持,统筹行业产业与教育资源,支持高职院校发展,建设成为一流职业教育高地。

要合理布局中心城市高等教育。既要重点发展国内一流、国际有影响力的高水平综合性大学,发挥高等教育的文化功能和辐射功能,让高等教育成为城市社会生产力发展的主体和对外学术交流的窗口,提升城市的形象,又要有为城市建设服务的高等职业教育体系的支撑,培养一大批高等职业技术人才。

二、应加快高校高层次人才培养和引进的步伐

(一)加强高校高层次人才的培养

实施高校"强师工程""名师工程",鼓励各高校教师进修培训、攻读博士、出国深造、双师挂职等,培养高校优秀拔尖人才、学术带头人和骨干教师等一批有较高知名度的教育领军人才;积极鼓励各大高校教师开展科技创新活动,在科研课题立项、课题申请、科研成果转化等方面予以支持;深入实施职业教育高层次人才教科研能力培养计划,加快培养职业教育教科研高层次人才,引领区域职业教育改革发展,促进职业教育质量提升,加强双师型队伍建设,推动高校教师与企业高级技术人才的双向交流。

(二)支持高校面向海内外引进领军人才和创新团队

要深化政产学研联盟的实践,推动科技人才向中心城市集聚;依据中心城市的城市发展规划、产业发展规划和高等教育发展规划,进行科学的评估和细致的需求分析,制定出配套的、详细的人才引进目录和实施计划,增强人才引进的前瞻性和适用性,形成稳定的人才引进机制;拓宽人才引进渠道,有计划、有针对性地访问国内外知名高校和科研院所,搭建人才信息平台,完善人才引进柔性机制;进一步优化人才环境,在科研经费、住房补贴、平台搭建、团队组建、薪酬待遇、家属就业就学等方面提供有吸引力的引进条件,在扶持资助上求突破,尤其对"双一流"建设和地方产业发展急需的特殊领域的领军人才,要给予优厚的报酬待遇;培养使用高层次人才的工作机制,定期组织高层次人才

学习、交流,提供更多的深造、进修的机会,搭建成长进步的环境平台,使人才留得住;要突破国内引才的局限,以全球的视野面向北美、欧洲和东亚学术市场引进高层次人才。

三、应构建灵活多样的办学机制,提升办学水平

(一)逐步形成"主体多元、形式多样"的高校办学机制

加快建成政府主导、行业指导、企业参与的办学体制与育人机制。探索深化公办高校办学体制改革,推进高校民办机制运行,实行政府监管下的自主办学,大力支持民办高等教育发展;鼓励优质学校通过兼并、托管、合作办学等形式,整合办学资源;积极探索和完善"股份制""混合所有制""集团化办学"等多种形式的办学体制改革,吸引社会资金投入高校进行股份制改造,引导集聚政府、行业、企业、科研院所和社区等的优质资源,探索建立混合所有制模式的应用技术型本科高校;大力推动职教集团建设,完善职教集团内部的管理和运行机制,推动集约化办学和社会化办学;加大合作办学力度,积极鼓励高等学校与科研院所强强联合,发挥各自的优势,积极探索联合办学、合作科研的新路子,使高等学校提高办学水平,培养一流人才,促进科研成果的转化,从而更好地为城市发展服务;推动高教资源集聚发展,提升高教改革试验功能、产业孵化功能和服务辐射功能;深化政产学研合作,政府部门要发挥桥梁纽带作用,积极推进高校、行业、企业、科研院所在人才培养、技术攻关等领域协同合作。

(二)增强高校内涵建设

引导各类高校准确把握各自办学定位,推动高校分层、错位发展,打造骨干专业,做强优势专业;重视交叉学科专业的研究与建设,开设综合课程,实现人才培养规格的多样化;着力引进一批高等教育重点项目,积极探索联合办学、合作科研的新路子,提高高等学校办学水平,促进科研成果的转化,从而更好地为城市发展服务;大力支持国家示范和骨干高职院校建设,推动高职院校与企业在技术服务、共建实训基地等方面的深度合作,使高职院校成为中心城市从业人员继续教育、社区教育、技能培训、新技术推广、先进文化传播的中心;扩大开放,提升高等教育国际化水平,支持高等院校与境外高水平院校、行

业协会、跨国企业建立合作关系,加强与"一带一路"沿线国家和地区职业教育机构的交流合作,推进教师互派、学生互换、学分互认和学位互授联授,建立科学的国际化人才培养路径和评价体系,提升中外合作办学项目实施水平,建立外籍学生来华留学实习职业教育基地;推进高等教育信息化发展,提升教育教学资源共建共享能力,促进信息技术与教育教学整合创新,加快建设高等教育云中心,整合优化各类教育信息资源,建立网络化职业教育服务体系,实现优质数字教育资源的共建共享。

四、提高高等教育服务中心城市经济能力

(一)增强专业结构和地方产业结构的契合度

中心城市当前的产业结构、生产方式、生产水平已发生了很大变化,新专业、新工种不断涌现,各高校要把自身的发展定位与地方的发展定位紧密结合起来,抛弃盲目求大、求高、求全的办学思想,找准与地方经济建设和社会发展要求相适应的发展方向和目标,以地方经济发展需求为依托,优化专业结构,逐步建立产业结构调整驱动专业改革机制,根据地方产业升级和经济转型要求推进专业结构调整,围绕地方未来重点发展的新兴战略性产业,调整改造办学层次、办学质量与需求不对接的专业,专业设置应具前瞻性和创新性,充分考虑人才培养与人才供给之间3—4年的时间差。

(二)提升高校科技创新和社会服务水平

积极支持高校争取国家重大科技专项,支持高校加强科学研究,加快科研创新基地与创新平台建设,着力提升科学研究水平和科技创新能力,提高科研成果的转化率和应用效果;支持高校和企业共建实验室、研发中心等研发平台,鼓励高校教师到企业转化科研成果或开展联合攻关,推动高新技术企业高层次管理人才和技术人才等到高校担任兼职教授;引导高校充分发挥高层次人才集聚、优质教育资源丰富的优势,广泛开展多类型、多层次的社会教育与培训,为建设学习型社会、健全终身教育体系做贡献;推动职业院校和职业教育集团通过多层次人才培养体系和技术推广体系,主动参与企业技术创新,积极推动技术成果扩散。

（三）完善产教融合人才培养模式

发挥企业重要办学主体作用,制定促进校企合作办学的政策和制度,建立校企合作公共服务平台,加强政策引导,鼓励支持高职院校融入全市产业科技创新体系建设,广泛开展政产学研合作;推动学校把实习实训基地建在企业,企业把人才培养和培训基地建在学校,探索引校进厂、引厂进校、前店后校等校企一体化的合作形式;组织实施国家现代学徒制和企业新型学徒制试点项目,完善学徒培养的教学文件、管理制度及相关标准,推进招生招工一体化,建设一批骨干试点院校、企业和专业,校企共同设计人才培养方案,制定专业教学标准、课程标准、岗位标准、企业师傅标准、质量监控标准,建立相应的教学管理制度;进一步促进校企共建技术创新平台和生产性实训基地,为职工的职业继续教育和终身学习提供条件,落实企业参与校企合作、支持学生实习实训、开展职工继续教育的责任。

参考文献

[1]储开峰,孙杰.无锡高职教育与区域经济协同发展的路径探索.职业技术教育,2019(6):33-34.

[2]顾春江,周莹.创新驱动视域下无锡高职教育契合地方产业升级分析.人力资源开发,2021(3):23-24.

[3]金秋萍.无锡高等教育转型发展的瓶颈和对策研究.江南论坛,2018(4):54-55.

[4]刘春,储开峰.高职教育与区域经济协调发展研究——以无锡职业技术学院为例.机械职业教育,2018(8):14-16.

[5]阙明坤.无锡高质量发展亟需高等教育崛起.无锡日报,2018-07-23(2).

[6]孙杰周,桂瑾,徐安林,等.高职教育推进产教融合、校企合作机制改革的研究与实践——以无锡职业技术学院为例.中国职业技术教育,2018(3):59-62.

[7]唐加俊.无锡市高等教育发展的调研.江南论坛,2016(3):33-35.

[8]熊英.高等职业教育国际化探索与实践——以无锡职业技术学院为例.无锡职业技术学院学报,2018(4):12-14.

[9]张明飞.以超常规举措补齐无锡高等教育短板.无锡日报,2018-07-16(2).

[10]周及真.发展高等职教要"引进来"和"走出去"并举.无锡日报,2018-07-31(2).

第九章 常州市促进高等教育 发展政策研究

第一节 常州市经济社会发展概况

常州市,简称常,是长江三角洲地区重要的现代制造业基地。常州市为"全国综合实力 50 强城市""全国科技进步先进城市""全国文明城市",2017 中国特色魅力城市 200 强之一、2018 年城市产业竞争力全国排名第 22、2018 年中国城市创新竞争力排名第 20、2018 中国大陆最佳商业城市排名第 22、2018 中国城市科技创新发展指数排名第 22。常州市面积 43.72 万公顷。2017 年末,全市常住人口 471.7 万人,其中城镇人口 338.7 万人,城镇化率达到 71.8%;户籍总人口 378.8 万人,增长 1.1%。其中,男性 186.6 万人,增长 0.8%;女性 192.2 万人,增长 1.3%。常州市 2018 年地区生产总值突破 7000 亿元,达到 7050.3 亿元,按可比价计算增长 7%,按常住人口计算的人均生产总值达 14.9 万元。2018 年财政收入 915.17 亿元,增长 10.4%,列江苏第四。全年一般公共预算支出 589.1 亿元,增长 6.8%,其中教育支出 102.4 亿元,增长 4.6%。

常州 1988 年被确定为全国城市教育综合改革试点城市,2002 年实现教育基本现代化,2009 年所辖各县(市、区)建成江苏省教育现代化建设先进县(市、区),教育多项主要指标达到或接近中等发达国家水平,形成各级教育互相衔接的教育结构,呈现出各级各类教育基础雄厚、特色彰显、优势明显的发展态势。

至 2018 年末,全市拥有各级各类学校 739 所,在校学生 86.6 万人,教职工 6.2 万人。全市九年义务教育巩固率 100％，高中阶段教育毛入学率 100％。教育资源建设取得新进展，全年实施教育重点建设项目 68 个，建成投入使用学校 20 所，新增学位 16955 个。学前教育优质普惠发展，义务教育优质均衡发展。普通高中教育高品质发展，本一进线率达 56.04％。新增省现代化示范性职业学校和省优质特色职业学校各 1 所，总数达 5 所，占比列全省第一。社会教育品质进一步优化，常州"青果在线学校"上升为国家数字教育公共服务资源，实现城区"送教进社区"全覆盖。

第二节　常州市高等教育发展概况

一、常州市高等教育发展历程

常州教育历史悠久，早在唐肃宗年间就建立了州学，清代建有府学、县学。宋代创建书院以来，一直到清末还存有可以考据的规模书院 18 所。龙城书院和武进县学培养了一批又一批的杰出人才。但在高等教育方面，新中国成立前常州尚是空白。

1949 年新中国成立初，经初步调整后，江苏省境内保留高校 16 所，但没有 1 所在常州办学。1958 年后，常州工业专科学校、常州医学专科学校应运而生，但并不符合高校办学标准；1959 年中央、国务院发出《关于调整一九五八年新建的全日制和半日制高等学校的通知》后，常州工业专科学校与镇江工业专科学校合并改建为常州工业专科学校。1961 年开始，江苏省对高校设置和布局进行调整，1962 年常州工业专科学校停办。

20 世纪 70 年代后，常州教育事业在教育结构、层次和规格等方面有了突破性发展。1977 年，江苏普通高校 26 所，新建南京大学常州电子班等 27 个分校、大专教学点。1978 年，南京化工学院设立常州分院。1979 年，常州市职工大学成立，于 1982 年更名为常州工业技术学院，2000 年与常州市机械冶金职工大学合并组建常州工学院。1981 年经国务院批准，南京化工学院常州分院定名为江苏化工学院。1983 年，常州工业技术学院注重招收县镇和农村学生，在为农村培养人才方面进行了有益尝试。1984 年，在常州实现了举办师范专业的突破，通过新建常州职业师范学院（1987 年改建为常州技术师范学院），改变了常州地方高等教育仅有工科类专业的格局。到 1984 年常州有 2 所高校，在校大学生 2059 人，专任教师 340 人。常州高教虽规模不大，但始终注重服务地方经济发展，1986 年，为适应地方发展外向型经济的需求，常州工业技术学院等校在英语、经济等专业内，试行了招收少量初中毕业生的"五年一贯制"。1989 年始，常州工业技术学院等 5 所职业大学探索对等协作招生，弥补地方紧缺而常州高校未设置相关专业的空缺。1992 年，江苏化工学院成为中国石油化工集团公司管理的部属院校，并更名为江苏石油化工学院。1998 年，常州教育学院、常州师范学校和武进师范学校合并组建常州师专；2003 年，常州师专并入常州工学院，常州工学院组建了师范学院，常州市在全国率先完成了三级师范教育体制向一级师范教育体制的转轨。

1999 年开始，江苏地方高等教育发展迎来扩招阶段，扩招成为跨越式发展的重要契机。常州高校数量增加且结构也得到调整。如常州技术师范学院由 4 个本科专业扩为 8 个本科专业，常州经济管理干部学校、常州会计学校并入该校，学校于 2012 年始招硕士专业学位研究生，并于 2012 年经教育部批准更名为江苏理工学院。江苏石油化工学院于 2002 年更名为江苏工业学院（2010 年更名为常州大学），学校于 2003 年成为硕士学位、工程硕士专业学位授予单位。同时，常州逐步将各类中专、成人高校整合改制或升格为高职院校，以适应常州经济社会结构转型和产业结构调整对人才需求的变化：2000 年常州无线电工业学校和常州市电子职工大学合并组建为常州信息职业技术学院，2001 年常州工业学校升格为常州服装职业技术学院，2002 年常州化工学校与江苏建筑材料工业学校合并为常州工程职业技术学院，常州轻工业学校升格为常州轻工职业技术学院（2018 年更名为常州工业职业技术学院），常州市机械职业学校升格为常州机电职业技术学院。2003 年，5 所高职院校陆续迁至常州大学城，常州高职教育实现了从全到优、从优到新的突破性发展，高职教育结构呈现出许多新特点，在集聚各类资源要素的基础上，建立常州大学城以实施职业高等教育为主的高教园区，向职业高等教育区域联动发展迈出重要一步，成为常州高等教育举办的重要特征并在全国起到示范引领作用。同年，全国第一所地级市开放大学——常州开放大学成立。经过 70 年的不懈努力，常州市高等教育实现了从无到有、从有到成规模的蜕变，普通高等学校发展到 10 所，2017 年在校本专科学生数达到 102676 人，其中本专科学生招生数 31332 人、本专科毕业生数 28788 人、研究生招生数 2324 人；高校专任教师 5810 人。

二、常州市高等教育发展特征

(一)常州高等教育内涵不断丰富,体系不断完善

常州高等教育始终秉持实现区域高等教育现代化的主旨,坚持问题导向,深化高教供给侧改革,以促进内涵式发展和不断提升市民高教获得感为目标,瞄准"优质""特色"两大关键词;着力于优化构建教育协调发展格局,采取与基础教育、职业教育和社会教育相协调的行动计划来完善高教体系;紧紧围绕服务地方经济社会发展需求,尤其是针对产业行业发展需求,实施与苏州、无锡等城市错位发展的特色发展策略,强化政校行企产学研教合作政策体系构建,聚焦应用型学科(专业)建设,提升了高教整体实力和特色发展的影响力。截至 2018 年,有普通高校 10 所(见表 9-1),成人高校 1 所(常州开放大学,教育部统计时未列入成人高校名单)。普通高校中有普通本科院校 3 所、普通高职高专 7 所,普通本专科在校生 12.5 万人。

表 9-1　2018 年常州市普通高等学校名单

(按学校办学层次和标识码排序,共 10 所;江苏省有普通高校 167 所)

序号	学校名称	学校标识码	主管部门	所在地	办学层次	备注
1	常州大学	4132010292	江苏省	常州市	服务国家特殊需求博士人才培养单位	
2	江苏理工学院	4132011463	江苏省	常州市	专硕培养单位	
3	常州工学院	4132011055	江苏省	常州市	本科	
4	常州信息职业技术学院	4132012317	江苏省	常州市	专科	
5	常州纺织服装职业技术学院	4132012807	江苏省	常州市	专科	
6	常州工业职业技术学院	4132013101	江苏省	常州市	专科	
7	常州工程职业技术学院	4132013102	江苏省	常州市	专科	

续表

序号	学校名称	学校标识码	主管部门	所在地	办学层次	备注
8	建东职业技术学院	4132013105	江苏省教育厅	常州市	专科	民办
9	常州机电职业技术学院	4132013114	江苏省	常州市	专科	
10	江苏城乡建设职业学院	4132014543	江苏省	常州市	专科	

(二)普通高等教育实现特色发展

常州市大力支持常州大学着眼于更多高层次人才的培养,注重内涵提升,做强优势,学科特色明显,学科门类相对齐全,系统构建了学士、硕士、博士三级学位授予体系,强化两大学科建设并成功跨入全球前1‰排位;专注于区域经济社会发展新要求,启动申报筹建"中德品牌应用科学大学"。常州市引导江苏理工学院谋求转型升级创建特色鲜明的高水平应用型大学,实施了"3+4"(中职+本科)项目试点并在2018年招生245人。常州市深化与河海大学常州校区的地校合作,通过地方政府支持该校区办学,聚焦优势,实施常州服务国家发展战略,开展地校协同创新合作研发等,以该校区或校地联合申报方式获国家基金资助30多项,有效提升了区域科技创新水平。

(三)职业高等教育实现领先发展和创新发展

常州构建服务于区域经济社会发展的高职教育体系,在国内首先创新提出实施职教名城、城市高职中心的职业高等教育发展策略,建成了国家首批、江苏唯一示范性高职教育园区。以国家职业高等教育发展综合改革试验区建设为引领,建成常州职业高等教育园区(常州科教城),在全国首创职业高等教育集约式发展模式。将国家大学科技园和江苏省国际服务外包人才培训基地与常州科教城2所高职院校创建成为国家示范职业院校和骨干职业院校,常州信息职业技术学院等3所高职院校创建成为江苏省高水平高等职业院校。建立健全德技并修、工学结合的育人机制,着力培养学生的工匠精神和就业创业能力。积极引进国际先进职教模式,开展德国"双元制"教学和英国"现代学徒制"试点。在国内较早实现了职业高等教育涵盖本科、衔接中职、打通向专业研究生学位的上升通道,并积极借鉴国际职教和行业企业职业训练先进经验,与发达国家职业高等教育先进办学机构、培训机构开展合作办学。广泛开展校企合作、产教融合,着力建设服务区域经济社会发展的专业、技术技能创新团队和平台。

第三节　常州市促进高等教育发展主要战略和政策举措

一、高等教育与其他教育类型融通发展

常州市注重政府引导,通过"十三五"规划、中长期教育改革和发展纲要、年度政府工作报告等,实施丰富高等教育内涵,模糊教育类型区分边界,着力实现高等教育与职业教育、终身教育融通的战略举措。常州市委、市政府于2011年提出建立更为完善的教育体系,并将各种教育类型的融通作为中长期教育改革和发展的主旨之一。其呈现出三大特征。

(一)实现职业高等教育与普通高等教育的融通

以常州科教城为抓手,站在将常州高职教育打造成全国品牌的高度,以建设大学城为基础建设科教城。高度重视园区高等教育改革与发展,大力推进协同育人、协同创新、协同生态,贯通科学家(教授)、科技领军人才、企业家人才、高技能人才培养的大教育链。创新工作机制,通过实施常州高等教育与职业教育同等待遇制度、常州职业教育联席会议制度,建立在常本科院校校际合作联盟和优势学科建设联盟等制度措施,实施优势学科建设工程,实现常州大学等普通本科高校和职业院校、技师院校的深度合作和跨学科、跨专业整合,形成了高等教育与职业教育"你中有我、我中有你、互为融通、分类发展"的常州模式。

(二)实现继续教育与职业教育的融通

常州健全了终身学习体系,出台《关于统筹发展城乡社区教育加快建设学习型常州的实施意见》,创建省教育服务"三农"高水平示范基地,扶持培育市级社区教育集团,指导8个社区教育游学实验项目落地运作。推进全国社区教育示范区、实验区建设以及国家级农村职业教育和成人教育示范县创建。

完善"常州终身教育在线"站群系统、"乐学龙城"微信公众号、移动学习地图等载体的服务功能,创建数字化学习先行社区和示范社区。构建了职业院校与成人高校、社区学院的合作办学、共享促学体制机制。

(三)实现职业高等教育与普通职业教育的贯通

在全国率先构建现代职业教育体系,扩大高职与普通高中教育、中等职业教育、普通本科教育衔接试点的范围,以及专业硕士培养的规模,实现中职、高职、本科、专业硕士教育有机衔接。例如2017年,常州市继续推进中高职衔接项目试点改革,进一步优化调整"3+4"(三年中职+四年本科)试点项目,10个专业招生336人;"3+3"(三年中职+三年高职)试点项目6个专业招生156人;2014级"3+4"(三年中职+四年本科)的10个试点班级424位学生,顺利转入本科段学习,本科高校对试点学生的素质高度认可。年内,1038名考生参加市职业学校对口单招考试,本科达线431人,达线率42%,位居全省前列。常州市已经开展对口单招、五年一贯制高职、中职+本科、中职+高职、高职+本科等多个职教体系改革试点项目,实现中职、高职、本科的贯通,初步构建学生成长的立交桥和现代职教体系的新常态。积极开展国家现代学徒制试点项目,协同组建现代学徒制试点联合体,启动建设校企一体的工业机器人创新应用中心。依托园区高职院校和企业资源,辅之以工业中心资金和国债资金,共享实训基地。

二、高等教育与地方产业创新驱动融合发展

常州市始终高度关注在常高等学校对常州的产业支撑,通过实施"四大工程"行动计划,致力于推动和深化高等教育与地方产业创新驱动融合发展。

(一)实施在常高校院所研发能力建设工程

一是加大了研发经费投入。通过设立人才培养基金、产业发展基金等方式,引导和鼓励社会资本投入在常高校院所的研发创新;鼓励和引导在常高校院所加强与国内外企事业单位、科技产业园区开展前瞻性应用技术联合攻关,争取横向产学研合作科研经费。二是建设高水平创新平台。集聚创新资源,加大研发投入,建设一批产业结合度高、研发设备先进的创新平台,新增高技

术重点实验室,推进在常高校院所与企业共建技术研发中心等一批研发创新平台;新增高校院所与企业共建研发机构。

(二)实施在常高校院所技术转移能力提升工程

通过完善技术转移机制,推进建设一批高校院所技术转移机构;政府、园区和企业联合成立技术转移联盟。联合各单位建立"在常高校院所高价值专利库";推进成立"企业—高校院所合作委员会",支持在常高校院所与企业、地方各级政府、园区等建立合作委员会,以分级会员制的形式吸纳创新型企业加入,加快推进高校院所和企业、政府、园区全方位多角度开展技术转移活动;联合遴选在常高校、在常科研院所试点设立高校、院所技术转移办公室。加强高校院所、社会中介、企业等技术转移人才队伍建设,推动成立一批技术经纪(理)人事务所,鼓励龙头骨干企业试点设立专职技术转移岗位,参与到技术转移工作中,对合作成果开展技术二次开发、产品验证、商业价值评估和市场应用研究等,带动企业培养更多的技术转移专业化人才。推进在常高校院所与"一核两区多园"等创新核心区、功能区建立技术转移深度对接机制和合作凭条。

(三)实施在常高校院所政校行企产教研学合作深化工程

支持在常高校院所和企业联合共建协同创新中心、重点实验室、院士工作站、工程技术研究中心等开放性产学研合作平台和人才站点。推进校(所)企人才交流,鼓励在常高校院所优秀科研人才向企业集聚,担任企业科技副总,促进高校院所科技成果向企业转移转化。支持在常高校院所建设以科技咨询为主要内容的新型智库。推进"十校十所进千企"活动,由 10 所在常高校、10 家在常科研院所,安排百名教师及科研人员开展企业大走访,了解企业需求,协同企业创新、促进产权保护,在更高层次上推进产学研合作。

(四)实施在常高校院所科研管理机制创新工程

建立和完善以信任为前提的科研管理机制,促进研发管理向创新服务转变,减轻科研人员负担,释放创新活力,加速科技成果转移转化。扩大在常高校院所科研自主权,在常高校院所自主规范管理横向委托项目经费,不纳入单位预算,自主确定使用范围、标准和分配方式。在常高校院所自主处置科技成果,收益全部留归本单位,并依法依规对完成、转化该项科技成果做出重要贡献的人员给予奖励和报酬。建立创新尽职免责机制,对在科技体制改革及创新过程中出现失误的人员,只要不违反党纪国法,勤勉尽职,及时纠错改正的,免除相关责任或从轻减轻处理。通过技术产权交易市场挂牌交易的,免除后续价值变化产生的决策责任;作价入股转移转化科技成果发生投资损失的,不纳入国有资产保值增值考核范围;对因不可预见原因导致科研项目未达预期的单位和项目负责人免责;对创新创业项目进行资助或投资符合相关程序,未达预期绩效目标的领导干部和部门免责。

三、注重研究机构、创新技术服务平台和人才双引进支持高等教育跨越发展

(一)实施苏南国家自主创新示范区重大创新平台建设

注重扩大科教城的带动和影响效应,以优化园区建设为龙头,通过强化政校行企、产教融合尤其是创新技术研发、引入国内外先进研发组织等策略,推进常州科创、创新创业建设。"十三五"期间,引进或共建重点产业技术创新平台25家机构,包括江苏中科院智能科学技术应用研究院、中科院常州先进制造技术研究所等。引进或共建重点产业技术服务平台,其中技术转移转化平台16家,包括常州"天天518"平台、牛津大学常州国际技术转移中心等;其中重点科技创业(孵化、加速)平台30家,包括常州高新技术创业服务中心、常州高新区科技企业加速器、常州科教城科技企业加速器等。

(二)实施龙城英才计划,支持在常高校全建制引进人才

围绕科技产业融合和调动科研人员积极性,加快推进高校科技体制改革,提高高校科研自主权,推动最新成果转移转化,全建制引育高层次人才团队,不断提升在常高校的科研水平,充分发挥服务地方经济社会发展智囊团、创新源和人才库的作用,对全市科技创新及产业结构转型、优化创新创业环境等方面起到较强支撑作用。通过出台《中共常州市委 常州市人民政府关于进一步深化"龙城英才计划"改革创新的意见》《关于加快在常高校引进高层次人才的实施办法》等系列文件,注重引进院士、长江学者、二级教授、全国技术能手、"985"工程院校、世界一流大学建设高校博士研究生或境外取得博士学位留学归国人才等高层次人才,并明确人才引进资助对象和条件的首条为"由在常高

校引进"。2018年,引进创业人才项目247个,市级层面引进各类高层次紧缺人才621名。

(三)支持在常高校建立智力共享高层次人才引进模式

支持在常高校院所围绕自身发展和经济社会需求,引进和培养一批科研实力强的人才队伍。结合前沿科技和区域未来产业发展,储备能够产生颠覆性技术变革、引领未来创新发展的人才资源,包括聚焦发达国家院士、国际学术组织负责人、世界知名企业高管等战略科技人才。灵活使用"双聘院士"、特聘教授、兼职教授、海外导师等多种形式;培养核心研发人才,支持在常高校院所依托自身研发创新平台,集聚优势科技资源,加大对创新团队、优秀科技人员的培养力度,人财物方面给予全力支持,鼓励其组建科研攻关团队,提升科研团队整体研发水平。

第四节　常州市高等教育发展存在的主要问题与经验分析

一、主要问题及对策

(一)教育投入总量相对滞后的问题及对策

2018年,全国GDP为900309亿元,按可比价计算增长6.6%。根据国家统计局2018年四季度和全年GDP初步核算结果,2018年全国一般公共预算收入达183352亿元,同比增长6.2%;全国一般公共预算支出再创新高,达220906亿元,同比增长8.7%。2018年全国教育经费总投入为46135亿元,比上年增长8.39%。其中,国家财政性教育经费为36990亿元,比上年增长8.13%。教育支出占GDP的比例为5.12%,占一般公共预算支出的比例为16.74%。2018年,常州市地区生产总值突破7000亿元,达到7050.3亿元,按可比价计算增长7%。全年一般公共预算支出589.1亿元,增长6.8%,其中教育支出102.4亿元,增长4.6%。教育支出占GDP的比例为1.45%,占一般公共预算支出的比例为17.38%。而2012年常州市公共财政预算支出

392.3亿元,其中教育支出72.17亿元,占财政预算支出的18.4%。由于常州2018年在全国城市GDP排名中位列第28位,经济总量位居全国前列,教育投入总量应相应位居全国前列,但与全国的平均数据进行比较后可以发现,教育投入总量相对滞后问题比较明显。

在教育投入总量不足的情况下,常州市对高等教育事业一直不遗余力支持,从2012年的3.713亿元,到2016年的8.03亿元,在有限的教育投入总量中加大对高等教育的投入,充分证明了常州市将高等教育发展置于战略高度予以保证并加以落实。就高等教育与区域经济社会发展关系而言,区域经济社会发展是高等教育发展的受益者,教育经费的高投入对高等教育发展的正相关作用则是明显的。

(二)高等教育优质资源相对短缺的问题及对策

根据教育部2019年最新公布的高校名单,江苏省高校数量位居第一,拥有167所普通高校,占全国普通高校数2688所的6.21%;其中本科高校数77所,占全国本科高校(925所)的8.3%。江苏省"985"工程大学有2所,即南京大学和东南大学,都设在南京。"211"工程大学有11所,其中南京有8所、无锡1所、苏州1所、徐州1所。"双一流建设高校"设15所,其中"一流大学"有2所,即南京大学和东南大学;"一流学科建设高校"15所,南京12所、无锡1所、苏州1所、徐州1所。江苏省高校无论是学校数量、高等教育毛入学率、在校大学生生均数、师资数以及在三大国内高校排行榜(武书连、中国校友会、网大)中位列前100位的高校数、双一流学科数在世界排名等都处于中国高校前茅,可以说江苏高等教育一直以来位居全国前列,不仅是高等教育大省更是高等教育强省。作为江苏省13个设区市之一的常州市设有高校数10所,占全国高校的0.372%,占全省高校的5.98%。设有本科高校3所,占全国本科高校的0.324%,占江苏省本科高校的3.89%,常州没有1所高校入选"985"工程、"211"工程大学、"一流大学"或"双一流学科建设高校",也没有1所高校进入武书连、中国校友会、网大的三大国内高校排行榜的前100位。常州市高等教育优质资源相对短缺的问题显而易见,无论是高校的数量、在三大国内高校排行榜的排序,还是高校学科在世界的排名,与其作为地处长三角苏南地区、经济社会发展较快的城市发展现状以及其在国内城市综合竞争力上的排位很不相称。

因此,常州市在推进城市经济社会加速发展的同时,注重提升高等教育的影响力和辐射力,对标先进城市,找差距,破难题,找准发展路径。围绕常州市经济社会发展和产业转型升级需求,统筹规划高校布局与结构,推动在常本科高校与高职院校协调发展,构建具有地方特色的高水平高等教育体系。打造明星城市,服务先进制造业、现代服务业的发展,采取"双引进"举措。

一方面,实施引进国内知名高校、研究院的研究机构、创新技术服务平台的举措,通过引进或设置"985"工程、"211"工程大学、"双一流"建设高校的校区、独立学院、分校、二级学院或研究院,建设了南京航空航天大学天目湖校区,异地新建了河海大学新校区,着力吸引南京工业大学、南京医科大学等江苏本土优质高教资源在常州建立分校区、研究院和中外合作办学机构。同时,采取院地合作共建科技创新平台形式,建立新型研发机构。常州市新型研发机构引进建设在江苏省起步较早,早在 2006 年 11 月就成立了首个新型研发机构——常州南京大学高新技术研究院,截至 2017 年,已引进建设了 20 多家具有专业特色的新型教科研发机构,包括中国科学院常州先进制造技术研发与产业化中心、中煤科工集团常州研究院、大连理工大学常州研究院、东南大学常州研究院、西南交通大学常州轨道交通研究院等,这些教科研发机构围绕区域性、行业性重大技术需求,采用多元化投资、企业化管理和市场化运作模式,对常州市产业引领和企业创新的支撑带动作用明显,"十二五"期间,新型研发机构共申请专利 1071 件,平台共控股企业 9 家,参股入股企业 39 家,促进上市企业数 19 家。

另一方面,实施人才强市、大力引进人才的举措,常州市不断优化改进引才的政策体系,基于区域经济社会发展尤其是未来行业产业发展战略,坚守不好高骛远、实事求是、经世致用的原则,注重引入紧缺型实用型人才和契合常州需求的领军拔尖人才,注重人才保障体系建设,重构引才育才、综合评价激励制度体系和运行机制,始终秉持推进政校行企产教研学深度融合的主旨,高扬行业企业和相关用人单位的主体性、积极性,着力于建设具有常州标识度和影响力的人才生态圈。引进人才总量持续高位运行,2017 年全年引进领军型创新创业人才 200 名以上。此外,大力支持在常本科高校建设,建设了常州大学新太湖校区,并持续加大投入、强化设施功能建设,支持在常高校建设一流学科,来提升在常本科高校教育发展水平,目前本科高校数量在江苏与其城市地位基本相称(见表 9-2)。

表 9-2　江苏省各设区市本科高校数量统计

设区市	院校数/所	设区市	院校数/所	设区市	院校数/所
南京	34	南通	3	徐州	6

续表

设区市	院校数/所	设区市	院校数/所	设区市	院校数/所
苏州	9	扬州	3	淮安	2
无锡	3	泰州	5	盐城	2
常州	3			连云港	2
镇江	4			宿迁	1
合计（苏南）	53	合计（苏中）	11	合计（苏北）	13

（三）高教服务地方、提供人才保障和智力支持的能力相对不足的问题及对策

改革开放以来，长三角地区以浦东开放为龙头，"苏南模式"和"温州模式"相伴形成，继珠三角地区后迅速异军突起，成为我国最具活力和实力的经济区或经济圈。长三角16个城市综合创新能力排名中，常州位居第6位，名列前茅，但无论是相关的公开报道还是常州政府工作报告或年鉴，都把城市综合创新能力的主体聚焦于中国科学院常州中心等31家公共研发机构和2500多家科技公司，认为它们是常州成为长江三角洲地区创新创业和人才集聚高地的主体，对在常高校做出的相关贡献论及不多、研究不深。《2019年江苏职业高等教育质量报告》"高职院校服务贡献"的专栏报告显示，"服务江苏六个高质量（经济发展、改革开放、城乡建设、文化建设、生态环境、人民生活要高质量）""服务产业转型升级""服务科技进步创新"等三个维度，所推介的9个江苏省高校案例，在常高校没有一家入围。《2018年江苏职业高等教育质量报告》"高职院校服务贡献"的专栏报告显示，在"协同创新：深化科研管理体制机制改革，努力激发科技创新活力""围绕区域经济及行业企业发展需求，积极开展科技应用服务"等五个维度，所推介的17个江苏省高校案例，常州高校只有1所院校入围，即"常州机电职业技术学院依托专业优势，为精准扶贫插上科技翅膀"，主要服务贡献亦是聚焦于东西部协作，而非服务地方经济社会发展。在常高校服务于区域经济社会发展、人才培养和智库建设等方面存在不足，这与常州高等教育优质资源不足固然有联系，但与在常高校自身内涵发展不足亦有联系。

为此，常州市从深化教育体制机制改革入手，实行有关深化常州高等教育

体制机制改革的两大行动计划,并把促进高等教育内涵发展作为其中之一,促使常州高等教育走上改革人才培养模式、提升人才培养质量、强化在常高校服务地方能力的发展之路。在常高校不断健全学科专业动态调整机制,加强重点学科和新工科建设,注重建立紧密对接产业链、创新链的学科专业体系;重点建设省部级优势(重点)学科和国家卓越工程师教育培养试点专业。常州市深化校地融合发展,健全产教协同育人机制,支持在常高校与政府、经济园区合作,成立产教融合区域合作联盟,推进合作育人、协同创新和成果转化,为区域发展提供产业支撑、智力支撑和人才保障。

二、常州市促进高等教育发展政策的启示

改革开放以来,常州市政府秉持教育优先发展策略,把实现人的现代化作为教育现代化建设的核心要素和本质追求,把"育人为本、追求卓越"作为价值追求,基本形成了"基础教育高质量、职业教育高水平、高等教育有特色、终身教育有成效"的区域教育发展格局。区域教育现代化建设水平提升较快,位居江苏前列,相关指标达到或接近中等发达国家水平。2013年10月,常州入选由联合国教科文组织的"中国学习型城市建设案例";在全省民生体系建设评价中,常州终身教育体系排名第一;建成了江苏省内唯一的教育部地方政府促进职业高等教育发展综合改革试点、省职业教育创新发展实验区、省师资队伍建设先进市。

(一)持续推进职业高等教育与产业行业融合发展

通过对常州职业高等教育发展历程的分析发现,常州始终注重深化职业高等教育体制机制改革,以打造中国职教名城和创建国家产教融合试点城市为目标,变高职院校建设为职业高等教育建设,注重深化政校行企产教研学深度合作,实现校行企协同创新、协同育人、协同技术开发。使职业高等教育的专业设置、专业建设与区域行业产业发展需求相匹配,持续实现高职教育人才培养供给侧和区域行业产业需求侧结构要素相对应。注重高职院校人才培养模式改革,全面推进现代学徒制试点工作,构建"学校—企业"双主体育人机制。打通高职院校专任教师和行业企业工程师双向兼职通道,建立优秀工匠、职教名师、高职学生表彰机制,强化职业院校劳动教育和学生劳动素养涵育,不断优化尊重劳动、不唯学历凭能力、不唯学术凭技术的用人环境。2018年,江苏省高等职业院校数量排名前五的是南京市、苏州市、无锡市、常州市、南通

市(扬州市、徐州市与南通市并列第五)。苏南地区各市的平均院校数 11 所，苏中地区和苏北地区各市的平均院校数 4 所，而常州高等职业院校有 7 所(见表 9-3)，超越了其城市规模，为振兴常州经济社会发展起到重要支撑作用。

表 9-3　江苏省各设区市高职高专院校数量统计(总计:90 所)

设区市	院校数/所	设区市	院校数/所	设区市	院校数/所
南京	18	南通	6	徐州	6
苏州	17	扬州	6	淮安	5
无锡	10	泰州	2	盐城	4
常州	7			连云港	3
镇江	4			宿迁	2
合计 (苏南)	56	合计 (苏中)	14	合计 (苏北)	20

(二)持续推进现代职业教育体系建设，着力实现中职高职应用本科有效衔接

常州市积极支持在常应用型本科高校的建设，搭建技术技能人才培养立交桥，构建起应用本科、大专高职、中职中专衔接贯通培养通道。把职业素养、职业精神涵养纳入基础教育，注重以职业兴趣、职业体验为主的职业启蒙和职业规划教育，并将之融入综合实践课，培养中小学生职业认知和职业兴趣。持续推进现代职教体系建设，以服务常州经济转型升级、发展战略性新兴产业和现代服务业、实现"常州制造"向"常州智造"转变为己任，注重建设 4 座"职教综合体"。"十二五"时期以来，常州已持续投入 25 亿元以上，致力于构建"一中心"(即科教城)和"四翼"(即北有职教基地、西有中职园区、南有高职园区、东有职教联盟)现代职业教育城市布局。常州市政府注重构建产业、行业、专业、就业相对接机制，强化推进在常职业院校的内涵发展，服务区域行业产业企业发展。同时，常州市把组建职业教育集团作为推进现代职教体系建设的重要路径，由职业院校担任集团的牵头单位，联合相关企业、学校参与，建成旅游、数控、轨道交通等区域性专业性职业教育集团，实现了产教合作、专业建设、课程标准等方面的资源优化配置。此外，通过中外合作，建立"常州中德教育培训中心""AHK(德国工商行会)常州科教城研究发展中心"等，着力构建符合中国尤其是常州实际且可操作的"双元制"教学体系和职业院校国际合作

项目,推进职业教育国际化步伐。

(三)持续丰富优质高等教育资源,推动普通高等教育与职业高等教育协调发展

常州市高度重视区域高等教育资源共享机制建设,并抓好科学合理的规划与相应的保障体系建设。常州市科教城在建设初期就由常州市政府成立了建设指挥部,总体统筹该园区的通盘规划与项目建设,6 所高校通盘设计规划,集中征地开发,公共部分和规划共享区域由指挥部统筹管理、通盘建设,园区内的各高校共同使用;各高校在科教城的总体规划之下,各自开展自身的校园规划和校区建设,这一创新性举措不仅为常州科教园区高等教育及其他资源共享奠定了较好的空间基础,避免不必要的重复建设和资源浪费,构建的共建共治共享的资源整合和规划建设模式、相应的体制机制,为全国其他同类高教园区建设提供了模板和示范。常州科教城"政校行企深度合作,产教研学融合育才"的办学模式得到了教育部门的肯定,也为其他地区提供了有益借鉴和参考。为此,常州市高职教育"政府主导、产教融合、协同育人"的常州模式荣获国家教学成果一等奖。职业院校学生就业率保持在 95% 以上,对口就业率保持在 80% 以上,涌现了一批"大国工匠""江苏工匠"。2018 年,常州技能劳动者中高技能人才比例超过 30%,每万名劳动者中高技能人才数达 1145 人,连续五年位居江苏全省第一。

(四)大力实施英才计划,进一步汇聚领军人才,推动高校创新发展

常州市改革人才培养模式,提升人才培养质量,强化了在常高校服务地方能力。推动在常本科高校向地方性、应用型方向转型,支持在常高职院校建设江苏省高水平高职院校,健全学科专业动态调整机制,加强重点学科和新工科建设,建立紧密对接产业链、创新链的学科专业体系。重点建设省部级优势(重点)学科,国家卓越工程师教育培养试点专业,推动在常本科高校学科进入ESI 学科排名前 1%。深化校地融合发展,健全产教协同育人机制,支持在常高校与政府、经济园区合作,成立产教融合区域合作联盟,推进合作育人、协同创新和成果转化,为区域发展提供产业支撑、智力支撑和人才保障。以中外合作、学术交流以及科研合作为重点,推进国际化人才培养战略,与国外知名大学建立紧密的合作关系。常州市还实施了"技能龙城"建设计划,大力弘扬劳模精神和工匠精神,培育更多精准匹配产业发展的"龙城工匠"。

参考文献

[1]常州市人民政府.2018年全市重点工作.常州日报,2018-01-08(5).

[2]陈涛.区域高等教育资源共享机制存在问题及对策的研究.苏州:苏州大学硕士论文,2014.

[3]丁纯.政府工作报告.常州日报,2018-01-12(1).

[4]韩辉.把职业教育融入重大发展战略.常州日报,2019-03-22(1).

[5]江苏省委办公厅,江苏省政府办公厅.关于深化教育体制机制改革的实施意见.新华日报,2018-08-08(1).

[6]姜小莉.常州大学建校40周年.常州日报,2018-05-13(1).

[7]邱坤荣.坚定信心 知难而进——大力推进江苏高等教育现代化建设.金陵职业大学学报,1999(5):15.

[8]宋旭峰.建国以来江苏高等教育结构发展分析.南京:南京师范大学博士论文,2005.

[9]苏雁,孙阳.常州:创新发展打造中国职教名城.光明日报,2015-01-26(3).

[10]忻叶,郭元刚,张健.一座城市的职教之梦.江苏教育,2011(5):25.

[11]许琳,张羽程.新时代职教师资建设困境与求索——2019职教教师教育协同创新实验区启动仪式暨第二届长三角职教教师教育高峰论坛综述.江苏教育,2019(9):9.

[12]尹伟民.2011年江苏省职业教育战略发展构想.江苏教育,2011(1):25.

第十章　苏州市促进高等教育
发展政策研究

第一节　苏州市经济社会发展概况

　　江苏省苏州市,古称吴,简称为苏,又称姑苏、平江等,是国家历史文化名城和风景旅游城市,国家高新技术产业基地,长江三角洲重要的中心城市之一。位于江苏省东南部,长江三角洲中部,是江苏长江经济带重要组成部分,东临上海,南接嘉兴,西抱太湖,北依长江。

　　苏州是中国首批 24 座国家历史文化名城之一,有近 2500 年历史,是吴文化的发祥地。截至 2015 年,苏州下辖 5 个市辖区,代管 4 个县级市,全市面积 8488.42 平方千米。2016 年 1 月,苏州被住房和城乡建设部评为首批"国家生态园林城市";同年 2 月,苏州被国家旅游局评为首批国家全域旅游示范区。2017 年 5 月,苏州成功举办世界城市峰会。

　　2018 年全市常住人口 1068.4 万人,其中城镇人口 813 万人。全市户籍人口 691.1 万人,户籍人口出生率 12.01‰,比上年提高 0.81 个千分点;户籍人口自然增长率 4.81‰,比上年提高 0.04 个千分点。就业创业形势良好,全市新增就业 17.2 万人,开发公益性岗位 9249 个,城镇就业困难人员实现就业 1.75 万人。城镇登记失业率 1.82%。苏州籍应届高校毕业生就业率达到 98.7%。全年政府补贴培训职业技能劳动者 4.3 万人。居民收入稳步提高,物价水平保持稳定;生态保护得到加强,节能减排稳步推进。

　　苏州市 2018 年全市完成地区生产总值 1.85 万亿元左右,增长 7% 左右;其中,一产实现增加值 221.98 亿元,增长 0.8%;二产实现增加值 8235.88 亿元,增长6.0%;三产实现增加值8861.65亿元,增长8.2%;一般公共预算收入2120亿元,增长11.1%;税收收入增长15.4%,税比达90%以上;全市进出口总额3500亿美元,增长10.7%;城镇居民人均可支配收入6.35万元,增长8%;农村居民人均可支配收入3.24万元,增长8.2%。2017年全市完成社会固定资产投资5629.6亿元,下降0.3%;社会消费品零售总额5442.82亿元,增长10.3%。按常住人口计算,全市人均地区生产总值为16.27万元。全市高新区全社会研发经费支出占GDP比重达4.4%;全市高新园区拥有高新技术企业2263家,占全市的54.75%;全市高新园区省级及以上科技孵化器数量达88家,占全市的94.6%。2018年以来,全市服务业发展紧紧围绕"两聚一高"总目标,聚焦服务业新业态新模式,强抓项目投入,搭建发展载体,培育市场主体,加快推动一二三产业融合发展,全市服务业保持稳中有进的发展态势。

苏州市2018年共有小学400所,比上年增加9所;招生14.10万人,比上年增加0.8万人;在校生73.06万人,比上年增加3.70万人;毕业生9.97万人,比上年增加0.99万人。全市小学入学人数为14.10万人,小学学龄儿童净入学率达到100%。共有初中学校229所(其中九年一贯制学校53所),比上年增加5所。招生9.12万人,比上年增加0.94万人;在校生24.55万人,比上年增加2.04万人;毕业生6.88万人,比上年增加0.23万人。初中阶段毛入学率持续保持100%。初中毕业生升学率99.62%,比上年下降0.56个百分点。全市高中阶段教育(含完中)共有学校104所,其中高中(含完中)68所,技工学校10所,中等职业学校26所;招生6.1万人,比上年增加121人;在校学生17.38万人,比上年增加4463人。高中段毛入学率连续13年100%。全市共有特殊教育学校12所(含民办1所),特殊教育学校共有教职工440人,比上年增加8人;专任教师378人,比上年增加5人,其中具有本科及以上学历者占85.45%,具有小学高级及以上职称者占58.2%,生师比7.53∶1。全市共招收特殊教育学生361人;在校生2844人。特殊教育毕业生524人。全市拥有省标准化社区教育中心67个(占总数85%),省标准化居民学校867所(占总数43%);苏州市学习型乡镇(街道)累计76个(占总数84%),苏州市教育现代化乡镇(街道)老年大学91个,基本实现全覆盖。2017年全市高考报名人数26015人,全市(不包含新疆班)录取本科新生20594人,本科录取率达80.19%。截至2017年年底,苏州籍高校毕业生的就业率达到98.69%,在苏就业的高校毕业生达31781人,其中博士205人、硕士3285人、本科19162人、大专及高职9129人。苏州市累计建立高校毕业生就业见习基地 740 个,提供见习岗位 2801 个,1551 名高校毕业生参加了就业见习,1.2 万余家用人单位共提供高校毕业生就业岗位 18.45 万余个。

创新驱动的实质是人才驱动。2017 年苏州市新增入选"双创计划"人才 98 人,累计 501 人,连续 8 年位列全省第一。第六届创业周吸引 2396 名人才携带 2433 个项目参会,项目同比增长 9%。市级以上领军人才中,近四分之一的企业销售额超过 1000 万元,超过五分之二入选国家高新技术企业,领衔省重大成果转化项目超过全市的四分之一。苏州市 2018 年第一批姑苏创新创业领军人才名单公布,高新区有徐博翔博士等 11 位人才入选。该区已累计引进获批各级领军人才 950 多人次。苏州高新区已汇聚省双创团队 10 个,省双创人才 91 人,姑苏创新创业领军人才 135 人,高新区领军人才 677 人,连续 12 年位列江苏全省第一。

第二节　苏州市高等教育发展的历史与现状

一、苏州市高等教育发展历程

(一)千年名城与百年学府

"千年名城"苏州始建于公元前 514 年,坐落于春秋时代原址,是一座拥有 2500 多年历史的文化名城,至今保留着当年的城市框架和格局以及各种文化遗产。在过去的 2500 多年中,许多有名的城市曾经兴盛一时,但又很快衰落,淹没于历史长河中。而苏州 2500 多年长盛不衰,最主要有两个原因:一是地利,苏州是"鱼米之乡""天下粮仓";二是人杰,苏州素有"崇文重教"的传统。据统计,苏州是古代状元最多和当代院士最多的城市。在明清两朝状元中,苏州占 17%。作为著名的"院士之乡",截至 2015 年苏州籍两院院士达 111 位,院士数量位列全国地级市之首。

改革开放以来,苏州始终走在时代发展的前列,并不断焕发青春活力。从张家港精神、昆山之路到园区经验,从苏南模式到创业名城,苏州实现了一次次自我革新与华丽转身,政治、经济、社会、文化、生态协同发展。2016 年苏州市实现地区生产总值 1.54 万亿元,位居全国第七,工业总产值位居全国第二;2017 年城市创新力位居全国第九,一座古老而又年轻、传统而又现代的国际化大城市正在迅速发展。

"百年名校"苏州大学的前身是创建于 1900 年的东吴大学,是国家"211"工程、"2011 计划"和"双一流"建设高校。作为全国最早创建的现代高等学府之一,东吴大学开创了中国近代高等教育史上的若干个第一:第一家以西式课程体系举办的大学,第一家开展研究生教育并最早授予硕士学位的大学,第一家开展法学专业教育的大学,第一家创办学报的大学。苏州大学始终与苏州改革发展相伴而行,成为苏州文教版图的重要组成部分和一张靓丽的"文化名片"。长期以来,苏州大学坚持"以服务促发展、以贡献求支持、以合作谋共赢"的发展理念,面向苏州经济社会发展主战场,努力将自身的知识优势、人才资源优势、创新能力优势和公共服务优势等与苏州经济社会发展紧密结合起来,有针对性地做好学科专业布局,扎实推进科学研究及社会服务平台建设。2017 年,苏州大学拥有专任教师近 3000 人,其中有诺贝尔奖获得者、两院院士等国家级高层次人才 140 人;拥有各类在校学生 5 万余名,其中本科生 2.7 万名、硕士生 1.36 万名、博士生 3700 多名,每年有 5000 多名毕业生在苏州创业就业,约占就业总人数的 56%,成为苏州经济社会发展重要高端人才汇聚之地和创新创业人才输送之地。苏州大学拥有包括国家协同创新中心、国家工程实验室等国家级创新平台 10 个,省部级创新平台 66 个,与苏州市共建"人工智能研究院""苏州市自主创新广场"等创新载体 70 多家;孵化包括 4 家上市公司在内的高科技企业 62 家,其中 4 家上市公司总市值超过 50 亿元,成为苏州重要的科技创新与成果转化基地。经过多年的实践和探索,苏州市与苏州大学已经走出了一条"名城带名校,名校促名城"的校地融合发展新模式,成为苏州经济转型升级的智力库、人才库和思想库。

苏州历届市委、市政府都高度重视并积极支持苏州大学发展。1996 年 5 月,原江苏省教委与苏州市政府签署了共同建设苏州大学的协议;2006 年,苏州市政府与苏州大学签署全面合作协议。2014 年 9 月,时任苏州市委书记石泰峰调研苏州大学时,提出了"名城名校、创新驱动、协同提升、融合发展"的战略构想。2016 年 1 月,苏州市政府与苏州大学联合印发了《关于实施名城名校融合发展战略的意见》,明确将名城名校融合发展战略纳入双方"十三五"乃至中长期发展规划。2017 年 10 月,江苏省委常委、苏州市委书记周乃翔在出席苏州大学第十二次党代会开幕式时强调:"苏州大学是苏州的骄傲,苏州是苏州大学发展的丰沃土壤。把苏大建设成为世界一流大学,不仅是学校的历史使命,也是苏州经济社会发展继续走在全省乃至全国前列的必然要求。"

2016年,苏州大学与苏州市全面实施"名城名校融合发展"战略,推进"学科产业对接"等十大工程,全面促进学校人才、科研、智力等创新资源与苏州经济社会转型升级需求深度融合,打造校地融合发展共同体。

(二)苏州市高等职业教育的发展历程

苏州市高等职业教育的发展历程,就是苏州市职业教育和区域经济相互促进、共振发展的过程。改革开放以来,苏州市先后抓住了农村改革、乡镇企业发展、浦东开发开放、中新两国合作等重大历史机遇,社会经济迅猛发展,位居全省全国的前列。苏州市的职业教育围绕满足社会经济发展的人才需求,发展也较为迅速。1981年,苏州市职业大学的成立,标志着苏州市高等职业教育的起步。在整个20世纪80年代,苏州市以培养二产的中级技术工人为目标,相继兴办各类贴合当时经济产业结构的职业学校,如丝绸纺织、电子机械、轻工化工、旅游财经等,开设的专业有丝织技术、丝绸服装、电子技术等70多个。这都为以后苏州市高等职业教育的发展打下了良好扎实的基础。2002年12月,苏州市政府颁布了《苏州市市区职业教育布局结构调整的总体方案》,对职业教育的布局调整工作全面展开。这就提高了规模效益,提高了统筹能力,优化了职业教育的结构。高职学生则由原来的3万人增加到6.8万人。总体而言,布局调整工作提高了职业学校的办学规模、办学条件、教育质量和服务经济社会发展的能力。2010年,苏州市连同无锡、常州、南通等市成为"开展地方政府促进高等职业教育发展综合改革试点"城市。苏州市的地方政府积极参与各种高职教育发展的试点工作。

二、苏州市高等教育发展现状

一座城市的竞争力强不强,不仅要看其"颜值",更要看其"智商"。如果说教育水平决定了一个城市的"智商",那么高等教育发展水平就标志着城市"智商"的高度,以及城市创新潜力的"上限"。从这个意义上说,一座城市拥有高校的数量和质量,直接关乎其发展潜力、科研创新力、社会影响力、城市知名度、城市亲和力以及城市活力。特别是在当前转型发展时期,科技与人才之于城市,无疑是至关重要的资源。

苏州作为全国第二大工业城市和国际新兴科技城市,高新技术产业得到了快速的发展,2010年高新技术产业产值达到9022.67亿元,占全国的11.8%,占江苏省的29.7%。"十二五"期间,苏州致力于建设成为长江三角洲地区最重要的副中心城市、国际先进制造业基地和国际新兴科技城市。但苏州地区作为世界制造业的生产中心,自主创新能力仍需要加强,而积极推进大学科技园的建设已经成为苏州加强自主创新能力、推进产业升级的重要措施。苏州市有大学科技园和国家级大学科技园若干,建设和管理模式多样,取得了一定的成绩,对于提升苏州自主创新能力有重要意义。

苏州市已基本形成了本科、专科、高职院校等高等教育协调发展的服务型高等教育体系。2017年,苏州共有26所高校(见表10-1),其中9所本科院校。一所公办"211"重点大学:苏州大学;另外两所公办本科:苏州科技大学、常熟理工学院;四所民办本科:苏州大学文正学院、苏州大学应用技术学院、苏州科技学院天平学院、江苏科技大学苏州理工学院;两所中外合作办学:西交利物浦大学、昆山杜克大学。与此同时,苏州市高等职业教育规模不断壮大,分布日趋优化,水平不断提升,形成了公办高校为主、多元化办学的格局。现有17所高职高专:苏州幼儿师范高等专科学校、苏州工艺美术职业技术学院、苏州市职业大学、沙洲职业工学院、硅湖职业技术学院、苏州经贸职业技术学院、苏州工业职业技术学院、苏州托普信息职业技术学院、苏州卫生职业技术学院、苏州农业职业技术学院、苏州工业园区职业技术学院、苏州健雄职业技术学院、苏州百年职业学院、昆山登云科技职业学院、苏州高博软件技术职业学院、苏州信息职业技术学院、苏州工业园区服务外包职业学院等,高等教育发展投入逐年增加,高等教育发展状况总体向好,2017年苏州市高校数、在校生数等基本情况如表10-2所示。

表10-1 2017年苏州市高校基本情况统计

序号	学校(全称)	建校年份	办学类型	办学性质	办学模式	办学层次	院校隶属
1	苏州大学	1900	综合型本科	公办	教育部、江苏省政府共建	双一流建设高校、"211"	省部共管
2	苏州科技大学	1932	综合类本科	公办	江苏省与苏州市共建	全日制本科	省属管理

序号	学校（全称）	建校年份	办学类型	办学性质	办学模式	办学层次	院校隶属
3	常熟理工学院	1958	理工类本科	公办	江苏省与苏州市共建	全日制本科	省属管理
4	苏州大学文正学院	1998	综合型本科	民办		全日制本科	省属管理
5	苏州大学应用技术学院	1997	理工类本科	民办		全日制本科	省属管理
6	苏州科技大学天平学院	1999	综合型本科	民办		全日制本科	省属管理
7	江苏科技大学苏州理工学院	2002	理工类本科	民办		全日制本科	省属管理
8	西交利物浦大学	2006	综合型本科	中外合办		全日制本科	省属管理
9	昆山杜克大学	2012	综合型本科	中外合办		全日制本科	省属管理
10	苏州农业职业技术学院	1907	农林类专科	公办		江苏省示范性高等职业院校	省属管理
11	苏州卫生职业技术学院	1911	医药类专科	公办		全日制专科	省属管理
12	苏州工艺美术职业技术学院	1958	艺术类专科	公办		江苏省示范性高等职业院校	省属管理
13	苏州幼儿师范高等专科学校	1976	师范类专科	公办		全日制专科	省属管理
14	苏州市职业大学	1981	综合型专科	公办		全日制专科	市属管理

续表

序号	学校（全称）	建校年份	办学类型	办学性质	办学模式	办学层次	院校隶属
15	沙洲职业工学院	1984	理工类专科	公办		全日制专科	省属管理
16	苏州工业园区职业技术学院	1997	理工类专科	公办		国家示范性高等职业院校	省属管理
17	硅湖职业技术学院	1998	理工类专科	民办		全日制专科	省属管理
18	苏州托普信息职业技术学院	2002	理工类专科	民办		全日制专科	省属管理
19	苏州经贸职业技术学院	2003	财经类专科	公办		全日制专科	省属管理
20	苏州工业职业技术学院	2003	理工类专科	公办		全日制专科	省属管理
21	苏州健雄职业技术学院	2004	理工类专科	公办		全日制专科	省属管理
22	苏州百年职业学院	2005	金融、商学、理工类专科	中外合办	全国首家独立法人资质	全日制专科	省属管理
23	昆山登云科技职业学院	2005	工科类专科	民办		全日制专科	省属管理
24	苏州高博软件技术职业学院	2007	理工类专科	民办		全日制专科	省属管理
25	苏州信息职业技术学院	2009	工科类专科	公办		全日制专科	省属管理
26	苏州工业园区服务外包职业学院	2010	工科类专科	公办	苏州工业园区管委会投资设立	全日制专科	省属管理

表 10-2　2017 年苏州市高等教育基本情况统计

高校数	在校生数/万人					专任教师/人		毛入学率/%	毕业生数/万人	毕业生本地就业率/%
	本科生	硕士生	博士生	高职高专	成教	高级职称	博士			
26	10.92	1.23	0.18	9.96	3.02	5566	3977	约 69	6.72	约 52

注:1.专任教师中全职拥有中国科学院院士、工程院院士 8 人,第三世界科学院院士 1 人,发达国家院士 4 人,美国医学与生物工程院院士 1 人。

2.全市共有一级学科博士点 28 个,二级学科博士点 2 个,一级学科硕士点 67 个。

3.2016 年,苏州市地方教育经费总投入 171.70 亿元,比上年增加 22.68 亿元,增长 15.22%。全社会教育投入增长高于同期市区地区生产总值增长 12.17 个百分点。生均经费投入 14752 元。

第三节　苏州市促进高等教育发展的政策举措

苏州市促进高等教育发展过程中,形成了以下几种具有苏州特色的高等教育发展模式。

一、名城名校融合发展模式

为深入实施创新驱动战略,全面促进苏州高等教育人才、科研、智力等创新资源与苏州经济社会转型升级需求深度融合,建立校地融合发展共同体,苏州实施了名城名校融合发展战略。在苏州市政府办公室《关于印发苏州市教育事业第十三个五年发展规划的通知》(苏府办〔2017〕4 号)文件中指出:要通过学科对接产业、高端人才汇聚、新型智库建设、创新平台培育、教育资源共享等措施,进一步促进在苏高校事业发展与苏州经济社会发展的深度融合,加速提升苏州产业转型升级的保障度、科技创新的支撑度、社会和谐的示范度,加速提升在苏高校人才培养、科学研究、社会服务、文化传承创新的能力和水平,形成"名城带名校,名校促名城"的互动发展新局面。推进省市共建苏州高等教育,充分利用上级政策资源和苏州经济社会发展的优势,共同推进"一流大学、一流学科"建设,构建层次清晰、定位准确、衔接通畅、发展协调的区域高等教育体系,形成全省领先、全国一流、国际知名的高校群体。

为推进名城名校融合发展模式的实现,苏州市政府创新体制机制,具体表现为:(1)建立战略对接机制。苏州市与苏州高校共同将名城名校融合发展战略纳入双方"十三五"乃至中长期发展规划,明确建设目标、具体任务和责任单位。各市(区)政府(管委会)、市各有关部门和单位要认真贯彻落实名城名校融合发展战略,加强与苏州高校相关教学、科研、职能部门的交流与合作,促进政产学研用深度融合发展。(2)建立协同推进机制。苏州市和苏州高校共同建立名城名校融合发展战略领导小组,由苏州市领导和苏州高校领导组成,建立例会制度,每年召开一次对接会,研究推进工作机制和重大措施,协调解决融合发展中的重大问题,形成工作合力。领导小组下设工作组,由各市(区)政府(管委会)、市各有关部门和单位主要负责人,苏州高校有关单位主要负责人参与,负责具体落实双方合作事项,定期会商工作。(3)建立投入保障机制。"十三五"期间,市政府每年安排经费并以项目形式下达,具体合作项目由名城名校融合发展战略工作组提出方案,由领导小组会议讨论决定。积极引导社会资本投向名城名校融合发展项目,努力形成多元化、多渠道、多层次的投入保障体系。(4)建立落实评估机制。苏州市和苏州高校立足全局、着眼长远,加强配合,抓紧制定推进名城名校融合发展战略的具体方案,认真落实相关建设任务和保障措施。苏州市政府和苏州高校加强督促检查,建立定期评估机制,确保各项目标任务落到实处。

二、联盟化发展模式

推动建立"苏州高校联盟",推进苏州高校学分互认与课程共享,支持苏州高校与北京大学、清华大学等国内知名高校开展合作,提升苏州高等教育整体水平。把苏州高校网络课程纳入"苏州终身学习云平台",为苏州市民提供在线学习服务。实施苏州教师素养提升计划,每年选派师资赴苏州高校学习研修,探索基础教育、职业教育与高等教育贯通培养新模式,构建具有苏州特色的现代职业教育体系,实现基础教育、职业教育、高等教育协同发展。共同推进"创客天堂"行动,鼓励企业与苏州高校开展创新创业教育合作,不断完善创新创业服务体系,以"大众创业、万众创新"打造苏州经济发展新引擎。

三、国际化示范区发展模式

苏州高校服务区域发展的重要载体主要有独墅湖高等教育区和国际教育园（分为南区和北区）。2012年,教育部与苏州工业园区管委会签署共建高等教育国际示范区协议。根据协议,教育部加强宏观指导、政策协调和资源支撑,支持苏州独墅湖高等教育国际化示范区立足区内教育国际合作与交流发展需求,通过积极推动引进优质高等教育资源、创新中外合作办学工作机制、提升中外合作办学质量、聘请高层次外籍专家学者、提高来华留学质量水平等工作,进一步提升苏州独墅湖科教创新区高等教育国际化水平,创新国际化人才培养模式,并发挥其在提升高等教育对外开放水平方面的示范性作用。苏州独墅湖科教创新区内已批准设立西交利物浦大学等具有独立法人资格的中外合作办学机构2所,中国人民大学中法学院等中外合作设立二级学院3所,独立设置的研究院3所,区内中外合作办学与科研项目已达30余个,是当前国内优质高等教育资源相对集中、获教育部批准设立中外合作办学机构和项目较多、高等教育国际化发展最具活力的区域之一。

苏州充分学习借鉴国外先进职教经验和成功模式,推动职业院校与国际知名企业、行业协会合作,引进国外优质教育资源和国际通用行业职业标准,专业建设探索对接国际工程教育质量标准,满足苏州经济发展特别是国际企业对职业技术技能人才更高层次需求。支持太仓、昆山等地利用德资企业集聚资源,开展"双元制"合作;支持常熟开展中英"现代学徒制"合作。鼓励职业院校配合苏州市企业"走出去"办学,支持职业院校在"一带一路"国家建立办学、研发机构,探索开设境外职业学校,开展劳务培训、技术培训,支持职业院校招收境外留学生,鼓励毕业生境外就业。培育具有国际影响力和对外输出实力的品牌专业,输出优质职业教育服务,增强职业教育国际话语权,锤炼苏州职业教育品牌。

四、产教融合发展模式

苏州市政府办公室《关于印发苏州市教育事业第十三个五年发展规划的通知》（苏府办〔2017〕4号）明确提出:要充分发挥在苏高校及国内外高校苏州研究院作用,围绕苏州经济转型升级需要,培养高层次精英型人才。依托独墅湖科教创新区,培养技术与管理领军人才。依托苏州国际教育园培育高素质应用型人才。筹建专业旅游学院,系统培养旅游人才。支持高校抢抓苏南国家自主创新示范区核心区发展机遇,主动参与大众创业、万众创新,围绕产业链构建创新链,建立在苏高校与在苏企业合作开展基础性、原创性研究和重大科技攻关的平台通道,深化产学研合作。加快高校科研成果转化,帮助在苏企业实现产品更新换代和转型升级。加强高校创业教育和创业实践工作,健全完善各类创新创业实践平台。

苏州高新技术产业开发区(简称苏州新区)于 1992 年 11 月经国务院批准成立。随着改革开放的大潮,以其旺盛的发展动力和活力崛起,现已成为我国最具生机和发展潜力的开发区之一。苏州新区以高新经济产业发展为龙头,在知识创新和技术创新方面取得了显著的成绩,苏州新区正成为国内外研究机构知识创新的舞台。

苏州新区坚持不懈培育高新技术产业,汇聚了美国的摩托罗拉、杜邦,日本的精工爱普生、松下电工,瑞士的迅达、罗技,荷兰的飞利浦等 30 余个国家的 50 个跨国公司,外向型经济占全区经济总量的 80% 以上,引人注目的是,跨国公司在苏州新区投资不再是单纯建立生产基地,越来越多的研发中心转移到苏州新区,科研开发本土化趋势日益加强。

苏州新区在借外智的同时,坚持不懈培植知识创新体系。投资近亿元的苏州高新技术创业服务中心,被联合国认定为中国首批国际企业孵化器,而后,又建立了中国苏州留学人员创业园,三位一体的科技英才创业基地初具规模。苏州高新技术产业开发区与高校的另一种合作形式是与高校联合实施人才"培训工程"。如苏州新区与南京大学合作,建立了南京大学继续教育(苏州新区)中心。该中心成立以来,开设了研究生课程班、本科班、MBA 班及各种培训班达 13 个,累计培训各类人才达 920 人次。

针对职业教育,2020 年 3 月 25 日,苏州出台 20 条实施意见,加快推进职业教育现代化。其中,第 6 条重点提出了"深化职业教育产教融合"。开展"产教融合型企业"等项目培育建设,给予"金融+财政+土地+信用"的组合式激励,并按规定落实相关税收政策,厚植企业承担职业教育责任的社会环境,推动职业院校和企业形成命运共同体。引导行业部门和组织对职业教育工作的指导,在主要领域成立一批行业教学指导委员会。推动职业院校和行业企业以专业为依托,围绕人才培养、招生就业、专业建设、课程教学、师资队伍建设、实训实习基地建设等方面深入合作,优化人才供给结构,精准对接市场需求。建设一批优秀企业学院和职业教育集团,充分发挥企业主体作用。

第四节　苏州市高等教育发展存在的
主要问题与经验启示

一、存在的主要问题

苏州高等教育仍然存在以下几个方面的问题。

(一)办学层次参差不齐

2017 年,苏州共有普通高校 26 所,其中本科 9 所,专科 17 所,只有苏州大学这一所"211"及"双一流"建设高校。与南京、济南等兄弟城市相比,高等教育结构规模不足、层次偏低,仍缺乏优质高教资源,缺少高水平大学,与苏州国际化大城市的发展定位并不相称,难以满足市民对优质教育的迫切需求。

(二)市校合作有待完善

苏州市政府与苏州大学共同出台的《关于实施名城名校融合发展战略的意见》指出:"苏州市和苏州大学共同建立名城名校融合发展战略领导小组,由苏州市政府领导和苏州大学领导组成,建立例会制度,每年召开一次对接会,研究推进工作机制和重大措施,协调解决融合发展中的重大问题,形成工作合力。"苏州市政府与高校目前还未充分发挥联席会议的平台作用,导致省属高校的身份限制和市校信息不对称。

(三)对高等教育的投入有所不足

当前,深圳、东莞、青岛等城市不惜重金吸引国内外优质高等教育资源,全国高等教育格局正在悄然改变。2017 年 11 月 23 日,郑州市出台《关于加快引进优质高等教育资源的意见》,设立 100 亿元高等教育发展专项基金,用于支持引进优质高等教育机构,保障人才团队、设备购置项目研发及其他教学和科研条件建设。在全国各大城市纷纷加大高等教育投入之际,苏州对高等教育的投入还有所欠缺。

二、基本经验

(一)打通教育供给与需求端,打造科教创新基地

苏州正处在建设具有较强综合实力的国际化大都市的关键时期,未来将形成以现代服务业为主体、战略性新兴产业为引领、先进制造业为支撑的新型产业体系,亟须依靠创新驱动经济转型升级。在此背景下,补齐高等教育的短板从城市供给与市民需求两个层面突破。

城市供给端方面。政府进一步加大国内外优质高等教育资源的引进力度,在独墅湖科教创新区高等教育国际化示范区建设的实践基础上,制定出台加快引进优质高等教育资源的政策,大力引进国内外优质高等教育机构,对引进的国内外优质高等教育机构提供资金、土地等支持政策。根据苏州城市发展定位,引进的境内大学一般应为国家"985""211"工程大学或国内专业排名前5名的高校;境外大学原则上应为世界一流大学或拥有一流学科。在注重引进优质教育资源的同时,也加大对苏州大学、苏州科技大学等本土高校的支持力度,对于入选国家"双一流"计划、江苏省"高水平大学"建设计划的高校、学科给予一定的配套经费支持,使苏州大学等高校成为苏州教育事业发展的闪亮名片。

市民需求端方面。政府与高校合作实施"三区联动"(大学校区、科技园区、公共社区)发展战略,打破校区、园区、城区之间的物理界线,以大学校区为核心,以科技(产业)园区为桥梁,以社区公共服务为依托,以资源的聚集、共享、融合、转换为特征,推动高校与区域经济、社会、文化的整体联动、融合发展。同时,充分利用苏州高校的教育资源,建立"高校联盟"和"教育数据库"等平台,开展苏州高校学分互认与课程共享等方面的探索。积极开发市民学习课程,丰富市民终身学习云平台资源。深入实施苏州教师素养提升计划,为苏州中小学和职业院校骨干教师提供进修服务,积极尝试与企业开展创新创业方面的教育合作。通过上述措施,让优质高等教育资源走出象牙塔,滋润城市发展。

(二)打通知识供给与需求端,提升原始创新能力

世界城市体系正在从工业经济时代的全球生产网络走向知识经济时代的全球创新网络,为世界城市与高校的共生互动增添了更大的内在驱动力。然

而，由于高校科研成果商品化、产业化的程度较低，不少科研成果依旧停留在实验室里"开花结果"，未能形成商品收益，很多成果难以转化为现实生产力。破解"实验室"与"市场"中间的"最后一公里"，需要从以下三个方面着手发力。

1. 调整学科方向

苏州大学及所有苏州高校不仅要在基础科研领域有所成就，在经济和民生需求中体现价值，还要主动对接苏州"一基地、一高地"建设布局和"十三五"产业发展需求，瞄准行业共性技术，以学科群、人才群和信息群对接产业群，实现学科链转化技术链，技术链转化为产业链，集群化推动产学研合作。

2. 创新科研机制

要推动政产学研协同创新，特别是推动创新链与产业链、服务链、资金链的协同，着力打通高校创新链与企业需求链，按照"企业出题、高校出智、多方筹资、成果共享、行业受益"的思路，建设一批"问题导向"的协同创新平台，加强科技创新团队的前瞻性布局和建设，优化、重构基础研究—技术攻关—工程应用一体化协同的新型科技创新团队，为企业转型升级提供个性化的技术支持，努力形成新的标志性成果。

3. 打造旗舰平台

依托高校现有国家级科研平台，组建若干个"高精尖中心"，借鉴国际一流实验室管理、运行、考核方式进行建设，有效整合苏州地区各类高校、科研机构、知名企业和国际创新资源等多方力量，建立国内与国外创新资源深度融合、科研与应用相互促进、科技创新与人才培养有机结合的长效机制。通过"科技创新"与"机制创新"双轮驱动，突破一批关乎经济社会发展重要方向的关键科学问题和前沿技术，争取形成一批重大标志性原创性成果，助推"苏州制造"向"苏州创造"战略转型，着力提升高等教育层次和水平。

（三）打通人才供给与需求端，构筑创新人才高地

高端人才的区位选择、地点选择，人才的地理分布、区域分布，决定了产业的区位选择、空间分布和未来发展。一个产业群或者一个城市，能否创造竞争优势，关键在于能否吸引人力资本或高端人才。苏州在创造外向型经济奇迹的过程中，积累了丰富的亲商理念。以"招商引资"的精神和本领，提升"招才引智"的能力，将苏州建设成为了海内外优秀人才的首选创新基地和创业天堂。

1.加强协同,建立人才工作大格局

建立由组织、人社、教育、科技、财政、国资、高校等系统或部门参加的"苏州人才工作联席会议"制度,定期分析研究和协调解决引进高层次人才工作中的问题;组建由政府、高校、企业、专业智库共同参与的"人才工作咨询委员会",作为第三方为苏州人才工作提出政策建议;建立基于大数据的人才供需数据库,为精准引才提供数据支撑,加快吸引高端人才向重点行业、产业、项目及地区集聚。

2.接轨国际,人才引进要有大视野

放眼全球招揽人才,定期在世界知名媒体、刊物上发布人才招聘广告,塑造苏州珍才、惜才、爱才新形象;遵循国际惯例,采用年薪制,对高端人才提供具有国际竞争力的薪酬标准;分层分类引进人才,对于特别优秀和急需的人才,可采取"因人设岗"和"一人一策"等特殊政策;注重发挥高校人才引进的"桥头堡"功能,支持高校重点引进产业急需的战略科学家、青年拔尖人才和高水平创新团队。

3.完善政策,人才使用要有大胸怀

对接国际标准和兄弟城市有关政策,及时更新修订苏州人才引进、使用、奖励等政策办法,纵向建立国家、省、市、区相衔接的人才政策体系,横向建立政府、高校、企业相对接的人才支撑体系,打造立体化的人才工作网络。打通人才流动、使用的机制障碍,让科研人员在企业、高校、科研机构之间流动起来,让创新血液在全社会自由流动,为人才创新创业提供更加广阔的空间。推动知识、技术、管理等要素参与分配,让人才在创新成果运用中有份额、有股权,成为"科技富翁"和"科技明星"。

(四)打通资源供给与需求端,汇聚名城名校发展合力

随着国家创新驱动战略和"双一流"建设的启动,大学与城市呈现加速对接融合态势。2016年,苏州市政府与苏州大学正式启动名城名校融合发展战略,并都将其写入双方"十三五"发展规划,并确立了该战略的法定地位。名城名校融合发展战略,兼顾了政府、高校、社会三方诉求的共赢制度设计,政府"有形之手"与市场"无形之手"合力推进高等教育发展,对全国高等教育的科学发展具有一定的示范和引领意义。

三、几点启示

（一）地方高等教育发展水平与城市的综合实力息息相关

高等教育是教育事业的高端和龙头，一个区域高等教育的发展水平，就决定了这个城市的发展水平，代表着这个城市的综合实力，更能说明这个城市的科技创新力。因此，要提升城市的综合竞争力和吸引力，就要大力发展地方高等教育，坚持实施"科教兴市""人才强市"战略，扎实推进高等教育的发展，给城市的经济社会发展带来智力支持和人才支撑，发展高等教育完全可以成为城市发展中最重要的战略要素之一。

（二）推动教育社会互动融合，以科教进步助推城市转型发展

贯彻职业教育校企合作促进办法，推进产教融合，引导教育链和产业链有机融合，建设一批与先进制造业和现代服务业相适应的现代专业群，实现校企多元化全方位合作，进一步完善现代职业教育体系和多路径人才成长"立交桥"。提升高等教育与城市发展融合水平，通过名城名校融合发展战略，增强高校人才培养能力，提升高校创新创业水平，形成"名城带名校，名校促名城"的互动发展新局面。

（三）推动办学主体多元化，大力构建公民办并举的教育发展格局

鼓励和引导民间资金以多种方式进入教育领域，支持社会力量办学，落实民办教育扶持政策，优化民办教育发展环境，形成以政府办学为主、社会积极参与、公办教育与民办教育共同发展的办学体制。大力发展非营利性民办教育，实施非营利性民办学校发展支持政策，建立营利性民办学校发展模式、公民办混合所有制改革模式、中外合作办学模式和民办教育机构托管公办学校模式，多形式扩大品牌公办学校，优质资源辐射民办学校。

（四）构建现代教育研究体系，加快区域教育智库建设

统筹各方面的教育科研资源，推动教育科研重心、科研方式、科研组织形式、科研成果应用转型，构建区域教科研发展综合指数体系，定期发布区域教育科研质量监测报告。研究制定教研员专业素养标准，全方位、多渠道提升教研队伍专

业化水平。深化成果评价和应用转化机制改革,研制以贡献和质量为导向的高等教育研究绩效评估办法。建设高端引领、集中发布、影响广泛的成果发布平台,拓宽成果应用转化渠道,提高教育研究成果向一线教育教学的转化效率。

地方高校要抓住城市发展的战略机遇,坚持与城市发展同步,以服务求支持,以贡献谋发展,主动适应城市进步发展需要,与城市产生共生效应,必将走出中心城市高等教育发展的新路,实现城市发展与区域高等教育发展的深度融合。

参考文献

[1]缪奇.新兴中心城市引进优质高等教育资源研究.南京:南京师范大学,2020.

[2]王守法.高等教育与区域经济研究.北京:经济科学出版社,2006.

[3]袁冬梅.高校服务地方创新发展的现状与角色定位研究——以苏州地区为例.高教学刊,2020(31):32-35.

第十一章　泉州市促进高等教育发展政策研究

第一节　泉州市经济社会发展概况

　　泉州市地处福建省东南部,面积 11015 平方千米,是福建省三大中心城市之一。泉州是国务院首批历史文化名城、东亚文化之都、古代"海上丝绸之路"起点城市,文化积淀深厚,素有"海滨邹鲁""世界宗教博物馆""光明之城"的美誉。泉州是全国著名侨乡和台湾汉族同胞主要祖籍地。旅居世界各地的泉州籍华侨、华人 720 多万人,港澳同胞 70 多万人,台湾汉族同胞约 900 多万人。泉州根据自身发展优势,着力打造特色经济。促进泉港"石化基地"、丰泽"中国树脂工艺之乡"、晋江"中国鞋都"、石狮"中国服装名城"、南安"中国建材之乡"、惠安"中国石雕之乡"、德化"工艺陶瓷之乡"、永春"芦柑之乡"、安溪"乌龙茶之乡"等特色经济的形成并驰名海内外。

　　2017 年泉州市实现地区生产总值 7548.01 亿元,按可比价格计算,比上年增长 8.4%,经济总量连续 19 年保持福建省第一。其中,一产增加值 198.03 亿元;二产增加值 4397.78 亿元;三产增加值 2952.19 亿元,实现增长 10.6%。三次产业比例为 2.6∶58.3∶39.1。按常住人口计算,人均地区生产总值 87615 元(按年平均汇率折合 12977 美元),比上年增长 7.5%。2017 年一般公共预算总收入 338983 万元,比上年增收 40069 万元,增长 1.4%。全市拥有超亿元企业 2523 家,比 2016 年增加 215 家,其中超 10 亿元企业 246 家,比 2016 年增加了 57 家。

　　2017 年年末泉州市常住人口 865 万人,比上年末增加 7 万人。65 岁及以上人口占 7.3%。人口出生率为 14.8‰,死亡率为 6.6‰,自然增长率为 8.2‰,常住人口城镇化率为 65.7%。2017 年年末全市户籍人口 742.33 万人,户籍人口城镇化率为 49.7%。

全市居民人均可支配收入 33256 元,比上年增长 7.8%。按常住地分,全市城镇居民人均可支配收入 42696 元,增长 7.7%;农村居民人均可支配收入 18606 元,增长 8.3%。

第二节　泉州市高等教育发展概况

泉州是一个主要由中原移民及其后裔开发建设起来的沿海港口城市。在历史上,泉州学校教育发展水平位于福建前列,是福建教育发达的地区,并对福建的教育起到了积极的推动作用。华侨办学名闻全国,泉州海外华侨捐资办学,不论是办学历史,还是办学数量、规模、类型,都是福建乃至全国其他地区所不能比拟的。据不完全统计,至清朝末年,泉籍华侨在家乡创办或资助的中小学堂达 56 家。这些学堂大多创办于乡村或偏远的山区,不仅推动了新式学堂在农村地区的发展,也为民国期间侨办侨助学校的发展奠定了坚实的基础。虽然泉州教育在清末已经兴办了 170 多所学堂,但大多是小学堂,后来发展为高等学堂的不多。据不完全统计,清末,创办于泉州府(含永春、德化两州县)的各类新式学堂达 175 座。

其中一所学堂——泉州幼师,前身是培英女校,由英国宣道会创办于 1890 年。到 2005 年,泉州幼师才升格为泉州儿童发展职业学院。从清末到新中国成立,泉州的高等教育尚未起步。成立于 1934 年的惠世高级护校,于 1986 年改为泉州卫生学校,2004 年 5 月经教育部批准才升格为泉州医学高等专科学校

1958 年,泉州大学师范学院成立,几经变迁,1981 年复办泉州师范专科学校。1998 年,泉州师范专科学校、泉州教育学院、泉州师范学校合并组建新泉州师范专科学校。2000 年,经教育部批准建立泉州师范学院,系福建省第一所新建地方性省属本科高校。2001 年,南安师范学校并入泉州师范学院。

1960 年,由周恩来亲自批准设立,中国第一所以华侨命名的高等学府华侨大学落户泉州。1983 年中共中央确定华侨大学为"国家重点扶植的大学"。华侨大学直属国务院侨办领导,是新中国最早实行董事会制度的大学之一,也是国务院侨办与福建省、泉州市、厦门市共建的综合性大学。学校董事会由海外

华侨华人、港澳同胞、归侨等各界著名人士、专家、领导组成,在我国高等教育发展史上具有典范意义。

1978 年 2 月,福建广播电视大学晋江地区工作站(筹)在晋江地委的关心和广播电视局、教育局的领导下,"先上马,后备案",经过积极筹备与宣传,在泉州(现鲤城区)、晋江、南安等县招收首届大专理工类学生和英语单科生 335 人,采用广播电视授课与面授辅导相结合的方式,扬帆起航,开始了福建广播电视大学泉州分校教育的历程。

到了 20 世纪 80 年代,泉州的高等教育迎来了较大的发展,在民办教育的发展上开创了本科办学的先河。

1981 年 3 月,晋江地区教育局同意创办黎明学园,性质为民办补习学校,由 10 余位退休的老校友义务任教,设有电子、外语、美术等 6 个大专班,2 个中专班。1984 年春,晋江地区行政公署决定在黎明学园的基础上创办泉州黎明职业大学。

1987 年,由爱国华侨吴庆星先生及其家庭设立的仰恩基金会创建仰恩大学,经国家教委批准为全日制普通高等学校。

进入 20 世纪 90 年代,在地方经济持续、快速发展的推动下,泉州市的地方高等教育通过合并重组、建设新校区等途径,扩大了办学规模。进入 21 世纪之后,泉州市高等教育飞速发展。原有高等院校或扩大规模,或由专科院校升格为本科院校。一批中等职业技术学校先后升格为高等专科学校或职业技术学院,一批民办高等院校相继创办。泉州逐渐成为福建省三大高等教育中心城市之一。从 1994 年起的泉州市高等教育发展可以分为以下几个阶段。

(一)第一阶段(1994—1998),高等院校扩大规模时期

从 1994 年 7 月起,仰恩大学作为中国教育改革的试点,由仰恩基金会独立办学,是全国第一所具有颁发国家本科学历证书和授予学士学位资格的民办大学。1994 年,中共泉州市委、泉州市人民政府下发《关于优先发展教育,建设教育强市的决定》,提出"进一步提高高等教育质量和办学效益,尽快扩建泉州师范专科学校,使之达到 2000 人以上办学规模。黎明职业大学、福建广播电视大学泉州分校办学规模力争分别达到 1500 人左右"。1994 年,海外侨胞李尚大先生捐助黎明职业大学 1589 万元,黎明职业大学东海宝觉山校区启动。1996 年,福建广播电视大学泉州分校在校生 4784 人,成为泉州地区在校生人数第二的大学,仅次于华侨大学。1998 年,泉州师范专科学校、泉州教育

学院、泉州师范学校合并组建新的泉州师范高等专科学校,为 1999 年以后全国高等教育扩招奠定了基础,走在同类院校的前列。

(二)第二阶段(1999—2002),民办高等院校发展阶段,同时公办高等院校或继续扩大规模,或升格为本科

2000 年,泉州市出台了《泉州市加快发展社会力量办学的若干意见》,从政策上鼓励扶持社会力量兴办各类学校。

1999 年,泉州师范专科学校升格为泉州师范学院,并在 2000 年启动了新校区建设。同年,黎明职业大学也搬入新校区。

值得一提的是,在政府的政策鼓励下,泉州相继创办了 5 所民办高校:1999 年,泉州光电职业技术学院成立;2001 年,泉州育青职业技术学院成立;2002 年,福建师范大学闽南科技学院成立;2002 年,泉州华光摄影艺术职业技术学院、泉州信息工程学院成立。仰恩大学自 2001 年至 2003 年期间校区面积扩大了 9 倍。

(三)第三阶段(2003—2012),公办、民办高校竞相发展阶段

2003 年,泉州市委、市政府下发《关于加快普及高中阶段教育和发展职业技术教育的决定》,提出要“大力发展地方高等教育。积极为华侨大学、仰恩大学创造良好的办学条件,扶持黎明职业大学、福建广播电视大学泉州分校发展,加快泉州大学创建步伐,建设 10 所左右高等职业技术学院”。泉州高等教育步入迅速发展期。其间,5 所中等职业学校升格为高等专科学校或职业技术学院,1 所民办职业学院升格为本科院校,新设立 2 所民办职业学院、1 所公办二级学院。

2003 年,泉州电力学校升格为福建电力职业技术学院;华侨大学筹建厦门新校区。

2004 年,泉州商贸学校升格为泉州经贸职业技术学院;民办泉州信息职业技术学院设立;泉州卫生学校升格为泉州医学高等专科学校。

2005 年,民办泉州育青职业技术学院更名为泉州纺织服装职业学院;德化陶瓷职业中专学校等 4 所学校重组升格为德化陶瓷职业技术学院;泉州幼儿师范学校升格为泉州儿童发展职业学院;民办泉州泰山航海职业技术学院获准筹建。

2006 年,民办泉州中营航海职业技术学院更名为泉州理工职业学院。

2008 年,民办泉州光电信息职业学院升格为本科院校,更名为闽南理工学院。

2009 年,民办泉州轻工职业学院成立。

2011 年,福建农林大学和安溪县人民政府联合创办福建农林大学安溪茶学院。

由此可以看出,泉州高等教育在 2003 年到 2012 年间实现了跨越式发展,无论是高校数量还是在校生人数以及办学类型都有突飞猛进的发展,基本形成了泉州高等教育格局。到 2012 年,泉州市共有 17 所全日制高等院校、1 所成人高等院校。其中本科院校 5 所,专科院校 12 所,9 所为民办高校。

(四)第四阶段(2012 年至今),高等教育内涵提升,再发展阶段

泉州市通过上一轮高等院校设立、合并、升格之后逐步进入内涵发展阶段。2013 年,泉州市人民政府出台《关于进一步支持高校加快发展的实施意见》指导性文件,全面推进内涵式发展。

支持高校高层次人才队伍建设。加大高层次人才队伍建设投入,将高校高层次人才纳入市人才培养引进资助计划和建设项目,加强对市属高校人才队伍建设的支持力度。为此,泉州市修订了《泉州市"桐江学者计划"特聘教授岗位制度规定》,并于 2014 年发布《泉州市"桐江学者计划"实施意见》,鼓励支持高校领军人才面向产业需求组建创新团队,领建重点实验室、工程中心和成果转化中心,申请和承担各级重大科研项目,主动融入区域创新体系。此文件进一步加大了人才引进培养力度,为泉州高校的发展提供了师资队伍保障。

完善民办高校教师管理服务制度。民办高校教师在资格认定、职称评审、考核评价、评优评先等方面,与公办高校教师享受同等待遇。建立健全民办高校教师人事代理服务制度,按规定办理户口迁移、社会保险关系转移、档案转接等手续。已在政府指定机构办理人事代理的民办高校教职工,工作变动时,教龄、工龄连续计算。

构建现代职教体系。推进泉州市高职院校与其他层次职业教育人才培养的沟通与衔接,构建人才培养"立交桥"。支持泉州市高职院校开展中高职一体化办学、集团化办学、招工招生一体化和应用型本科人才培养、联合培养专业硕士等改革试点工作。

2015 年,泉州市深入推进"海纳百川"高端人才集聚计划,新建院士专家工作站 4 家、博士后科研工作站 5 家。实施技能人才素质提升工程,新增高技能

人才1万多名。出台县域经济特色人才评价办法,评审特色人才500多名。与此同时,教育信息化建设步伐加快。高等教育、职业教育的人才培养与产业需求更加紧密衔接,建成福建大学石油化工学院泉港校区,2016年投入使用。

2016年,泉州市制定职业院校专业建设"正负面清单",职业院校入选应用型本科转型试点高校3所、示范性现代职业院校12所。

2017年,《泉州市人民政府关于实施人才"港湾计划"的若干意见》文件出台计划,此计划的出台,在人才管理的体制机制上进行了大胆的创新,努力形成系统高效、开放共享的人才成长生态链。

泉州市高等教育、职业教育突出服务产业转型升级,推行现代学徒制,建设了一批示范性现代职业院校、职业教育集团和生产性实训基地;推动职业院校专业群对接产业群建设工程,打造有竞争力的特色学科和专业;扶持和规范发展民办教育。

泉州市高等教育系统分为六种类型:一是福建省教育行政部门直接管理的学校(民办仰恩大学);二是省市共建、以市管理为主的学校(泉州师范学院);三是行业和省教育行政主管部门管理的学校(福建电力职业技术学院);四是泉州市管理的学校(黎明职业大学、泉州医学高等专科学校、泉州经贸职业技术学院、泉州儿童发展职业学院、德化陶瓷职业技术学院等);五是民营企业投资创办、地方教育行政主管部门管理的民办高校(泉州纺织服装职业技术学院、泉州华光摄影艺术职业技术学院、泉州中营职业技术学院、泉州光电信息职业技术学院、泉州信息职业技术学院等)和独立学院(福建师范大学闽南科技学院);六是福建广播电视大学泉州分校和各县(市、区)工作站,构成了泉州地方高等教育比较完整的体系。2019年,泉州市高校有公办本科2所,民办本科5所(见表11-1)。民办本科高校数量超过公办本科数量,这在全国城市中并不多见。

表11-1　泉州市高等学校一览

序号	学校名称	办学体制、层次	办学类别	建校时间(年)
1	华侨大学	侨办本科(双一流)	综合性	1960
2	泉州师范学院	公办本科	综合性	1958
3	仰恩大学	民办本科	综合性	1987
4	闽南理工学院	民办本科	多科性	1998

续表

序号	学校名称	办学体制、层次	办学类别	建校时间(年)
5	福建师范大学闽南科技学院	民办本科	综合性	2001
6	泉州信息工程学院	民办本科	理工类	2002
7	泉州职业技术大学	民办本科	多科性	1986
8	福建农林大安溪茶学院	公立大学独立学院	综合性	2012
9	福大泉港石化学院	公立大学独立学院	多科性	2016
10	福建电力职业技术学院	公办专科	理工类	1984
11	黎明职业大学	公办专科	综合性	1984
12	泉州幼儿师范高等专科学校	公办专科	师范类	1890
13	泉州医学高等专科学校	公办专科	医药类	1934
14	泉州经贸职业技术学院	公办专科	财经类	2001
15	泉州工艺美术职业学院	公办专科	艺术类	1981
16	泉州广播电视大学	公办专科	开放教育	1979
17	泉州纺织服装职业学院	公办专科	综合性	2001
18	泉州华光职业学院	民办专科	综合性	2002
19	泉州轻工职业学院	民办专科	理工类	2006
20	泉州海洋职业学院	民办专科	理工类	2009
21	泉州工程职业技术学院	民办专科	理工类	2010

第三节　泉州市促进高等教育发展的政策

从 20 世纪 60 年代以来,泉州市在历届市委、市政府高度重视下,充分抓住历史发展的机遇,优先发展教育,建设教育强市,使泉州的高等教育不断向前发展,民办教育、现代职业教育体系建设、产教融合等方面在全国具有典范意义。

一、敢为天下先，开启民办教育试点

泉州市具有捐资办学的传统，在民办教育的发展上走在了全国前列，民办高校数在泉州本科高校中可谓独占鳌头。1981年晋江地区创办大专层次的黎明学园民办补习学校。1994年通过海外侨胞李尚大先生的捐助，黎明职业大学启动了新校区建设。1987年全日制的民办仰恩大学成立，1994年7月，经国家教委批准，仰恩大学改为由仰恩基金会独立办学的体制，成为全国第一所具有颁发本科学历证书资格的全日制私立大学（1998年批准为全国第一所具有学士学位授予权的私立大学）。为了进一步从政策上鼓励扶持社会力量兴办各类学校，2000年泉州市出台了《泉州市加快发展社会力量办学的若干意见》，此文件的出台有力地推动了民办教育的发展，先后有5所民办高校创建，分别是福建长兴职业技术学院（2001年更名为泉州光电职业学院）、泉州育青职业技术学院、福建师范大学闽南科技学院、泉州华光摄影艺术职业学院、泉州中营职业学院。同时，仰恩大学校区面积扩大了9倍。

充分抓住历史发展机遇，民办教育再上一个台阶。1999年，中国的高等教育进入扩招模式，全国的高等教育蓬勃发展，泉州市的民办教育充分抓住历史发展机遇，得到了进一步发展。2005年，民办泉州育青职业技术学院获准更名为泉州经贸职业技术学院。同日，民办泉州信息职业技术学院获准设立。同年11月，民办泉州泰山航海职业技术学院获准筹建，并于2009年设立。2006年，民办泉州中营职业技术学院获准更名为泉州理工职业学院，2008年，民办泉州光电信息学院升格为本科院校并更名为闽南理工学院。2009年，民办泉州轻工职业学院获准设立。2010年左右，泉州市是第一个民办本科数量超过公办本科的城市。这主要得益于泉州市政府对高等教育的高度重视，有1994年《关于优先发展教育，建设教育强市的决定》和2000年《泉州市加快发展社会力量办学的若干意见》两个具有战略意义的文件的支持。对民办职业院校实行营利性和非营利性分类管理，非营利性民办职业院校在税收政策、政府购买服务等方面与公办院校平等。对办学规范的非营利性职业院校，可登记为事业单位法人。民办学校教师副高级以上专业技术职务（高级技师等同）或具有研究生学历且具备中级专业技术职务的专任教师，按规定参加养老保险，退休后享受相应的养老保险待遇。同时，建立政府对民办职业院校的督导制度。

二、有序推进，完善产教融合育人机制

泉州市高等教育在近几十年的发展过程中也经历从无序到有序、从规模扩张到内涵发展的过程。从政府工作报告中可以看出，市政府不断推动校企合作内涵建设，尤其是"推动高校与亿元以上企业建立紧密的校企合作关系"。2011年泉州市政府工作报告明确指出"推动泉州高校与产值亿元以上企业开展战略协作"并出台《泉州市人民政府关于推动全市高校与年产值亿元以上企业建立校企战略合作关系的实施意见》，有力地保障了泉州市校企合作有序推进。2018年，泉州市9所高校与32家企业共建24个产业学院。全市高校共与2052家企业建立校企合作关系，其中年产值亿元以上企业560家；7所高校分别牵头组建了3个省级、7个市级职教集团，共有392家行业企业参与；全市共获批26个省级"二元制"试点（全省最多）、39个省级现代学徒制试点，试点专业基本覆盖泉州市主要产业。校企合作主要有以下几方面举措。

（一）为亿元企业输送和培训中高层次人才

根据产业发展需要，泉州市重点培养电子信息、石油化工、生物医药、环保、新材料、新能源、制鞋、石材、水暖、纺织服装、装备制造、现代港口物流与港口工程、船舶、汽车工程等领域，年产值亿元以上企业紧缺和急需的专业，资本运作、区域经理、高级文秘、市场督导、软件开发、动漫等方面的中高层次人才。每年面向年产值亿元以上企业开展职业技术培训2万人次以上，使全市高技能型人才占技能劳动者的比例至少达到29%。

（二）高校专业课企业兼职教师比例超过六成

泉州市将推行订单式人才培养制度，高校将按企业需求制订人才培养计划，支持在年产值亿元以上企业中设立高校毕业生就业见习基地，创造条件，力争学生进入企业顶岗实习不少于半年。此外，泉州市鼓励支持高校与年产值亿元以上企业联合制订人才双向交流方案，保证高等职业院校专业课来自行业企业兼职教师的比例达到60%以上（2015年目标）；组织教师进入企业参加本专业相关的实际工作，保证高等职业院校专业基础课和专业课教师在五

年内累计不少于一年在企业工作。

(三)建设一批国家级、省级实训基地

泉州市支持高校紧密联系行业年产值亿元以上企业,实行厂校合作,建设一批实训实习基地。此外,泉州市在石油化工、装备制造、光电信息、生物医药、生产性服务业等重点产业领域建设了一批市级高等教育实训基地。

(四)校企合作研发费用可享税收优惠

泉州市建立产学研用合作联盟、产学研用合作产业基地或中试基地,鼓励和支持高校与企业联合创建科技创新平台,大力推动企业在高校设立相关科研创新平台,对经认定的国家级、省级和市级科技创新平台按规定给予支持。企业在校企合作中发生的符合条件的研究开发费用可享受企业所得税50%加计扣除优惠。同时,鼓励支持高校派遣高级技术人才进入年产值亿元以上企业服务。鼓励支持高校开展科研课题研究,高校科技人员进入年产值亿元以上企业服务的项目,将择优予以立项支持。

三、人才工程,为泉州招贤纳士促发展

人才对一个城市经济社会的发展至关重要。从泉州市人才引进培养的政策来看,有两个政策密集期。

(一)高层次人才引进计划

2006年到2013年泉州市政府出台相关文件,工作的重点是引进高层次人才。主要的政策文件有:《泉州市关于引进高层次人才的若干规定》(泉委发〔2006〕4号)和《泉州市"桐江学者计划"特聘教授岗位制度规定》(泉政〔2009〕17号)。其中"桐江学者计划"旨在加强泉州市高校骨干教师队伍和学术梯队建设,吸引和遴选中青年杰出人才,培养、造就具有国内外领先水平的学科带头人,带动一批重点学科的建设和发展,提高泉州市高校的学术地位和竞争实力。特聘教授岗位属于流动岗位,聘期为3~6年,在聘期内享受特聘教授奖金,每人每年10万元,同时享受相应工资、保险及福利待遇,提供安家费5万元及三室二厅住房一套,并解决配偶工作调动和子女入学问题,同时提供高强

度支持的教学科研活动经费（其中，教学科研启动经费为理科类 50 万元，文科类 20 万元）。随后，泉州市相继出台《泉州市引进高层次创业创新人才若干规定》（泉委〔2010〕53 号）、《关于引进高层次人才对象条件和政策措施的补充通知》（泉委办〔2012〕33 号）、《泉州市"海纳百川"高端人才聚集计划（2013—2017年）》（泉委办发〔2013〕8 号）等文件，这些文件的出台为高校引进高层次人才提供了强有力的政策保障（但不限于高校人才引进）。

（二）多层次人才引进计划

近年来全国各大城市对人才争夺呈现白热化趋势，泉州市及时调整人才引进战略，在加强高层次人才引进力度的同时，及时出台"港湾计划"人才引进政策，确保满足泉州市对各层次人才需求。主要的政策文件有：《中共泉州市委 泉州市人民政府关于实施人才"港湾计划"的若干意见》（泉委发〔2017〕6 号），该计划确定了高层次人才认定标准和认定办法，改"评审制"为"确认制"，分五个层次直接"对号入座"确认高层次人才。2018 年对认定标准进行修订完善，把光电、半导体、人工智能等高精尖缺产业人才及急需紧缺工种技能人才纳入认定范围，单列"港澳台人才"认定标准。打破职称和学历限制，出台实施高层次人才职称直评直聘政策。同时，该计划着重点在于引进各层次人才，比如大学生毕业到泉州就业可以先落户后就业，毕业 5 年内创业者 一次性补贴 5000 元；分别给予硕士研究生和一流大学、一流学科、中科院大学、中国社科院大学和三大世界大学排名机构发布的最新排名同时排在前 500 名的大学高校毕业生每人每月 800 元，其他产业急需的本科高校毕业生每人每月 600 元安居补助等优惠政策。为了配合"港湾计划"政策，泉州市出台了《泉州市高层次人才"一站式"服务暂行规定》，由泉州市人社局开发了"泉州市高层次人才'一站式'服务大厅"——高层次人才网络服务平台。该平台为高层次人才提供了业务办理、政策发布、专家风采、引才活动、项目对接、举荐人才、咨询帮助等综合性服务，可实时单项联网审批，实现与相关职能部门的数据交换与业务联动，高层次人才"足不出户"便可申请办理各种业务，为高层次人才的引进开通"直通车"。同时，2017 年泉州市又出台了两个补充文件，分别是：《中共泉州市委人才工作领导小组关于印发〈泉州市高层次人才享受工作生活待遇暂行规定〉的通知》（泉委人才〔2017〕13 号）、《泉州市人民政府关于印发泉州市高层次人才认定和引进高层次人才团队评审规定（试行）的通知》（泉政文〔2017〕53号），对高层次人才的认定和待遇等方面都进行了详细的规定。

从泉州市人才引进的政策看，"桐江计划"是针对高校教师的人才奖励政策，其他高层次人才引进政策适合高校人才引进但不局限于高校。与此同时，近十几年的人才引进政策，呈现出由只注重高层次人才引进到多层次人才并举引进的变化趋势。

四、多措并举，为高等教育提升保驾护航

（一）提前谋划，为高等教育有序发展定方向

从泉州市教育事业发展历程来看，泉州市一直以来都在向"加快建设教育强市，基本实现教育现代化"目标迈进。但在发展过程中也发现一些问题：职业教育、高等教育服务经济社会发展的能力不足；教育体制机制不够完善，教育结构和布局不尽合理，教育投入总体不能适应发展需要，优先发展的战略地位尚未得到完全落实。为了进一步推动泉州市的教育事业发展，2010年出台了《泉州市中长期教育改革和发展规划纲要（2011—2020）》，实施教育强市和人力资源强市建设"三步走"战略，争取在全省率先基本实现教育现代化，率先基本形成学习型社会，进入教育强市和人力资源强市行列。《泉州市"十三五"教育事业发展专项规划》中着重提出三点：第一，加快构建服务泉州产业发展需求的现代职业教育体系。统筹发展各层次职业教育，优化服务产业发展的专业布局，推动本科高校加强应用型人才培养，一方面优化职业教育布局结构，另一方面提高技术技能人才系统化培养水平。构建中高职紧密衔接的人才培养体系，完善职业教育考试招生制度，拓宽技术技能人才终身学习通道。第二，完善产教融合协同育人机制。建立健全校企合作基本办学制度，加快推行"二元"主导的现代学徒制，鼓励多元主体组建职教集团。第三，加快高等教育内涵建设。首先是调整优化高校布局结构。推动高水平和示范性应用型本科高校建设，整合优化公办高职教育资源配置，支持民办职业院校健康发展。其次是着力提升创新驱动发展能力。改革完善人才选拔机制，深化创新创业教育改革，提升高校科技创新服务能力。

(二)经费保障,有力支持高等教育持续发展

从泉州市教育支出情况来看,2014—2018 年泉州市对高等教育尤其是高等职业教育的支出大比例增加(见表 11-2),显示出泉州市人民政府对高等教育事业发展的高度重视。而且,这些教育经费的支出也体现了政府对民办教育的经费支持。

表 11-2　2014—2018 年泉州市教育支出情况

年份	教育总支出/万元	增长/%	高等教育支出/万元	增长/%	高等职业教育支出/万元	增长/%
2014	101117.87				8454.54	
2015	88966.68	1.53	3472.42		15659.06	85.21
2016	140850.34	58.32	5017.46	44.49%	36515.02	133.19
2017	150000.85	6.50	5946.51	18.52%	42831.92	17.3
2018	147947.51	—9	7874.99	32.43%	75173.01	75.49

(三)全面落实高校办学自主权

2014 年,浙江省高校教师专业技术职务评聘制度开始改革,把教师职称评聘权力下放到各高校。泉州市比浙江实施早 2 年,2012 年,泉州市出台文件《支持高校自主评聘教师等专业技术职务》,全面实行高校职务聘任制,支持高校成立教师职务评审委员会,将教师、自然科学研究、实验技术和社会科学研究(教育管理)等人员专业技术职务评审权下放给高校,实行评聘合一。同时,优化调整高校高、中、初级职称岗位结构,适当增加中、高级职称岗位比例。在原高校岗位结构比例基础上,另外增加 3%～5%高级岗位数。

此外,支持高校自主公开招聘人员、支持高校自主设置内设机构、支持高校自主开展对外合作交流、支持高校自主开展协同创新。

第四节　存在的主要问题与基本经验

20 世纪 90 年代,在地方经济持续、快速发展的推动下,泉州市的地方高等

教育通过合并重组、建设新校区等途径，扩大了办学规模。进入 21 世纪后，全市高等教育飞速发展。原有高校或扩大规模，或由专科院校升格为本科院校。一批中等专业学校先后升格为高等专科学校或职业技术学院，一批民办高等院校相继创办。在取得一系列成就的同时，不得不看到泉州市的高等教育尚有很大提升空间。

一、存在的主要问题

(一)层次结构不够合理

总体上看，泉州高等教育发展的特色在于民办高等教育比较发达，公办本科院校少。仰恩大学在我国民办高等教育发展历史上可以说是很重要的里程碑，但后期由于投资人及家族等原因，发展相对滞后。泉州市高等教育高层次人才培养和储备能力不足，和宁波市高等教育发展较为相似，都仅有一所领头羊大学，其他高校发展相对薄弱。

(二)专业、科类结构不尽合理

高等教育与区域经济的良性互动、协调发展的关系还没有很好建立。尤其是民办高校在办学的过程中考虑办学成本等因素，专业重复建设比较突出，办学特色不够鲜明。同时，欠缺与泉州重点培育的电子信息、石油化工、生物医药、环保、新材料、新能源、制鞋、石材、水暖、纺织服装、装备制造、现代港口物流与港口工程、船舶、汽车工程等领域，年产值亿元以上企业紧缺和急需的专业，资本运作、区域经理、高级文秘、市场督导、软件开发、动漫等新兴产业相关的专业，弱化了服务地方经济发展的能力。

(三)高端人才不够集聚

虽然泉州市在人才引进上也出台了一系列的鼓励政策，但高端人才还相对稀缺。双聘院士、有国家领军人才入选者、"国家杰出青年科学基金"获得者、国家"百千万人才工程"入选者、全国文化名家暨"四个一批"人才入选者、国家高端外国专家项目入选者、教育部"新世纪优秀人才支持计划"入选者，以及历年享受国务院政府特殊津贴专家等各类高端人才不够聚集。除了 2 所公办本科院校有一定人才引进实力，其他高校由于办学性质等原因，在高端人才引进方面尚存在一定的困难。对于整个泉州市而言,这些高端人才还不足以很好地为地方经济发展提供有力的支撑。

二、基本经验

(一)公办民办教育相生相融

泉州市具有捐资办学的传统,在民办教育的发展上走在了全国前列,民办教育占泉州市高等教育半壁江山。泉州市在不同的发展阶段,根据民办高等教育发展的特点出台相应的政策,为民办高等教育的发展创造了良好的政策环境。尤其是在土地政策、人才政策和政府财政支持上,均大力地推动了泉州市民办高等教育的发展。

(二)产教融合工程建设成效显著

推动高校与年产值亿元以上企业建立校企战略合作关系。全市高校与500 家以上亿元企业建立紧密的校企合作关系,每年面向亿元企业开展职业技术培训 2 万人次以上,为亿元企业培养培训一大批中、高级专业技术人才和优秀管理人才。推动高校与一批亿元企业联合建立科技研发机构,开展技术应用研究和技术开发推广。鼓励和支持高校与亿元企业多渠道、多形式筹措资金,联合建设一批实训实习基地;对提供设备和技术支持的贡献较大的企业,在财政专项资金上给予奖励。

(三)政府高度重视高等教育发展

从政府财政拨款来看,每年拨款持续上涨,尤其是对于高职高专院校支持力度更大。2016 年高等教育和高等职业教育支出 4.2 亿元,2017 年支出 4.8 亿元,2018 年支出 8.3 亿元。从 2013 年到 2019 年泉州市人民政府关于支持高校发展的相关政策有 10 多项,并且这些政策项目有一定的持续性,比如人才引进政策和校企合作政策。

参考文献

[1]《泉州市教育志》编纂委员会. 泉州市教育志. 福州:福建教育出版社,1996.

[2]洪辉煌.泉州地方高等教育发展的现状、问题和对策.泉州师范学院学报，
2006(5):1-11.

[3]泉州市统计局.2017年泉州市国民经济和社会发展统计公报.(2018-03-30).
泉州市统计局网站.http://tjj. quanzhou. gov. cn/zwgk/zfxxgk/fdzdgknr/
tjxx/tjgb/202101/t20210125_2502659. htm.

[4]王映辉.泉州教育史.福州:福建教育出版社,2015.

第十二章 珠海市促进高等教育
发展政策研究

第一节 珠海市经济社会发展概况

珠海是广东省地级市,位于广东省中南部,土地总面积 1711 平方千米,2019 年末珠海市常住人口 202.37 万人。珠海东与香港、深圳隔海相望,南与澳门相连,西邻江门市,北与中山市接壤,是珠江口西岸的核心城市,也是珠江三角洲中心城市之一、粤港澳大湾区重要节点城市、省域副中心城市;是中国最早设立的四个经济特区之一,全国唯一以整体城市景观入选"全国旅游胜地四十佳"的城市,中国海滨城市、新型花园城市、"幸福之城",还是广府文化的代表城市之一。

珠海 1979 年建市,1980 年设立经济特区,享有全国人大赋予的地方立法权,2013 年中国城市可持续发展指数报告珠海综合排名全国第一,珠海在2018 年中国城市综合经济竞争力排名中位居第 29 位,2019 年全市实现地区生产总值 3435.89 亿元,三次产业的比例为 1.7∶44.5∶53.8,二产和三产占主导。二产中,电力能源、生物医药、精密机械制造、家电电气、电子信息和石油加工等六大支柱产业增加值比上年增长 5.1%;在三产中,金融业、房地产业、现代服务业比重位居前三。

珠海市十分重视教育发展。截至 2019 年 9 月,全市共有各级各类普通学校(包括幼儿园)584 所,在校生 53.22 万人。各级财政安排 12 年免费义务教育补贴资金 3.52 亿元,惠及全市 191 间学校的 23.65 万名学生。珠海市普通高等学校全日制在校生 13.93 万人,毕业生 3.80 万人,招生 3.78 万人。各类中等职业学校(含技工学校)招生 0.86 万人,在校生 2.64 万人,毕业生 0.91 万人。普通中学(含初中和高中)招生 3.57 万人,在校生 10.06 万人,毕业生 2.94 万人。小学招生 3.48 万人,在校生 18.20 万人,毕业生 2.54 万人。特殊教育学校招生 97 人,在校生 571 人。学前教育在园幼儿 8.15 万人。

珠海市科技氛围浓厚,全市共有建成或在建的国家产品质量监督检验中心 3 个,省级授权产品质量监督检验机构 6 个;获得质量资质认定的检验检测机构 88 家。截至 2019 年底,强制性产品认证获证组织 433 家,管理体系认证获证组织 3556 家,自愿性工业产品认证获证组织 400 家,服务认证获证组织 128 家,食品农产品认证获证组织 132 家。企业重视技术研发,2019 年,珠海科技成果 39 项,均为应用技术类成果。全年有 4 个项目获国家科学技术奖,13 个项目获广东省科学技术奖。全年申请专利 33137 件,共有 2322 家企业申请专利 31209 件。全年共有 2063 家企业获得专利授权 18064 件。

在珠海市的发展中,高等教育发挥了重要的作用,并随着珠海社会经济的发展而越来越受到重视。随着珠海大学园区的启动,中山大学、暨南大学、北京理工大学、清华大学、哈尔滨工业大学等相继在珠海办学和设立科研机构,提高了全市高等教育的水平和质量。

第二节　珠海市高等教育发展的历史与现状

一、珠海高等教育发展历史

珠海毗邻港澳,依山傍海,自然条件优越,是我国最早设立的经济特区之一,具有独特的环境和政策优势。自改革开放以来,珠海的社会经济建设取得了显著成就,但是由于历史原因,在 1999 年以前的珠海只有 2 所成人高校,导致科技人才主要依靠引进来获取,高等教育的落后与经济特区的高速发展形成了强烈的反差。随着珠江三角洲经济快速发展和区域性综合竞争日趋激烈,由于没有大学,珠海缺乏人才和智力支撑,这在很大程度上制约了珠海的综合发展。

1991年2月,中共珠海市委二届九次会议作出决议,提出在2000年以前,投资10.7亿元,创办在校生5000人的珠海大学。同年珠海市政府开始了校区选址和校园主建筑物的设计。但由于一些原因,珠海大学始终没有建成,这成了珠海人的一大遗憾。

1998年8月,暨南大学与珠海市政府就共建暨南大学珠海学院签订了协议,地点设在唐家湾。由于办学条件的限制,1998年仅招生2个专业:计算机和旅游管理,共100名学生,但是他们开创了珠海经济特区历史上全日制普通高等教育的先河。

1999年第三次全国教育工作会议召开,作出了高校扩招的重大决策,并鼓励高校创新办学机制。部分高校开始思考创新办学理念,并逐渐探索出异地办学、扩大规模的路子。抓住这一历史机遇,珠海市集中了各级各部门的主要领导和教育文化方面的专家,研讨珠海高等教育发展大计。最后,珠海市果断摒弃自办大学的传统思路,提出了"注重引进,追求所在,走地方政府与高校联合办学"之路。珠海人舍弃了一个珠海大学,赢来了一个"大学珠海"。

2000年秋,广东省委、省政府对珠海提出了建设目标,要求珠海建设成以信息技术为龙头的高新技术产业基地、高附加值的出国创汇基地和有较强吸引力的产学研基地。为此珠海市委、市政府制定了"关于国内重点高等院校到珠海市兴办高等教育的优惠政策",根据国家政策以行政划拨形式向高等院校提供办学用地,并成立珠海市高等教育发展领导小组,负责在珠海举办高等院校的有关协调工作。

此后珠海大学数量开始了跨越式的发展。2000年4月29日,暨南大学与珠海市政府签订进一步合作建设珠海学院的协议,将学院从唐家湾迁至距离澳门仅10分钟车程的前山镇,校园占地面积近900亩,并在2009年4月1日更名为暨南大学珠海校区。2000年9月,中山大学珠海校区正式进驻,开创了珠海高等教育发展的新纪元。2001年,经贵州省教育厅和珠海市人民政府批准,遵义医学院与珠海市正式签约建设遵义医学院珠海校区,一年后珠海校区落成并投入使用,是目前珠海市唯一的医学本科院校。2001年,珠海市政府与广东科学技术职业学院签署合作办学协议,并启动珠海校区建设,从2002年开始通过引资、贷款等方式分期建设珠海校区并陆续投入使用,到2003年4月2日,广东省人民政府批准学院由成人高校改制为普通高校。2000年10月24日,北京师范大学与珠海市政府签署了合作建设北京师范大学珠海教育园区的协议,两年不到,北京师范大学珠海教育园区于 2002 年 10 月 18 日正式开学,到 2003 年,教育部批复北京师范大学珠海教育园区更名为北京师范大学珠海分校,学校类别被定为独立学院。2002 年 1 月 13 日,吉林大学与珠海市人民政府签订《珠海市人民政府、吉林大学合作建设吉林大学珠海校区协议书》,2004 年 5 月 18 日,经教育部批准,学校正式成立。

到 2007 年,中山大学珠海校区等 7 所学校入驻珠海大学园区。投入使用中山大学附属第五医院等 5 个产学研基地。

2016 年,珠海共有普通高等学校 10 所,全日制在校本专科生 13 万人,研究生 2000 多人,其中博士生近 200 人,在校生规模仅次于广州,位居广东全省第二,专任教师 6000 多人,其中具有副教授以上高级职称 1800 多人,共计开设学科、专业 200 多个,形成了专科、本科、硕士、博士等较为齐全的教育体系。随着办学水平的提升,高校与地方经济社会发展的对接日趋紧密,围绕珠海重点发展的产业,建立了 200 多个科研机构和实验室,培养输送了大批高素质专业人才,为推动珠海经济社会发展做出了重要的贡献。这些高校在科类结构上,有综合性大学,理工、医学类大学,还有艺术类大学;在类型结构上,普通高等教育与职业高等教育并存;在层次结构上,重点院校与一般院校同在,以全日制本科教育为主,同时发展研究生教育。在布局结构上,与产业带相连,集中于金湾区和香洲区。

目前,珠海大学园区已经走过了"引进"和"大办"的创立过程。短短的十几年时间,就在珠海崛起了一批现代化的大学校园,珠海普通高校在校生由 1999 年近乎为零变为现在的 13 万人,改写了珠海高等教育的历史。珠海的大学生和高校数量在广东省位居第二,珠海已经成为广东省仅次于广州市的一个重要高等教育基地。

二、珠海高等教育发展现状

经过改革开放几十年的发展,珠海市委和市政府通过颁布的《珠江三角洲地区改革发展规划纲要(2008—2020 年)》《珠海市教育发展"十三五"规划》和《珠海市中长期教育改革和发展规划纲要(2010—2020 年)》等政策,经过体制机制创新、地区合作等,历经从无到有、从有到优、从优到特三个阶段,基本形成了结构完整、体制多样、类型丰富、特色鲜明,本科高校、高职院校、民办高校、中外合作大学、成人高等教育协调发展的服务型高等教育体系。特别是珠海大学园区的创办,有力地推动了珠海经济社会的发展,为珠海建设珠江三角洲现代化区域中心城市提供了强有力的科技、教育和人才支撑。截至2018年,珠海有高校10所,数量在全省位居第2。从办学类型上,有3所本科独立学院,5所一般本科院校,1所中外合作办学,1所高职院校。办学层次上,珠海市现有2所"985"高校,1所国家优质高等职业院校。办学性质上,有8所公办高校,2所民办高校。

珠海采用园区建设方式,设立高水平实验室,人才的集聚,给珠海增添了大量的人气,使得昔日的文化沙漠变成人才的绿洲。大学园区对珠海的经济发展起到了五大支撑作用:构筑产业支撑平台,推动经济结构调整和良性发展;构筑人才支撑平台,营造良好的创业环境;构筑科技支撑平台,培育创新源泉,增强核心竞争力和发展后劲;构筑招商引资支撑平台,进一步优化投资环境,形成珠海新的比较优势;构筑城市化和国际化支撑平台,提升珠海的城市品位和核心竞争力。

珠海大学园区和高等教育的发展及带动作用,在珠海建设珠江三角洲西岸科技、教育、人才、文化区域性中心城市的过程中,将发挥越来越大的作用。

三、珠海高等教育发展的主要特点

(一)珠海高校多元化办学特征显著

珠海实现了异地办学、中外合作办学、企业办学等多种机制创新。珠海高校按办学体制有公办和多种形式的合作办学,中山大学珠海校区是珠海市引进的第一所大学,开启了名牌大学与地方政府合作办学的先河,与中山大学统一归属教育部管理;暨南大学珠海校区由原先的珠海学院更名而来,从而全面实现由暨南大学主导的校区化管理,与暨南大学统一归属国务院侨务办公室管理;遵义医学院珠海校区是珠海市唯一的一所全国统招的医学本科院校,由贵州省教育厅和珠海市人民政府批准建立;北京师范大学珠海分校是一所经教育部批准设立、由北京师范大学和珠海市人民政府合作举办、进行本科层次教育的独立学院;北京理工大学珠海学院是经教育部批准的本科独立学院;吉林大学珠海学院,是经教育部批准成立,由吉林大学与珠海市华政教育投资有限公司合作建设的独立学院;北京师范大学—香港浸会大学联合国际学院,是首家内地与香港高等教育界合作创办的重点大学。可见,珠海已经形成了校区、独立学院、合作办学、职业教育等多元化办学模式。

(二)政产学研合作水平不断提升

高校学科设置与珠海产业发展的对接日益紧密,政产学研合作水平不断提升,高校正逐渐成为珠海市创新驱动发展的技术支撑和人才培养基地。比如:遵义医学院第五附属(珠海)医院是遵义医学院珠海校区直属附属医院,是珠海西区唯一的集医疗、教学、科研、防治为一体的现代化三级综合医院和临床教学医院。中山大学的光电材料与技术、吉林大学的无机合成与制备化学等国家级重点实验室落户珠海。珠海依托高校智力资源建立200多个科研机构、实验室,成了广东省科技创新的重要基地。北京理工大学珠海学院委派15名"科技特派员"入驻了高新区的15家高企,为企业攻克了不少技术难题;这些专家由该校教授、副教授、高工或者讲师组成,科研领域涵盖多个创新型产业。珠海城市职业技术学院与格力电器、微软、三一重工、珠海港控股集团、华发集团、长隆等193家企业开展不同形式的合作,与澳门城市大学携手建立珠澳国际教育创新园。珠海艺术职业学院与广东长隆集团珠海横琴长隆发展有限公司、香港中旅(珠海)海泉湾有限公司、澳门维多利亚酒店、广东三正集团、中山火炬歌舞团、中山泰华集团伊泰莲娜首饰精品有限公司等知名企业共建校外实习就业基地。150多家企业与高校签订了合作协议,校企共建各级工程中心和企业技术中心100余家。2015年珠海市政府评选出了首轮30名珠海特聘学者、20个优势学科、20个重点实验室/重点研究基地、8个协同创新中心,大大促进了产教结合与创新发展。

(三)不断融入名校提升科研水平

早在1999年中山大学就与珠海结缘,当时引领了珠海引进省内外名校的一阵潮流,并共同开创了中国高等教育发展的新模式。2003年,北京师范大学与珠海大学牵手,先后建成按照独立学院机制和模式运作的北京师范大学珠海分校,以及全国第一所内地和香港合作办学的北京师范大学—香港浸会大学联合国际学院,其办学水平均位居全国同类学校前列,收获了不错的口碑。2015年,省、市、校三方签署共建北京师范大学珠海校区的协议,在之前合作的基础上进一步深化合作内容、拓展合作空间、提升合作水平,推进北京师范大学珠海分校平稳转设,升级为北京师范大学珠海校区,打造与北京师范大学本部同一水平的南方校区。此项协议一方面聚焦学科建设,重点建设国际一流的教育、中国文化艺术、脑科学和健康、生态环境与绿色发展、未来新兴学科等5个创新学科集群,另一方面聚焦高端科研平台建设,通过整体迁建、部分移植、本地新增等方式,使一批国家级、省部级重点实验室和科技创新平台落户珠海校区。2016年珠海召开高等教育工作会议,提出实施分类支持的政策,并进一步向理工类高等学校、理工类二级学院、理工类学科与应用型专业大力倾斜,明确了通过不断深入加强与名校合作提升珠海高等教育水平和科研能力的重要举措。

(四)聚集更多国内外高等教育资源

珠海市积极利用教育部放开异地办学的机遇,充分发挥毗邻港澳、开放度高的优势,深化与澳门大学、香港大学、香港科技大学等合作,设立高水平的理工科学院或研发机构,加强与世界一流大学开展合作办学,形成相互融通、各取所长的国际交流合作新格局,并扩大外籍优秀教师和高水平留学生比例,营造良好的国际化教学科研环境。北京师范大学已和香港浸会大学在珠海成立联合国际学院,成为国内首家由内地与香港合作创办的高等院校后,形成两个中外合作办学机构、两个中外合作办学项目和一批"2+2""2+3"联合培养项目。吉林大学珠海校区先后在金融学、会计学、国际经济与贸易、工商管理、英语、酒店管理等6个专业组建2+2中外双学位项目专班,聚集优质的师资资源、课程资源、国际项目资源,直接对接新西兰奥克兰大学、澳大利亚麦考瑞大学等多所国外高校。

第三节　珠海市促进高等教育发展
主要战略和政策举措

高校是第一生产力——科技和第一资源——人才的重要结合点,在新形势下承担着支撑创新驱动发展战略、服务经济社会发展的职责。放眼世界,大湾区的崛起都离不开"最强大脑"——高校群。良好的产业环境与高校的加速发展形成良性共振,珠海创新"引擎"动力日渐强劲,为粤港澳大湾区建设贡献了诸多珠海力量。珠海市促进高等教育发展主要战略和政策举措如下。

一、政策引领,促进高校转型提质

创新型应用型高校建设取得新进展。在全国,像珠海这样坐拥 10 所高校、13 万在校大学生的城市并不多见。在省内,珠海高校规模仅次于广州,为创新驱动战略的落实奠定较好的高校基础。但与规模不协调的是,很长一段时间内,"珠海系"高校都面临着办学层次不高、专业设置与本地发展脱节、理工类学科偏少等不足。与珠海创新发展的现实需求相比,珠海高校的科技创新服务能力尤其是科技成果转化能力不强,短板明显。面对这一挑战,珠海频频出招,为高等教育高水平转型升级指明了方向。

2016 年 7 月,珠海正式发布《关于进一步提升高等教育发展水平的实施意见》,明确要以服务创新发展为导向,以提升服务能力为核心,加快建设若干所各具特色的创新型应用型大学、一批高水平学科与特色专业,重点加强高水平理工科学院、理工类学科与特色专业建设。仅 2016 年,珠海便有 5 个理工学科被列入 2016 年广东省高校新增重点建设学科名单。

2017 年 7 月,《珠海市教育发展"十三五"规划》出台,无论是政府还是高校,都在积极落实相关部署,创新型应用型高校建设取得新进展。围绕航空产业、生物医药、电子信息、旅游、海洋等珠海特色产业和支柱产业发展需求,珠海高校学科设置也与地方创新产业产生更多共鸣。其中,北京理工大学珠海学院成立了航空学院,暨南大学珠海校区新设了轨道交通、物联网与物流工程 2 个研究院等。

二、校地合作,高新技术培育产业集群

通过不断与高校深化合作,2015 年珠海市与中山大学签署新型战略合作协议以来,中山大学珠海校区发展取得了显著进展,在提升珠海创新能力和城市竞争力等方面发挥了积极作用。根据补充协议,双方共同推进中山大学附属妇女儿童医院等项目建设,完善中山大学珠海校区科研设施及周边配套设施建设,提升中山大学珠海校区建设发展水平,助力珠海新一轮大发展。2018 年珠海市与中山大学的战略合作加速推进、持续升温。4 月 14 日下午,珠海市人民政府与中山大学在广州签署进一步加强新型战略合作补充协议。中山大学珠海校区是中山大学的重要组成部分,与珠海市开展新型战略合作以来,各

项工作实现重大突破,珠海校区办学经费和科研经费投入大幅度增长,办学结构和人才队伍结构更加完善,围绕深海、深空、深地以及核科学的 15 个院系和 6 个平台发展迅速,新规划全面推进建设。签署的新型战略合作补充协议,围绕双方共同关注且迫切需要解决的问题制定解决方案,是市校真诚合作的新里程碑。加快中山大学珠海校区建设是中山大学后期三年行动计划和内涵发展的重点任务,三年内在校本科生将达 10000 人、研究生将达 5000 人。中山大学将举全校之力,在人才引育、学生培养、基本建设、管理政策等多方面加大对中山大学珠海校区发展的投入倾斜,中山大学珠海校区进一步增强创新人才引进培养、新型研发机构输出、原创科研成果产出、技术创新辐射等方面能力,加快建设国际高水平创新集群,真正成为高端人才、战略性新兴产业的孵化平台和产学研深度融合的示范基地,为珠海新一轮大发展提供强有力的人才支撑,努力办成世界一流的大学校区。

从长远来看,这些基础研究都将为珠海相关产业技术及其产业链发展带来质的飞跃。一流大学是城市创新的源头活水,肩负着培养创新人才和提升创新能力的双重使命。

暨南大学珠海校区也"不甘示弱"。2015 年 1 月,珠海与暨南大学签署共建广东省高水平大学战略合作协议,构建以高新技术为主要特色的学科体系。根据协议,珠海校区将建设 10 个整建制学院、10 个工程技术研究院,并围绕市重点发展的产业,形成中国南方地区硅谷式"创新型产业集群"。

此外,2015 年 8 月,省市校三方共建北京师范大学珠海校区协议正式签署,"分校"升级为"校区",重点布局脑科学和心理健康集群、生态环境与绿色发展创新集群、未来新兴学科集群等 5 个创新学科集群,打造与本部同一水平的粤港澳大湾区"教育硅谷"。

以中山大学珠海校区、暨南大学珠海校区和北京师范大学珠海校区三所高校为龙头,珠海加快推进在珠高校转型发展,力争为实施创新驱动发展战略提供强有力的人才和智力支撑。

三、校企合作,推进产学研快速发展

珠海高校加强培育重点学科和专业。按照相关部署,珠海将继续加强重点学科和理工科建设。

依托重点学科加快提升高校创新能力,建设省级以上协同创新中心和省级以上重点实验室。在加快科技成果转化领域,珠海落实技术入股、自主处置权改革、收益分配改革、职称评审制度改革等措施,支持高校建立科技成果转化中心等机构。实施一批大学、科研院所科技成果转化示范项目,推动一批成果落地转化。

积极推进校企合作。建立校企合作保障机制,落实有关优惠政策,促进校企合作制度化、常态化。推进珠海市支柱产业的龙头企业与职业院校合作深化,将产业优势转化成职业院校的专业优势。不断提升校企合作层次,拓宽合作领域,丰富合作内涵。建立完善的职业院校学生顶岗实习制度和运作机制,学校与企业依照《广东省高等学校学生实习与毕业生见习条例》,协同做好职业院校学生顶岗实习工作,落实实习学生的劳动安全保护和社会保障。

调整方向,突出重点,聚焦创新驱动发展和服务经济社会,把高校发展和地方需求紧密结合起来。打开围墙,开门办学,开门搞科研,支持行业、企业尤其是龙头骨干企业和科研院所全方位全过程参与学校管理、专业建设等工作,探索"高校＋研究院＋企业"合作模式。依托大学建设科技服务公共平台、新型研发机构等,与企业共建重点实验室、工程技术中心。发挥高校的人才"聚宝盆"作用,引进高水平团队和高层次人才,为珠海现代产业发展提供人才支撑。

四、体系创新,探索多种教育模式

构建一流的高等教育体系。珠海市以科学定位、合理规划、特色发展、分类指导为原则,坚持按高等教育规律办事,切实抓好规模、质量、结构、效益的均衡协调,不断促进高校科学发展。坚持稳定规模、提高质量、加强管理、创新机制的工作方针,创建具有国际视野、珠海特色、国内一流的高等教育体系,积极发挥高等院校在提升珠海城市品位、核心竞争力和国际影响力上的作用。以提高教育教学质量、培养高素质人才为战略重点,优化高等教育类型、层次、学科专业结构,提升高校科学研究水平、科技创新能力和应用研究能力,加快产学研基地建设,促进国际交流合作,全面提升高校内涵发展。以推进体制、制度、知识、技术创新为抓手,大力创造有利于高等教育发展的良好环境,全力推动高校发展创新。以高校丰富的优质教学、科技和人才资源为基础,着力抓好学科、专业、重大科技项目和人才培养与地方经济社会发展的对接,不断提高高校服务地方的能力和水平。

稳定规模、优化结构。加强对高等教育事业发展的统筹协调,采取积极措施引导高校紧密结合地方经济社会发展需要,合理定位,在不同层次、不同领域办出特色。继续办好普通本专科教育,稳定本科教育规模,积极发展高职教育。重视发展留学生教育,提高普通高校在校生中留学生比例。加快发展研究生教育特别是专业学位研究生教育。紧密结合区域经济社会发展需要,调整优化学科专业布局,加大与支柱产业、新兴产业紧密相关的学科专业建设力度,全力支持与现代产业体系密切相关的优势学科专业群建设。

加强职业教育对外合作。充分发挥珠海市经济特区和毗邻港澳的优势,推进珠海市职业院校面向部分发达国家的国际化职业教育合作与交流。

大力推进继续教育。继续教育是终身学习体系的重要组成部分。树立以人为本、科学发展的继续教育观念,以加强人力资源能力建设为核心,大力发展非学历继续教育,稳步发展学历继续教育,广泛开展城乡社区教育,加快各类学习型组织建设。推动全民学习,努力形成人人皆学、处处可学、时时能学的学习型社会。形成热爱学习、追求进步、与时俱进、自我完善的学习型社会新风尚。

构建灵活开放的终身教育体系。以构建完善的、面向全民的终身教育体系为目标,加强各级各类教育资源的统筹协调。推进学历教育和非学历教育协调发展、全日制教育与非全日制教育相结合、职业教育和普通教育相互沟通、职前教育和职后教育有效衔接,构建多层次、多形式、广覆盖的终身教育网络,完善公共教育设施建设。依托各级各类学校,特别是开放大学、各职业院校、培训中心,加强覆盖城乡的社区教育机构和网络建设,开展针对职业、生活的继续教育和培训。大力发展现代远程教育,实现跨越时空的教育资源共享。建立包含教学课件、数字图书、电子报刊等在内的种类齐全、分类标准、内容丰富的数字化学习平台。

五、保障到位,落实教育经费高效使用

提高教育经费使用效益。建立保障教育公共财政投入增长的监督和责任追究机制。各级政府的教育经费支出,在财政预算中单独列报,每年要向同级人民代表大会及其常务委员会专题报告教育工作情况。以市、区党政领导干部基础教育实绩考核为载体,细化基础教育经费投入考核内容,以考核结果作

为安排基础教育补助资金的重要依据。建立各级财政教育投入公告制度,由教育、财政、审计部门共同定期向社会发布财政教育投入情况。

教育专项经费实行专户管理。各级政府的教育专项支出,按照事权和财权相统一的原则,在财政预算中单独列报。市、区设立"教育财政专户",将本级财政必须承担并由预算安排的教育专项经费和各项转移支付用于教育发展的资金等全部纳入"教育财政专户",实行专户管理,封闭运作,确保教育发展资金及时足额到位并按规定使用。专项资金遵循财政扶持与高校贡献相适应原则,市财政对高等院校的扶持力度与高等院校对地方发展的贡献相挂钩,实行动态调控。创新驱动与服务珠海相统一,财政投入突出创新驱动方向,重点支持与珠海产业发展关联度高、支撑性强的学科建设,支持为珠海产业发展服务的创新平台建设,支持引进高精尖科研团队和重点建设领军人物。资金投入与建设成效可评价,财政资金投入应落实具体项目,界定支出范围,明确预期目标,资金支出和完成目标可审计,可评价。

建立完善学校经费使用绩效评价、审计监督机制。建立学校支出绩效评价体系,加强学校财务管理,提高学校优化配置资源水平和资金使用效益。加大教育经费审计力度,强化项目建设、经费使用全过程的审计监督,提高经费分配和使用的规范性、有效性。加强学校基本建设管理,强化各级教育行政部门对学校选址、校园规划、项目立项、招投标、预算结算等方面的责任,按照安全、适用、美观的原则,严格控制基本建设规模和成本,严禁铺张浪费,建设节约型学校。

第四节　存在的主要问题与基本经验

一、存在的主要问题

短短的十几年时间,珠海从没有一所高校到高校规模在省内仅次于广州,能取得如此巨大的成绩,证明珠海市委、市政府作出放弃珠海大学、建立珠海大学园区的决策是正确的。但珠海市高等教育发展还存在以下几个方面的问题。

（一）整体办学层次不高

经过多年的努力,珠海市高等教育已经具备一定规模,但整体办学层次还不高。从教学层次看,一本高校在校生比例不高,研究生数量占在校生的比例不高,办学水平还有较大的提升空间。从招生层次看,只有中山大学、暨南大学的珠海校区在一本行列招生,北京师范大学—香港浸会大学联合国际学院、遵义医学院珠海校区在二 A 行列,北京师范大学珠海校区、北京理工大学珠海学院、吉林大学珠海学院在二 B 行列,广东科学技术职业学院珠海校区、珠海城市职业技术学院在三 A 行列,珠海艺术职业学院在三 B 行列。总之,80%的学校办学层次不高,极大地制约了办学水平的提高。

（二）学科和专业建设不能满足现代产业发展需求

珠海高校开展的主要专业与本市发展的主要经济产业差别较大。如珠海市重点发展的机械装备制造等产业,还没有高校设置相应学科和专业,亟须培养一批高素质的专业人才。珠海高校多数设立的是传统专业和长线专业,如汉语言文学、英语、教育学,工商管理类、艺术类等。这种专业结构与中央和广东省要求珠海发展的港口工业、海洋工程装备制造业、航空产业和国际商务休闲旅游度假业,以及发挥区位优势所及珠江口西岸的相关重点产业如机械装备、临港装备制造、精细化工和健康产业的人才需求结构匹配程度不高。

（三）人才生态环境存在不足

与相近的特区深圳相比,珠海市在高层次人才引进政策上没有优势,且珠海与其他地区的高层次人才引进政策趋同现象明显。但深圳与广州开出了同样的优惠条件,并在创业等方面有更高的补助标准,而且对于大项目动辄 1 亿—2 亿元免税或帮助建厂房或工业园,这些都会使其比珠海更有吸引力。并且珠海在人才培养、人才保障等政策方面还有待进一步完善,而在优秀高校学生和人才培养的资金投入与政策引导方面有明显的不足,再加上人才保障工作经常无法有效跟进,从长远上来说,高层次人才结构容易出现断层,并最终导致各层次人才外流。

(四)缺乏创新驱动力

珠海市目前高校专利授权量较少,仅占全市专利授权量的 0.95%,低于全省大专院校的平均水平,直接提升生产效能的科研成果也不多。珠海大学园区内多数学校把发展的主要精力放在管理的规范和完善上,当然这是必要的,但学科建设、科研工作与地方经济发展结合不紧密,投入精力和资源不多等问题也应高度重视。虽然一些高校科研开始起步,已经向珠海校区延伸,但力度不够。特别是 5 所"985 工程""211 工程"高校,有着丰富的重点学科资源和很强的科研实力,其中省外的 3 所高校一级学科、国家重点学科合计就有 13 个,且与珠海重点产业发展相关性较高。但这些资源利用得少,科学研究、社会服务、文化传承创新的功能发挥得不够。

二、基本经验

(一)特色发展,精准扶持

自 1999 年开始,珠海市以"不求拥有、只求所在"的开放办学思想,以赠地和适当配套的投入等优惠政策,吸引国内知名大学到珠海兴办校区,使广东的中心城市办学发展到一个新境界——创办大学园区。珠海市通过政府行为,采取引进方式,在较短时间内将一定规模的高等教育资源汇集于本市,使之形成综合性、多学科、现代化的大学园区。经过 16 年不懈努力后,珠海大学园区汇集了中山大学珠海校区、暨南大学珠海校区、北京师范大学珠海校区、北京理工大学珠海学院、吉林大学珠海学院、北京师范大学—香港浸会大学联合国际学院、遵义医学院珠海校区 7 所本科院校,广东科学技术职业学院珠海校区、珠海城市职业技术学院和珠海艺术职业学院 3 所高职院校。

(二)合作办学,产教融合

从办学规模和水平兼顾向更加注重提升办学水平转变,因校施策,精准扶持,建设一批一流研究型大学和应用技术型大学。如珠海重点支持中山大学珠海校区、暨南大学珠海校区全面实现省高水平大学建设的目标任务;支持北京师范大学珠海校区、北京理工大学珠海学院、吉林大学珠海学院、北京师范大学—香港浸会大学联合国际学院、遵义医学院珠海校区等高校建设各具优势的创新型应用型大学或高水平特色学院;同时,大力支持广东科学技术职业学院、珠海城市职业技术学院和珠海艺术职业学院成为符合自身定位、各具特色的高等职业院校。

(三)多方投资,模式创新

改变过去国家包办高等教育的格局,建立多渠道筹集经费创办高等教育的新模式。一是政府投入,如珠海市政府为大学园区无偿提供土地,负责校外配套建设,给珠海高校教职工发放特区补贴,仅中山大学珠海校区,市政府投入的经费就达 7 亿元(含土地经费);二是学校自筹资金,如暨南大学自筹资金近亿元,在暨南大学珠海校区建设了 18 万平方米的校舍,现有在校学生 4200 多人;三是筹集社会资金建设大学园区,如北京师范大学按照"资源国有、学校筹办、市场运作、全新模式"的方针,在坚持教育主权国有的前提下,引入市场化操作和资本运作机制,按照市场经济规律进行管理和经营,通过信誉贷款办法解决经费问题,按照教育成本收学费,逐年还贷。这些经费筹集渠道,改变了过去依赖政府投入,教育经费不足的状况,调动了各方面的积极性,加快了大学园区的建设,在高校后勤服务上,高校的食堂、保洁、保健、保安、物资配送、超市、银行、物业管理等所有后勤事务全部实行社会化管理,由各高校自行面向社会公开招标。

(四)面向全球,开放办学

珠海是我国最早设立的经济特区之一,毗邻港澳,依托珠三角经济发达地区,自然条件优越,在开展境内外合作办学方面珠海市具有得天独厚优势。在珠海大学园区设立之初,各高校便根据自身特点积极开展境内外合作办学,涉及美国、英国、加拿大、澳大利亚、德国等多个国家或香港、澳门等地区,开展了多层次的交流与合作:一是投资办学,比如香港浸会大学在北京师范大学珠海分校投资设立国际学院;二是合作办学,比如清华科技园与加拿大祥达旅游学院开展非学历教育,学习酒店业、旅游服务业技能培训及外语培训等;三是学生与教师的交流,各高校聘请国外或港澳的教师;四是大量招收港澳台学生和国外留学生;五是到国外办学,北京师范大学珠海分校计划到新加坡办学,开设汉语言培训等课程;六是产学研合作,哈尔滨工业大学新经济资源开发港与香港和国外的大学或公司合作,设立科技孵化基地。

三、几点启示

(一)创办重点大学,引领地方经济发展

高等教育学府是城市繁荣的重要基础设施,城市的发展离不开有效的高等教育支撑;高等教育是地方教育的制高点,引领着地方教育事业的发展方向;高等教育代表着城市的"智商",高等教育水平最终决定一个城市的竞争力能达到何种高度。一个新兴城市,必须向创新型城市发展,而创新必定离不开教育事业的发展,唯有筑实了教育的根基,城市综合竞争力和吸引力才能得到可持续的发展。如果失去了高等教育的支持,一个城市的综合竞争力和吸引力就会停滞不前。在今后的城市发展中,高等教育必定会成为城市发展中最重要的战略要素,城市经济发展会推动教育发展,城市教育发展会服务于经济发展。高等教育作为教育的龙头,最终会成为引领城市发展的新的方向和新的支撑点。

可吸取珠海市经验,在中心城市创办或者引入重点大学,广泛深入开展产学研深度合作,带动城市经济发展,提升其在区域的地位。

(二)多元化办学,促成百花齐放

新兴城市高等教育的发展不能完全照搬过去的经验,政府需要运用创新的政策和建立灵活的体制。虽然高等教育的发展不可能一蹴而就,但是在经济与教育发展差距过大的情况下,我们要积极构建灵活的发展机制,从地方实际出发,出台相应的扶持政策,积极寻找合作渠道,从多方面推进高等教育的快速、健康、持续发展。例如珠海大学园的建立改变了过去国家包办高等教育的格局,建立了地方和学校合作创办高等教育的新模式。中心城市也可以参照珠海市多元化办学经验,尝试各种体制办学,找出适合自身发展的办学模式,并优先发展,这必将带动高等教育发展,随之也促进中心城市经济快速发展,高等教育与城市经济发展相互促进,形成良性循环。

(三)国际合作办学,争做对外交流示范

珠海大学园区各高校非常注重走国际合作办学的道路,利用珠海独特的区位优势和自身的办学机制灵活的优势,在与国外的高等教育和科技合作方

面已经先行一步,开展多层次、多方位的合作,提升了珠海的国际化水平。珠海国际办学经验表明,若要在教育事业的发展中脱颖而出,就必须顺应发展潮流,寻求国际合作,特别是珠海这种具有地理优势、国家政策支持的沿海城市。在高等教育发展的进程中,珠海市从来没有忘记发挥自己的区位优势,在与国际名校的合作过程中,学习先进的管理体系和运行模式,在高等教育的发展上实现"超车",为珠海快速培养社会经济发展急需的国际化人才。

广泛的国内国际合作与交流,可创设国际化氛围,提高中心城市在国际社会的知名度,对于城市的对外开放具有重要的引领作用。

(四)创新体制,增强办学活力与发展动力

珠海大学园区不是一个简单提供办学用地的高校异地办学的联合体,而是一个从办学体制、教学结构、教学模式、学生培养方式等方面进行改革的教育资源的重组集聚地。

中心城市可以借鉴珠海大学园区经验,大胆创新,结合区域经济优势,借助本地企业与设计院联合培养人才,使其服务地方经济,同时通过校企合作增强学生学习兴趣,提高创新能力。高校可创新人才引进机制,提高教师待遇,加强考核管理,让教师安心教学、科研,享受教书育人过程。通过一系列机制创新,增强办学活力与发展动力,办成区域高等教育改革创新中特色鲜明的"教育特区",走特色发展道路。

参考文献

[1]《珠海年鉴》编委会.珠海年鉴.2007年.珠海:珠海出版社,2008.

[2]广东省委党校2002年秋市厅级干部班调研组.关于珠海大学园区建设状况的调查.广东广播电视大学学报,2003(1):15-19.

[3]宋显晖,胡钰衍,曾子芸.从规模发展走向内涵发展.珠海特区报,2016-07-05(4).

[4]中共中央国务院印发《粤港澳大湾区发展规划纲要》.(2019-02-18).中华人民共和国中央人民政府网站.http://www.gov.cn/zhengce/2019-02-18/content_5366593.htm? from=groupmessage&isappinstalled=0#1.

[5]中共珠海市委,珠海市人民政府.关于促进高等教育发展的若干意见.(2015-05-29).珠海市教育局网站.http://zhjy.zhuhai.gov.cn/ywgz/gdjy/zcwj/content/post_1911821.html.

[6]中共珠海市委,珠海市人民政府.关于实施创新驱动发展战略建设创新型城市的意见.珠字〔2014〕12号.

[7]中国社会科学院,经济日报社.中国城市竞争力第17次报告(2019-06-24).

[8]珠海市教育局.珠海市教育局关于印发珠海市教育发展"十三五"规划的通知.珠教〔2017〕1号.

[9]珠海市教育局.珠海市中长期教育改革和发展规划纲要(2010-2020年).(2014-02-24).珠海市教育局网站.http://zhjy.zhuhai.gov.cn/zwgk/ghjh/content/post_1910354.html.

[10]珠海市统计局,国家统计局珠海调查队.2019年珠海市国民经济和社会发展统计公报.(2017-03-28).珠海市统计局网站.http://tjj.zhuhai.gov.cn/tjsj/tjzl/tjjpcgb/content/post_2086914.html.

[11]珠海市统计局,国家统计局珠海调查队.2019年珠海市国民经济和社会发展统计公报.(2020-03-27).珠海市统计局网站.http://tjj.zhuhai.gov.cn/attachment/0/224/224004/2516631.pdf.

[12]珠海市统计局,国家统计局珠海调查队.珠海统计年鉴—2019.北京:中国统计出版社,2019.

[13]珠海市统计局.2016年统计年鉴.(2016-12-26).珠海市统计局网站.http://tjj.zhuhai.gov.cn/tjsj/tjnj/content/post_2088532.html.

[14]珠海市统计局.2017年统计年鉴.(2017-12-20).珠海市统计局网站.http://tjj.zhuhai.gov.cn/tjsj/tjnj/content/post_2088533.html.

[15]珠海市统计局.2018年统计年鉴.(2018-12-29).珠海市统计局网站.http://tjj.zhuhai.gov.cn/tjsj/tjnj/content/post_2088882.html.

第十三章　绵阳市促进高等教育发展政策研究

第一节　绵阳市经济社会发展概况

绵阳市位于四川盆地西北部,涪江中上游地带,辖 3 区 1 市 5 县,乡镇建制 276 个,面积 20249.45 平方千米。除汉族外,有羌族、回族、藏族等少数民族。绵阳古名"涪城""绵州",自公元前 201 年汉高祖设置涪县以来,已有 2200 多年建城史,历来为郡、州治所,后因城址位于绵山之南而得名绵阳。

绵阳市是四川省区域中心城市、第二大城市和第二大经济体,是成渝城市群区域中心城市。科技资源富集、产业基础坚实、区位优势明显,素有"富乐之乡""西部硅谷"美誉,是我国重要的国防科研和电子工业生产基地,先后获得过联合国改善人居环境最佳范例奖、国家环境保护模范城市、国家级创业型城市(全国创业先进城市)、国家园林城市、全国文明城市、国家卫生城市、中国人居环境奖、中国最佳宜居城市等诸多荣誉,是党中央、国务院批准建设的中国唯一科技城。

一、绵阳市人口发展增长情况

从 1985 年到 1999 年,市辖区非农人口由 23 万人增长到 41.17 万人。2008 年底,绵阳的市辖区非农人口达到 64.47 万人,居省内第二。2010 年底,绵阳市辖区非农人口 67.2 万人。截至 2016 年底,户籍总人口 545.2 万,城区常住人口 132.8 万。

二、绵阳市 GDP 增长情况

改革开放以来绵阳市社会经济取得长足发展，1978—2016 年绵阳市地区生产总值及其增长率等经济指标情况如表 13-1 所示。

表 13-1　1978—2016 年绵阳市地区生产总值等经济指标变化

年份	地区生产总值/亿元	地区生产总值增长率/%	一产/亿元	二产/亿元	三产/亿元	人均地区生产总值/元	人均地区生产总值增长率/%
1978	12.26					267	
1980	14.91	21.62				323	20.97
1985	28.06	88.20				596	84.52
1990	61.17	118.00				1244	108.72
1995	200.03	227.01				3962	218.49
2000	317.89	58.92	71.19	131.40	115.30	6122	54.52
2001	330.09	3.84	72.62	127.39	130.08	6357	3.84
2002	369.71	12.00	76.70	149.60	143.41	7097	11.64
2003	396.58	7.27	81.14	156.65	158.79	7574	6.72
2004	454.94	14.72	100.41	172.65	181.88	9205	21.53
2005	482.52	6.06	110.44	196.96	175.12	9774	6.18
2006	560.84	16.23	116.18	245.34	199.32	11354	16.17
2007	673.50	20.09	144.63	301.80	227.07	13640	20.13
2008	743.16	10.34	158.09	331.59	253.49	15012	10.06
2009	820.17	10.36	156.72	375.64	287.81	16537	10.16
2010	960.22	17.08	166.49	468.27	325.46	20053	21.26
2011	1189.11	23.84	199.23	616.55	373.33	25755	28.43

续表

年份	地区生产总值/亿元	地区生产总值增长率/%	一产/亿元	二产/亿元	三产/亿元	人均地区生产总值/元	人均地区生产总值增长率/%
2012	1346.42	13.23	219.19	706.22	421.01	29080	12.91
2013	1455.12	8.07	238.96	747.61	468.55	31237	7.42
2014	1579.89	8.57	247.64	805.33	526.92	33558	7.43
2015	1700.33	7.62	260.05	858.93	581.35	35754	6.54
2016	1830.42	7.65	280.29	876.04	674.09	38202	6.85

三、重点扶持与发展的支柱产业

绵阳市大力发展先进制造业,积极承接国内外产业转移,着力打造电子信息和汽车及零部件两个产业集群,重点发展食品及医药、冶金机械、化工及环保、材料及新能源四个产业集群,提升特色优势产业发展水平。

四、战略性新兴产业

绵阳培育发展战略性新兴产业,发挥国家科技城优势,强化关键核心技术研发,结合特色优势产业转型发展,有序发展了电子信息、生物、节能环保、新材料、新能源等战略性新兴产业,形成梯度接续的产业框架。主要包括以下两个方面。

一是依托科技城,重点发展新型显示与数字视听、电子材料和元器件、军工电子等产业链,建设全国重要的数字视听产品的研发制造基地、国家重要的军工电子制造基地和军民融合产业示范基地。

二是依托科技城,重点发展航空装备制造、卫星应用、智能制造装备产业。三地联合建设成德绵航空产业集聚区。重点发展节能家电和废铜等有色金属综合利用产业。依托重点产业园区和特色文化资源,重点发展数字文化创意技术和装备、工业设计服务等,着力打造具有地域特色的数字文化创意和设计服务产业。

五、现代服务业

注重科技、信息、金融、物流等生产性服务业发展,提升生活性服务业发展水平和层次,扩大服务业规模,优化服务业结构,增强了中心城市的服务功能,积极推进服务标准化,建设了西部区域性科教中心、物流中心、商贸中心和金融中心。优先发展了电子商务、现代物流、现代金融、科技服务、养老健康五大新兴先导性服务业。

六、绵阳市产业结构

2016 年,绵阳 R&D 经费支出占 GDP 比重达到 7%,大中型骨干企业 72 家、上市挂牌企业 30 家、科技型中小企业近万家。长虹产值突破 1000 亿元,名列"中国电子百强品牌"第 6 位,蝉联川企百强榜首;九洲产值达到 205 亿元,是被党中央、国务院和中央军委联合表彰的为高新工程做出重大贡献的全国 28 家军工单位之一。电子信息、汽车、新材料、节能环保、高端装备制造、生物等六大"两新"产业加快发展,"两新"产业产值占规上工业产值比重分别达到 53.5%、36%,首批认定军民融合企业 238 家,实现产值 1370 亿元,占工业总产值比重达到 49.4%,居全国前列。建有国家级高新技术开发区和国家级经济技术开发区,拥有全国唯一的国家军民两用技术交易中心和科技城创新中心、工业技术研究院,科技创新和成果转化平台面积达 100 万平方米。成立有四川省智能电视、北斗卫星导航、新能源汽车、信息产业等 15 个战略性新兴产业联盟。成功举办四届中国(绵阳)科技城国际科技博览会,蝉联"中国十佳品牌展会项目"称号。成功举办两届中国(四川)电子商务发展峰会,是四川电商第二城。

从三次产业产值分析看,1978—2016 年,38 年时间里,一产增加产值 209.10 亿元,下降了 7.08%;二产增加产值 744.64 亿元,增长了 6.52%;三产增加产值 558.79 亿元,增长了 0.56%。此外,通过比较 2016 年三次产业的比重发现,一产比重下降到 15.31%,但仍大于 10%,二产的比重为 47.86%,三产的比重为 36.83%,表现出二产 > 三产 > 一产的产业构成,这表明现在绵阳市产业结构不合理,还处于工业化初级阶段,详见表 13-2、图 13-1。

表 13-2　1978—2016 年绵阳市三次产业结构

年份	地区生产总值/亿元	一产产值/亿元	二产产值/亿元	三产产值/亿元	一产比重/%	二产比重/%	三产比重/%
1978	12.26						
1980	14.91						
1985	28.06						
1990	61.17						
1995	200.03						
2000	317.89	71.19	131.40	115.30	22.39	41.34	36.27
2001	330.09	72.62	127.39	130.08	22.00	38.59	39.41
2002	369.71	76.70	149.60	143.41	20.75	40.46	38.79
2003	396.58	81.14	156.65	158.79	20.46	39.50	40.04
2004	454.94	100.41	172.65	181.88	22.07	37.95	39.98
2005	482.52	110.44	196.96	175.12	22.89	40.82	36.29
2006	560.84	116.18	245.34	199.32	20.72	43.75	35.54
2007	673.50	144.63	301.80	227.07	21.47	44.81	33.71
2008	743.16	158.09	331.59	253.49	21.27	44.62	34.11
2009	820.17	156.72	375.64	287.81	19.11	45.80	35.09
2010	960.22	166.49	468.27	325.46	17.34	48.77	33.89
2011	1189.11	199.23	616.55	373.33	16.75	51.85	31.40
2012	1346.42	219.19	706.22	421.01	16.28	52.45	31.27
2013	1455.12	238.96	747.61	468.55	16.42	51.38	32.20
2014	1579.89	247.64	805.33	526.92	15.67	50.97	33.35
2015	1700.33	260.05	858.93	581.35	15.29	50.52	34.19
2016	1830.42	280.29	876.04	674.09	15.31	47.86	36.83

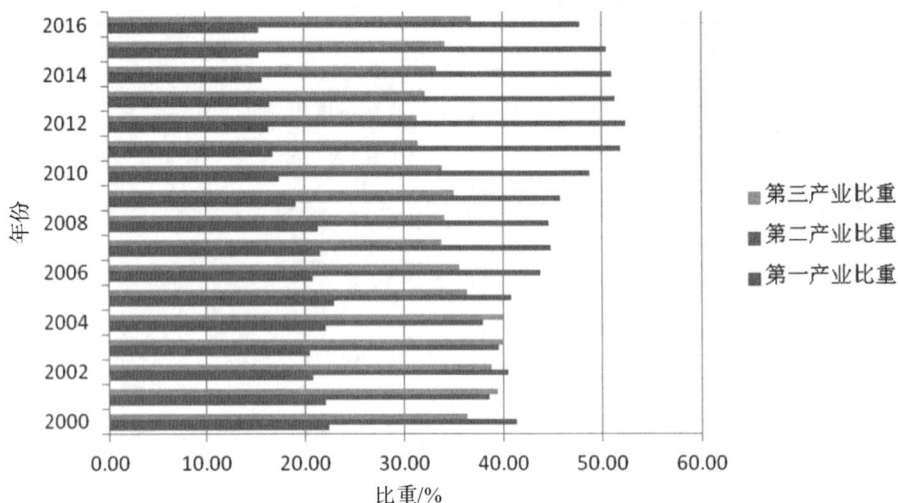

图 13-1   1978—2016 年绵阳市三次产业结构比重

第二节　绵阳市高等教育发展历史与现状

一、绵阳市高等教育发展进程

(一)改革开放初期

绵阳在教育领域逐步开始拨乱反正,落实知识分子政策,纠正冤假错案,提出"尊重知识,尊重人才"的口号,从而调动了广大教师的积极性,恢复原有的教学制度,建立正常的教学秩序,为新时期教育改革与发展奠定了基础。1978 年,经国务院批准,建立四川建筑材料工业学院、绵阳农业专科学校、绵阳师范专科学校共三所高校。至此,绵阳市境内有全日制大专院校 4 所,在校学生 1215 人。另外还先后建立核工业部第九研究院职工工学院(1979)、绵阳市广播电视大学(1979)、涪江机器厂职工大学(1980)、高等教育自学考试领导小组(1984)、四川省干部函授学院绵阳分院(1985)、绵阳市中学师资培训中心(1986)等 6 所成人高校/高教自考机构。1988 年之后成都高校又在绵阳设立医学、电子应用技术、财经、中医等专业点 4 处。截至 20 世纪 80 年代末,绵阳有大专院校 9 所,全日制院校有专业 38 个,在校学生 5332 人,教职工 2316 人,其中教授、副教授 119 人(加上成人大专,在校学生近万人,教职工 3000 人,其中教授、副教授 200 人,讲师 700 人)。1978 年至 1989 年间共培养大专毕业生 7800 多人,飞行员 1000 多人。

(二)2000 年以来

世纪之交,绵阳以中国“科技城”的姿态跑进 21 世纪,然而教育事业的步伐却与之不相适应。为了保证绵阳市和科技城建设可持续发展,市教育局着手全面调研,及时制定出“高等教育上档次、基础教育大跨越、职业教育突重围、民办教育大发展”的教育发展思路和系列措施,把发展作为第一要务,以最快速度建造一条“绵阳教育高速路”,迅速构建与科技城建设相匹配的教育体系。

2000 年 12 月,根据“建好西科大实行特事特办”的指示,教育部批准将原西南工学院、绵阳经济技术高等专科学校合并为西南科技大学,使其在校学生达 22000 人,并将其确定为西部重点建设的 13 所高校之一。由绵阳师范高等专科学校和绵阳教育学院合并组建的绵阳师范学院首批招收新生 3200 人,使全校学生人数突破 7000 人。高等院校的合并,是绵阳市教育体制改革浓墨重彩的一笔。教育资源得到有效利用,各校优势得到互补,发展步调更加一致,不仅有效提升了高校的档次,而且有利于全市高等教育的发展。截至 2002 年,绵阳市高等学府共有 3 所本科院校,1 所专科院校,1 所成人本科院校,2 所成人专科院校,还有四川音乐学院、西南财经大学、四川大学、泸州医学院、川北医学院以不同方式落户绵阳,共同构成绵阳高等教育的新格局,为科技城建设提供人才贮备和智力支持。快速发展起来的绵阳教育事业,形成了强大的辐射力和吸引力,产生了较好的社会效应和市场效应。

绵阳市高等教育体系经过不断的改革和发展,初步形成以西南科技大学为龙头,以中国民航飞行学院绵阳分院、绵阳师范学院、西南财经大学电子商务学院、中国工程物理研究院职工工学院、绵阳职业技术学院、绵阳广播电视大学、涪江机器厂职工大学等为重要组成部分,融普通高等教育、成人高等教育、民办高等教育、远程网络高等教育为一体的现代高等教育体系的基本框架。

至 2003 年,绵阳科技城内具有高等学历教育招生资格的高等院校有 8 所,其中普通本科院校 4 所(西南科技大学、中国民航飞行学院绵阳分院、绵阳师范学院、西南财经大学电子商务学院),成人本科院校 1 所(中国工程物理研

究院职工工学院),普通专科院校 1 所(绵阳职业技术学院),成人专科院校 2
所(绵阳广播电视大学、涪江机器厂职工大学)。具有"四川高等教育学历文凭
考试试点学校"资格的民办公助成人专科学校 1 所(绵阳创业学院)。市外部
分高等院校陆续在绵阳市内建立联合办学的二级学院、站、班等。全市各类高
校共有教职工 4896 人,其中教授 303 人,副教授 942 人,讲师 1410 人,助教
800 人,无职人员 1441 人,在校大学生总数为 44266 人,其中研究生 157 人,全
日制普通教育本科生 23529 人,全日制普通教育专科生 7899 人,成教脱产本
科生 1385 人,成教脱产专科生 11296 人。此外,西南科技大学、绵阳师范学
院、绵阳广播电视大学三校还有成人教育本、专科函授生 8318 人。

2010 年,绵阳市政府出台了《培育核心竞争力,打造"科教绵阳"实施意
见》,提出提高科技含量,打造教育品牌,加速人才培养,促进文化建设,完善创
新机制,建设自主创新的西部区域性科教中心,计划从发展高新技术产业、发
展教育事业、加强市民素质教育、推进医疗卫生建设、繁荣文化体育事业、提高
自主创新能力等六个方面入手,倾力打造"科教绵阳",建设"西部区域性科教
中心",绵阳教育事业又迎来了提档升级的大好发展机遇。2010—2016 年绵阳
市全日制大专院校情况见表 13-3。

表 13-3　绵阳市全日制大专院校情况统计(2010—2016)

年度	高校数量	招生	在校生	毕业生	专任教师
2010	12	32000	98000	24000	5125
2011	12	40000	122000	34000	6098
2012	13	43000	127000	32000	6629
2013	14	44000	137000	35000	7136
2014	14	48000	147000	37000	7543
2015	14	46600	149400	42500	7768
2016	14	45900	150100	42900	7955
备注		含成教 全日制生	本(专)科		

数据来源:2010—2016 年绵阳市国民经济和社会发展统计公报。

二、绵阳市高等教育发展现状

2016 年全市共有高等教育学校 14 所,各院校具体情况见表 13-4,其中:全日制普通教育本科院校 6 所,属全日制普通教育专科院校 3 所,全日制民办高等职业技术学院 2 所,成人教育本科院校 1 所,成人教育专科院校 2 所。2016年全市高校中普通教育和成人教育各类在校(在册)大学生总数为 148923 人,其中全日制在校大学生 132387 人(其中研究生 2797 人、本科生 72800 人、专科生56790 人),成教在册大学生 16536 人。有教职工 11000 人,其中正高级职称 591人、副高级职称 1834 人、具有博士学位教师 928 人、具有硕士学位教师 3173 人。2016 年,绵阳市普教大学毕业生 33806 人,平均就业率达到 89.1%。

高校校园总面积 1013.3 公顷,校园内总建筑面积 3961905 平方米,图书馆藏书量(包含电子图书)31341701 册,学校固定资产总值 625140.7 万元。有省部级重点实验室(实训基地)17 个、博士点 3 个、硕士点(覆盖专业)72 个、职业技能鉴定站(覆盖工种)147 个。国家重点实验室 8 个,国家工程技术研究中心 5 家,国家企业技术中心 8 家,"两院"院士 26 名,各类专业技术人才 23万人。

表 13-4　2016 年绵阳市 14 所高等院校情况

院校名称	办学层次	属性	类型	在校生规模
西南科技大学	本科专业 78 个;一级学科硕士点 22 个、独立二级学科硕士点 1 个,硕士专业学位类别 8 个;一级学科博士点 4 个,博士后科研流动站 1 个,4 个学科方向与中国工程物理研究院等联合培养博士研究生	公立	普通高等教育;理工类;西部重点建设 14 所高校;省部共建高校;四川省"双一流"建设计划校	本科专业 78 个,在校全日制本科学生 2.9 万余人
绵阳师范学院	54 个全日制本科专业;专业学位硕士点 1 个	公立	省属普通本科高校;师范类;四川省卓越教师教育培养计划	在校研究生、全日制本专科学生、留学生 17000余人

续表

院校名称	办学层次	属性	类型	在校生规模
四川文化艺术学院	本科专业 36 个；专科专业 21 个	民办	全日制普通本科高等学校；艺术类	全日制本专科在校生 14000 名
西南财经大学天府学院	33 个本科专业；22 个专科专业	民办	普通高等教育；财经类	在校学生 20800 名
西南科技大学城市学院	23 个本、专科专业	公立	普通高等教育；理工类	全日制在校生近万人
中国民航飞行学院绵阳分院	1 个本科专业	公立	普通高等教育；工科；中央部属高校	不详
四川中医药高等专科学校	18 个专科专业	公立	全日制普通高等专科学校；医药类	在校学生 1.4 万人
四川幼儿师范高等专科学校	23 个专科专业（含绵阳校区）	公立	全日制普通高等专科学校；师范	在校学生 1 万余人（含绵阳校区）
绵阳职业技术学院	50 个高职专业；3 个本科专业	公立	全日制国家示范性高等职业院校；综合类	在校生 13000 余人,其中高职专科 11000 余人,高职本科近 2000 人
四川汽车职业技术学院	23 个专科专业	民办	全日制普通高等院校；工科	在校生 8000 余人
四川电子机械职业技术学院	24 个专科专业	民办	省属专科高校；理工类	在校生规模 5000 人以内
绵阳工业技师学院	30 余个专业	公立	绵阳市教育局主管的直属学校	在校生 5000 余人
绵阳广播电视大学	8 个本科专业；11 个专科专业	公立	绵阳市教育局主管的直属学校	学校在籍学生 11000 余人
中国工程物理研究院职工工学院	9 个普专专业；7 个成专专业 7；5 个专升本专业	公立	成人高等院校；理工类	在校生 1000 余人

2017年,全市高等教育工作紧紧围绕市委、市政府中心工作,以建设教育强市为目标,支持在绵高校加强思想政治工作、深化教育教学改革,服务在绵高校内涵发展、创新发展,取得显著成效。2018年,高等教育工作着力做了四个方面工作:一是主动作为,对接军民融合企业,抓好军民融合人才培养工作;二是深入贯彻落实全国、全省高校思想政治工作会议精神,把大学生思想政治工作贯穿各高校教育教学全过程,加大意识形态领域工作力度;三是抓好高教联盟工作,按计划推进五项内容,切实强化高校资源共享;四是加快高校内涵发展,围绕"一流学科"建设,加强教师人才、特色学科和特色专业建设。

第三节　绵阳市促进高等教育发展主要战略和政策举措

一、培育核心竞争力,打造"科教绵阳"

2010年,绵阳市委、市政府出台了《培育核心竞争力,打造"科教绵阳"实施意见》,提出提高科技含量,打造教育品牌,加速人才培养,促进文化建设,完善创新机制,建设自主创新的西部区域性科教中心,计划从发展高新技术产业、发展教育事业、加强市民素质教育、推进医疗卫生建设、繁荣文化体育事业、提高自主创新能力等六个方面入手,倾力打造"科教绵阳",建设"西部区域性科教中心"。绵阳市政府成立教育投资发展有限责任公司作为教育发展的投融资平台,并规划投资40余亿元集聚全市优质教育资源,建设占地近8平方千米的绵阳教育园区。

为打造教育强市,绵阳市充分利用建设绵阳科技城的历史机遇,积极深化教育体制改革。一是发挥西南科技大学的带头作用,着力将其建成产学研相结合的多学科性大学,促进教育资源优化组合。二是积极引进国内、国外大学来绵办学。三是尽可能利用现有中等专业学校的资源进行联合办学,推动教育资源的调整和优化。四是创新办学模式,采取联合共建、开放办学等多种模式,逐步扩大办学规模。

在高校发展方面,绵阳市通过积极支持高校加快重点专业、重点实验室、师资队伍和基础设施建设,推动学校内涵发展,建设一流创新型大学;加快推进西南科技大学博士学位授予权单位建设,推进绵阳师范学院磨家新校区建设,推进绵阳职业技术学院国家级示范性高职专业建设,扩大四川中医药高等专科学校和四川幼儿师范高等专科学校普通专科招生专业。2010 年,西南科技大学力争通过博士学位授予权单位建设的中期验收评估;绵阳师院拟开展硕士点申报工作;四川中医药高专和四川幼儿师范高专等市属高校全面启动异址重建校舍的各项工作;绵阳职业技术学院完成"绵阳科技城职业人才孵化中心"主体及配套工程建设,力争使 3 个国家级示范性高职专业通过教育部、财政部的验收。2011 年,西南科技大学力争正式新增列为博士学位授权单位,并设置一级学科博士学位授予点和硕士学位授权点发展到 70 个左右;绵阳师范学院力争基本完成磨家新校区的主要项目建设,全日制普通本科专业达 40 个以上,设置硕士点的申报工作取得较大进展。

二、2011 年在绵高校联席会

在四川中医药高等专科学校召开的 2011 年在绵高校联席会上市委要求,各级政府要与各高校加强交流沟通,加大教学培训力度,为地方经济社会发展培养更多合格、优秀人才。

市委指出,经过三年灾后恢复重建,学校等公共设施的硬件水平上档升级。要珍惜来之不易的重建成果,通过整合力量、健全机制、加强培训、强化保障等方式,全力保证重建学校正常运转,发挥最大效益。

政府和高校充分依托教育园区建设等优势,围绕人才培养、高校发展等进一步加大交流沟通力度,建立长期有效的沟通机制。各级政府要加大教育投入力度,用优异的服务质量和服务水平为高校创造良好的发展环境。各高校要立足自身特点和绵阳科技城建设的需求,强化师资队伍培训,在提升学生理论和技能水平的同时,充分利用"三基地一窗口"建设的平台,加强对高校学生思想政治教育,积极开展各具特色的实践活动,培养有理想有追求、讲诚信有责任感的合格、优秀人才。要充分发挥高校作用,促进绵阳经济社会发展再上台阶。

三、绵阳市教育体制改革试点

2012 年绵阳市颁布《绵阳市教育体制改革试点方案》,提出以改革创新为动力,以促进公平为重点,以提高质量为核心,解放思想,大胆突破,激发活力,办好人民满意的教育。

方案提出推进职业教育改革试点工作。总体目标是创新职业教育办学体制和机制,实现政府统筹,部门、行业、企业参与办学的新局面;创新人才培养模式,推行工学结合、顶岗实习、校企合作,增强职业教育的针对性、实用性和开放性;创新职业教育发展模式,走集团化发展之路,探索中职、高职协调发展的现代职业教育体系;建立和完善企业技能人才到职业院校从教和教师到企业实践的职教师资培养制度。

方案提出开展拔尖创新人才培养改革试点工作,总体目标是坚持改革创新,建立健全创新拔尖人才培养长效机制,形成从小学到大学的拔尖创新人才成长的良好环境和氛围,形成在西部较有影响的拔尖创新人才培养模式,建成西部拔尖创新人才培养高地,为西部教育强市、西部人力资源强市和西部区域性科教中心建设培养各级各类拔尖创新人才,进一步提高教育服务科技城建设和科教绵阳建设的水平。

四、绵阳科技城建设部际协调小组第十一次会议

2013 年 7 月 12 日,市教体局组织 14 所在绵高校,传达贯彻市委常委会关于"传达贯彻落实绵阳科技城建设部际协调小组第十一次会议精神"的会议,研究教体系统特别是在绵高校如何落实会议精神,细化工作措施。

绵阳市要切实增强紧迫感、责任感和使命感,作为科技城建设的生力军,在绵高校要坚决走创新驱动发展之路,抓好产学研等各项工作,服务绵阳科技城建设,积极为绵阳科技城建设贡献力量。

要细化工作措施,落实责任。提出切实可行的应对之策,加强和教育部等国家部委及四川省教育厅等省级部门的对接联系,要把每一项请求支持事项细化分解落实,明确责任,抓好落实。

在绵高校要主动融入绵阳科技城建设。要充分发挥"在绵高校联盟"作用,积极整合绵阳高等教育资源,发挥大学间科技协同力量,抓好科研平台建设,进一步提升在绵高校办学水平和科技创新能力。要认真抓好产学研协同创新,在绵各高校要积极参与绵阳科技城大学科技园建设,通过知识溢出,直接服务绵阳科技城需求和经济社会发展需要。要加强内涵发展,加强学科专业建设,努力为绵阳科技城建设培养大批拔尖创新人才、高级专门人才和大批高级技能型人才,为绵阳科技城建设提供强有力的人才保障和智力支撑。

五、《绵阳市中长期教育改革和发展规划纲要(2011—2020年)》

纲要就绵阳高等教育发展推出以下几个方面的政策。

一是支持西南科技大学完成"新增博士学位授权单位立项"建设任务,力争新建省部级重点学科、重点实验室1—2个,新建硕士学位授权点17个;支持绵阳师范学院进一步加强"专业学位研究生培养试点单位"建设,做好独立招收并培养工程(环境工程领域)研究生工作;支持西南财大天府学院、川音绵阳艺术学院和西南科技大学城市学院通过教育部全日制普通本科学士学位授予权单位资格审核;支持绵阳职业技术学院全面完成国家示范性高职院校项目建设,力争通过教育部、财政部的合格验收。

二是继续深入推进"高等教育质量工程"建设。支持各在绵高校积极争取部、省级质量工程的立项,认真组织完成已立项部、省、校三级质量工程的年度建设任务;支持西南科技大学申请国家级科研项目立项20项,申报发明专利20项,力争获部省级以上科技奖励6项;支持绵阳师范学院力争省级质量工程的立项数达到7项,力争国家级科研项目立项2项、省部级科研项目立项4项、市厅级科研项目立项20项。

三是继续推进高学历、高职称、高水平的师资队伍建设。支持在绵高校结合学科建设和专业调整的需要,围绕优势学科或重点专业积极引进具有博士学位或高水平的教师,进一步优化教职工队伍结构。

四是高校优势学科与特色专业建设工程:支持在绵高校分类定位,特色发展。西南科技大学力争建设1—3个国家级和省级特色专业和5门省级精品课程;绵阳师范学院力争新增省级特色专业1—2个,省级精品课程1—2门。支持绵阳职业技术学院实施"提升专业服务产业能力建设"项目,启动中德职教电子技术专业试验班第一期工作;支持四川中医药高等专科学校继续加强护理、针灸推拿、临床医学三个国家级重点专业建设;支持四川幼儿师范高等专科学校完成省级"学前教育专业综合改革"项目年度建设任务。

六、《绵阳市国民经济和社会发展第十三个五年规划纲要》

纲要就绵阳市高等教育发展指出以下几点。

（一）构建更加开放的引才格局和更加科学的用才机制

深入实施西部人才强市战略，健全有利于创新发展的人才引进培养使用机制，促进创新人才有序流动和合理配置，培育一支规模宏大、结构合理、素质优良的创新创业人才队伍，构建起与国家科技城创新发展相适应的人才体系。加快建设绵阳科技城"人才特区"，实施更积极、更开放、更有效的人才引进政策和机制，重点引进一批从事前沿科学技术研究、促进军民融合产业发展的高端人才和专家团队。加强与国内外名校名院名企的战略合作，强化招商引资、招才引资联动，深入实施"千英百团"聚才计划，大力引进高层次专业人才、高技能优秀人才和高素质管理人才。依托在绵科研院所、高等院校的重大创新平台和科研项目，引进科技领军型人才和创新创业团队。支持国有企业采取市场聘用、股权激励、特聘顾问等方式，引进海内外高层次人才、创新团队和职业经理人。鼓励企事业单位设立院士（专家）工作站、博士（后）科研工作站，柔性引进创新创业人才及团队。

充分发挥用人单位主体作用，落实用人单位自主权，推动人才优化配置，赋予创新领军人才更大人财物支配权、技术路线决策权。实行以增加知识价值为导向的分配政策，推动人力资源市场配置，加快建设中国国际人才市场国家科技城（绵阳）分市场，破除人才流动障碍，鼓励科研院所、高等院校和企事业单位人才双向兼职流动。

（二）构建更加实用的育才体系

推动高等院校完善校企联合育人机制和人才培育体系建设，支持西南科技大学、绵阳师范学院等在绵高校推行产学研联合培养研究生的"双导师"制，选聘优秀企业家等领军人才担任"产业教授"。实施以建设市、省、国家级技能大师工作室、新技师和高级工培养为主要内容的高技能人才振兴计划。鼓励绵阳职业技术学院等职业院校围绕产业需要，采取校企联合等方式，培育高技能人才，建设西部一流技能型人才培养基地。

（三）强化高校科技服务作用

大力发展科技研发与设计服务，推动成立工业设计企业和工业设计服务中心、生产力促进中心和大学科技园等机构，建设研发设计交易市场和具有多种功能的公共服务平台。开展科技中介服务，支持高校、科研院所、产业联盟等加强科研资源整合,面向社会开放服务。

(四)推进高等教育现代化

引导高校优化专业结构,支持西南科技大学等高校的特色学科和品牌专业建设,积极引进国内外重点高校来绵办分校和联合办学,支持绵阳师范学院向应用型高校转型,支持民办高等教育发展。依托中国工程物理研究院,整合军地教育资源,以"部、省、院共建"模式,做好以军民融合为特色、国防高技术为重点,服务国防科研和高端人才培养的中国绵阳科技城大学筹建工作。完善绵阳高校联盟机制,促进各高校间优势互补、资源共享,围绕人才培养和科技创新,在人才培养、学科建设、科学研究、队伍建设、社会服务、制度建设、资源共享共建等领域开展深入合作。

(五)推动产学研用协同创新

探索"企业需求+科研院所研究"的运行模式,发挥科研院所在原始创新、协同创新、成果转化等方面的作用,围绕培育高新技术产业和战略性新兴产业,建立行业骨干企业与科研院所、高等院校之间联合开发、优势互补、成果共享、风险共担的产学研用合作机制,创新院地结合模式,激发院所创新创业活力,实现创新资源的合理配置和高效利用,积极组建由行业骨干企业牵头,联合省内外科研院所、高等院校的产业技术创新战略联盟,大力开展联合共性技术攻关,解决制约产业升级的核心装备、关键零部件、基础原材料、关键工艺、高端检测分析等难题,为军民融合产业提供工程化开发、成果推广、信息服务、合作研究、检测试验、学术交流、人员培训等服务,在重点领域初步形成"研发—中试—成果转化—产业化"创新链。

七、绵阳市推进"绵阳科技城大学"筹建工作,鼓励优秀人才在军、校、企双向流动

2016年7月21日,四川省系统推进全面创新改革试验系列新闻发布会第三场——全面创新改革试验成德绵新闻发布会在成都举行。绵阳市委、市政府提出加快建设国家军民融合创新改革发展示范基地,要加速汇聚军民融合高端人才。加大人才引进力度,建好中国国际人才市场科技城分市场,加快引进高端人才和专家团队。争取"天府高端引智计划"等项目支持,开展省内高

校外国留学生留绵就业试点。探索开展技术移民，吸引外籍高层次人才。完善人才培养体系。推进"绵阳科技城大学"筹建工作，推动西南科技大学等在绵高校培养军民融合方向人才。建立军地人才流动机制，鼓励优秀人才在国防科研院所、高校和企业之间双向流动，健全人才激励机制。支持在绵高等学校、科研院所引进高端人才，探索实行协议工资、项目工资等灵活多样的分配办法。完善科技成果、知识产权归属和利益分享机制，骨干团队、主要发明人依法按合同约定享有相应收益。

第四节　绵阳市高等教育发展主要经验与问题分析

一、绵阳市高等教育发展主要经验

（一）教育资源的整合与创新发展

从改革开放初期的四川建筑材料工业学院、绵阳农业专科学校和绵阳师范专科学校 3 所高校，发展到现在拥有西南科技大学等 14 所高等院校，高校数量增加近 5 倍，在校大学生规模由 1215 人发展到 150100 人（截至 2016年），增加近 124 倍，绵阳高等教育的主要经验和举措有以下几点。

1.中高等教育资源整合

为了促进绵阳高等教育发展，为地方经济发展培养更多高质量人才，2010年，绵阳市委、市政府出台了《培育核心竞争力，打造"科教绵阳"实施意见》，并成立教育投资发展有限责任公司作为教育发展的投融资平台，规划投资 40 余亿元，集聚全市优质教育资源，建设占地近 8 平方千米的绵阳教育园区。教育园区充分发挥西南科技大学的带头作用，着力将其建成产学研相结合的多学科性大学，促进教育资源优化组合。2012 年 10 月，绵阳职业教育集团成立，集团为企业、职业院校及科研单位提供服务，使校企双方形成合力，实现资源整合和共享，为提升全市职业教育的规模效益做出了贡献。2013 年 5月，国内首个地市级高校联盟"绵阳高校联盟"在西南科技大学正式成立，构建绵阳区域高校战略联盟，在高校之间实现资源共享、优势互补，从而带动区域高等教育整体水平的提升。这是绵阳高校深化高等教育综合改革、推动高等教育内涵式发展的重要举措,更是绵阳高校为充分释放创新驱动发展活力,不断增强创新驱动发展动能而进行的一个区域创新尝试。通力合作成了在绵高校共同实现新的跨越发展最根本、最关键的创新驱动和正确选择。

2.民办教育大力发展

发展民办高等教育是绵阳市发展高等教育的重要路径取向,为此,绵阳市在民办基础教育与民办职业教育有着良好发展环境的基础上,积极探索新路,为发展民办高等教育营造良好的社会环境。《绵阳市"十二五"教育事业发展规划》指出,应大力发展民办教育,提倡投资主体和办学主体多元化,办学形式多样化,建立公办教育、民办教育平等竞争、协调运行、共同发展的格局;建立和完善公共财政对民办教育的扶持政策,依法落实民办学校、学生和教师与公办学校、学生、教师平等的法律地位,保障民办学校办学自主权;县级以上教育行政部门设立专门机构,负责民办教育发展的统筹、规划和管理;规范民办学校法人登记,建立和完善民办学校审批、管理和退出机制;加强对民办教育的评估,实施办学过程监督,促进民办学校规范办学。2015 年,绵阳市各级各类民办学校 637 所,涵盖了学前教育、基础教育、职业教育和高等教育,在校学生达 156041 人,初步形成了公办学校和民办学校优势互补、良性联动、公平竞争、多元发展的格局,满足了群众对教育的多元化需求,带动了绵阳城市和经济社会的发展。到 2016 年,绵阳市共有 4 所民办高校,为高等教育事业发展,也为经济与社会发展,起到了重大的补充与推动作用。

3.外部教育资源引入

利用外部优质资源,促进自身发展,是绵阳市促进高等教育发展的又一策略。《绵阳市"十二五"教育事业发展规划》中便提出,应为高等教育学校办学创造良好的社会环境,提供优质的公共服务,吸引国内外知名大学来绵举办独立学院或与市内高校联合办学,争取各种高等教育资源以多种方式参与绵阳市高等教育的改革和发展。为了构建起与国家科技城创新发展相适应的人才体系,加快建设绵阳科技城"人才特区",《绵阳市国民经济和社会发展第十三个五年规划纲要》就绵阳市高等教育发展指出:应实施更积极、更开放、更有效的人才引进政策和机制,重点引进一批从事前沿科学技术研究、促进军民融合产业发展的高端人才和专家团队;加强与国内外名校名院名企的战略合作,强化招商引资、招才引资联动,深入实施"千英百团"聚才计划,大力引进高层次专业人才、高技能优秀人才和高素质管理人才;依托在绵科研院所、高等院校的重大创新平台和科研项目,引进科技领军型人才和创新创业团队;支持国有企业采取市场聘用、股权激励、特聘顾问等方式,引进海内外高层次人才、创新团队和职业经理人;鼓励企事业单位设立院士(专家)工作站、博士(后)科研工作站,柔性引进创新创业人才及团队。引入绵阳的高校有西南财经大学天府学院、中国民航飞行学院绵阳分院,以及若干科研机构。2017年,四川省军民融合研究院在四川中医药高等专科学校成立研究分院。2018年,重庆大学与绵阳市高新区达成战略框架协议,形成共建《重庆大学中国科技城产业研究院方案》等。

(二)构建具有中国(绵阳)科技城特色的军民融合人才培养体系

绵阳市军工企业和科研院所众多,对军民融合人才需求量大,涉及专业面广,作为四川省全面创新改革试验军民融合重点试验区,在绵阳整合学校、军工企业和科研院所资源开展军民融合人才培养前景广阔。绵阳市提出军民融合战略,支持学校、军工企业和科研院所进一步加强实验实训设施共建共享,发挥实验实训设施的最大效益,支持学校与军工企业院所联合进行课程开发、制定人才培养方案,加强国防办与学校、院所与学校、企业与学校的沟通,畅通军民融合人才的需求和供给信息渠道,提高学校的招生、培养和就业指导效率,满足各单位对军民融合人才的需求。将军民融合人才培养团队纳入绵阳市人才发展专项资金支持,制定《关于开展绵阳市军民融合人才培养团队立项建设申报的通知》《绵阳市军民融合人才培养项目资金使用办法》,初步形成《绵阳市创新军民融合专业人才培养机制》。

(三)组建中国(绵阳)科技城高教联盟,加强校校合作

为了给中国(绵阳)科技城建设提供人才智力支撑,集聚在绵高校院所共同创新办学模式,深化办学体制改革,优化办学条件,拓宽办学途径,促进教育质量、科研水平和办学效益的共同提高,2013年,汇聚绵阳市11所高校,以西南科技大学为龙头,组建了人才共享、资源共用、学分互认、抱团发展的中国(绵阳)科技城高教联盟,打造一体化教学平台,在人才培养、学科建设、科学研究、队伍建设、社会服务、制度建设、资源(平台)共享共建等领域开展广泛而深入的合作。增强科技创新和服务社会能力,在更高水平上实现区域内高等教育的协调发展。

(四)组建绵阳职教集团,深化产教融合

2012年10月,由绵阳市政府引导,组建成立绵阳职业教育集团,集团遵照"市场化、标准化、集群化和现代化"的标准,坚持以对接绵阳国家科技城"2+4"优势产业服务地方经济建设为宗旨,政府相关职能部门参与,由绵阳职业技术学院牵头联合市职业院校、企业、科研院所和行业协会等,按照平等、自愿、诚信、合作、共赢的原则共同组建了这一个跨行业、多元化、非营利性的综合性职教集团,集团内成员单位的性质、管理体制不变,集团由市教体局负责业务指导和监督。绵阳职业教育集团共有理事单位34家,分别由4所高等职业院校、7所中等职业院校、23家知名企业组成。通过这一平台,加强学校与学校、学校与企业、学校与行业协会等间的紧密合作,实现资源整合和共享,提升全市职业教育的规模效益和整体竞争力,更好地为绵阳国家科技城建设和经济社会发展服务,使职业教育朝规模化、集团化、专业化、市场化方向迈出了新的步伐。

(五)打造中国(绵阳)科技城

绵阳环境优美,特色鲜明,素有"西部硅谷"和"智慧之城"的美誉,是中国重要的国防科研和电子工业研发与生产基地。作为我国唯一的科技城,绵阳科教实力雄厚,高端人才荟萃,集聚了全国特别是四川重要的科学研发的资源,拥有中国工程物理研究院、中国空气动力研究与发展中心、中国燃气涡轮研究院等国家级科研院所18家,以及包括近30位院士在内的18万多名高端科技人才。集聚在此的11所高校,教育层次涵盖专科到博士教育,学科齐全,各具特色,存在着较强的互补性。一直以来,各校同在绵科研院所以科技城为平台,保持着多种合作关系,为倾力打造"科教绵阳",建设"西部区域性科教中心",积极整合绵阳高等教育资源,发挥大学间科技协同力量,抓好科研平台建设,提升在绵高校办学水平和科技创新能力。为绵阳科技城建设培养大批拔尖创新人才、高级专门人才和大批高级技能型人才,为绵阳科技城建设提供强有力的人才保障和智力支撑。而绵阳高校联盟在凝聚各自智慧和多方力量、通力合作并积极融入科技城建设上提供了重要条件。围绕培育高新技术产业和战略性新兴产业,探索"企业需求+科研院所研究"的运行模式,发挥科研院所在原始创新、协同创新、成果转化等方面的作用,在重点领域初步形成"研发—中试—成果转化—产业化"创新链。

二、绵阳市高等教育发展问题分析

(一)高等教育管理机制有待完善

绵阳市高等教育行政管理隶属于绵阳市教体局,市教体局的工作重点主要在中小学,高校业务管理和指导工作主要由高等教育科承担。因高等院校级别较高,且需要较高层次和懂高校运行和管理的人才,如何引导和发挥在绵高校服务绵阳社会经济发展工作一直是市教体局的难点,建议成立绵阳市教育工作委员会,强化对市属高校和民办高校的管理,理顺指导和管理关系。

(二)高等教育办学层次有待提升

绵阳市全市仅有西南科技大学和绵阳师范学院可举办研究生层次教育,其他高校都只是开展本专科教育,缺乏"985""211"等高水平大学的引领,高等教育整体办学层次不高。

(三)高等教育的投入有待增加

绵阳市财政对市属高校的办学投入不足,学生人均财政拨款还未达到教育部要求的1.2万元;市属3所高校的办学资金主要来源于学费,此外,主要依靠银行贷款筹措办学资金,新建扩建校园,获取外部资源的渠道少,办学资源紧缺,制约学校可持续发展。民办高校办学经验匮乏,师资力量薄弱,学生就业率不高,生源不足,民办高校管理有待规范。

(四)高层次人才引进力度有待加强

高层次人才是高校发展的重中之重,必须引起高度重视,尤其是创新人才工作体制机制。由于现行的绩效工资制度在很大程度上制约了学校引进高层次人才和聘请企业科研院所优秀人才兼职的积极性,存在高校引进人才水平不高、高层次人才不多,对人才引进工作重视程度不够及措施不具体等问题,人才梯队建设还有待加强。为此,政府要支持高校加强高层次人才引进工作,做好人才梯队建设;支持高校加强与军工企业、院所的合作,建立人才共享机制,发挥在绵高层次人才作用;支持高校加强现有人才继续培养体系建设,挖掘现有人才潜力。

（五）高校服务产业能力有待提升

回顾发展历程，绵阳市高等教育在市政府及各方共同努力下获得了较大发展，但总体上看，绵阳高等教育在服务市域经济与社会发展的能力上仍然有待提升。一些问题集中体现在以下方面：一是高校只注重自身的建设与发展，忽略对绵阳本地经济发展规划的了解与估量，导致高校围绕服务地方的办学定位不准确，从而使得发展受阻或培养出来的学生不能适应经济发展的需要，有些高等院校，在专业设置方面，一味追求培养"高、精、尖"人才，但在高端技术研究领域又落后于一些"985""211"高校，以至于毕业生在绵就业率较低。二是职业教育与地方经济的联结还不够紧密，缺乏规划引领，缺乏措施互动，具体包括：职业院校在劳动力转移、培训方面也未能发挥好主阵地、主渠道作用；市内大量的规模企业、中小企业、外资企业，缺乏熟练技术工人，甚至出现"用工荒"问题；职业院校培训的专业技能型人才与地方经济发展还有一定的脱节。三是民办高校办学经验匮乏，师资力量薄弱，学生就业率不高，造成生源不足，学校招生政策不合法，经常发生经济纠纷，民办高校缺乏有效的运行监管，而民办高校为省属高校，虽建在当地，但管理权都在四川省教育厅，地方教体局只为协调部门，只服务民办高校教育教学工作，这也造成了当前问题；四是受国家政策偏向和自身实力的限制，一些大中专院校办学历史短，由于市场竞争激烈，生存压力大，其在办学指导思想上更倾向于开设见效快、收益高的专业，部分学校专业已经不适应经济发展需要，转型又困难。

近年来，绵阳市随着一系列政策的贯彻落实及深入推进，高等教育与地方经济与社会发展进一步融合，高校服务地方的能力也有所提升。但要真正有效解决上述问题，还必须结合市域产业特色与高校实际，充分发挥优势、挖掘潜力，利用域外优质资源，全面加强内涵建设，促进高校自身与地区经济社会实现共同发展。

参考文献

[1]韩元明.绵阳市经济发展与产业结构研究.商,2016(24):286-286.

[2]李凤,胡东,李小宏.地方高等院校发展中存在的问题及对策——以绵阳地区高等院校为例.教育管理.2017(11):96-106.

[3]绵阳市人民政府.关于印发《绵阳市国民经济和社会发展第十三个五年规划纲要》的通知(绵府发〔2016〕26号).

［4］绵阳市人民政府办公室.关于印发《绵阳市教育体制改革试点方案》的通知
（绵府办发〔2012〕26 号）.

［5］绵阳市人民政府办公室关于印发《绵阳市中长期教育改革和发展规划纲要
（2011—2020 年)暨"十二五"教育事业发展规划 2012 年实施计划》的通知
（绵府办函〔2012〕140 号）.

［6］四川省人民政府.关于印发《四川省"十三五"战略性新兴产业发展规划》的
通知(川府发〔2017〕8 号).

［7］四川省统计局.四川统计年鉴. http://tjj. sc. gov. cn/scstjj/c105855/nj.
shtml.

［8］汤薇.绵阳市支柱产业发展状况及政策改进.大众商务,2010(6):279-280.

［9］曾青.绵阳构建百万人口特大城市战略研究.成都:西南交通大学学位论
文,2012.

［10］张倩.绵阳市产业发展潜力评价分析.城市建设理论研究,2014(11).

［11］张玺.构建高效的职教集团运行机制的探索与思考——以绵阳职教集团
为例.学校管理研究,2014(5):254-255.

第十四章 对中心城市促进高等教育发展政策的总结和建议

第一节 区域中心城市发展高等教育的必要性

党的十八届五中全会提出："坚持创新发展，必须把创新摆在国家发展全局的核心位置，不断推进理论创新、制度创新、科技创新、文化创新等各方面创新，让创新贯穿党和国家一切工作，让创新在全社会蔚然成风。必须把发展基点放在创新上，形成促进创新的体制架构，塑造更多依靠创新驱动、更多发挥先发优势的引领型发展。"实施创新驱动发展战略、建设创新型国家，关键在人才，最终看教育。

教育兴则城市兴，教育强则城市强，高等教育发展水平是一个城市发展水平和发展潜力的重要标志。一座城市拥有大学的数量和质量，直接关乎其发展前途、科研创新力量、社会影响力、城市知名度和亲和力，以及城市活力。随着国家"双一流"战略的推进，更多中心城市深刻意识到大学对于城市创新发展的核心驱动作用。大学与城市已形成相互促进、共同发展的利益共同体。从某种意义上说，一个城市的高等教育结构决定着城市的人才结构、经济结构、社会结构。对教育，特别是高等教育，不管是发达地区还是不发达地区，政府都高度重视，大学已从社会边缘成为社会的中心组成部分。一个区域高等教育的发展水平的竞争就是一个城市明天的综合实力更是科技创新力的竞争。

一、高等教育是区域中心城市经济转型升级的"助推器"和"发动机"

当前,社会经济发展和城市经济转型升级越来越倚重人口素质、知识进步、科技创新,高等教育成为城市发展至关重要的智力资源,"城市＋大学"的双向互动关系是影响区域经济社会发展的关键因素之一。发展高等教育,是实施创新驱动发展战略、不断增强创新优势、建成现代化国际化城市的动力源泉。各地"对高等教育的需求比以往任何时候都更加迫切,对科学知识和卓越人才的渴求比以往任何时候都更加强烈",高等教育愈发成为推动各地发展的发动机,高等教育逐渐成为区域性新地标。

二、高等教育是区域中心城市高端创新人才的"蓄水池"

城市之间的竞争,归根到底是人才的竞争。一流的城市需要一流人才、一流的人才发展服务体系和人才聚集发展平台。要强化人才作为第一资源的作用就要发展高等教育,特别是高水平大学。一方面加大引进国内外高水平领军人才和创新团队的力度,让这些人才更好地为区域经济发展服务;另一方面遵循人的发展规律,为城市培养和集聚更多具有社会责任感、引领意识和引领能力的高端人才和大量的高素质应用型技术技能人才。

三、高等教育是区域中心城市文化传承创新的"主阵地"

文化是城市软实力的集中体现。大学文化以其特有的超越性、超前性、多样性和开放性,对城市文化的建构和城市精神的塑造起到重要的超越、引领和辐射作用。发展高等教育可以繁荣城市文化,提升城市的文化品位,带动以文化科技为主导的相关产业发展。

四、高等教育是区域中心城市提升发展的"金名片"

大学因城市而兴,城市因大学而盛。一座城市的创新力、竞争力,一座城市的知名度、美誉度,很大程度上受这座城市拥有的高校数量特别是名校数量,以及高校在国内外的竞争力的影响。当前,为了"筑巢引凤",没有大学的城市致力于创建大学,有大学的城市则致力于创建高水平大学。

第二节　区域中心城市对促进高等教育发展所起的主要作用

随着高等学校的布局逐步向下延伸,在地级市举办高校成为我国高等教育发展的重要趋势,也是新的增长点。各地加大对高层次紧缺人才的引进和培养力度,为地方高校的快速发展提供了政策与经济上的扶持。区域中心城市对促进高等教育发展有至关重要的作用,特别是在扩大高等教育规模、推进政产学研合作、高等教育制度创新、提供办学资源等方面作用更加显著。

一、扩大高等教育规模

高等教育首要的职能是培养高素质人才。地方政府扩大高等教育规模,一是方便本地人民群众在家门口接受高等教育;二是为本地企业、产业和社会输送大批高素质应用型技术技能人才。据麦可思公司调查,2012 届宁波市高校毕业生在毕业时有约四成、毕业三年后有三成左右留在本市就业,而宁波市高校本市生源的比例不到三成。自 1999 年高等教育实行扩招后,各地政府纷纷把扩大高等教育规模列入本地经济社会发展规划。以深圳、青岛、珠海、常州等城市为例,从高等教育毛入学率来看,这些城市"十一五"末(2010 年)的目标均要求达到 35％以上,而常州要求达 65％,远远高于国家"十一五"期间高等教育事业的主要目标(21％)。

二、推进政产学研合作

政产学研合作成为高校服务地方经济社会的重要途径,同时也是高校可持续发展和创新发展的必由之路。如常州市积极实施"科教兴市"和"人才强市"战略,以培育战略性新兴产业和提升优势主导产业为目标,进一步探索实践"经科教联动、产学研结合、校所企共赢"的科技创新模式,充分发挥企业主体作用,加强政产学研合作,加快引建高端研发机构,加快引育高层次人才,加快技术转移和成果转化,建立和完善引领产业转型升级的区域创新体系。地方政府通过营造投资环境、出台产业政策来支持推进高校政产学研合作。

三、成为高等教育制度创新的重要来源

随着高等教育对区域社会经济促进作用不断加大,高校所在地的政府成为高等教育真正的利益相关者,地方政府很自然成为高等教育改革发展的积极设计者、发动者、推动者,在我国高等教育创新方面发挥强有力的推动作用。如香港中文大学(深圳)积极探索有中国特色的现代大学制;浙江万里学院实行"国有民办",成为"公办高校实行新的管理模式和运行机制"的新型高校;宁波市成功创办中国大陆第一所中外合作大学——宁波诺丁汉大学,不但对我国高等教育国际化产生重要影响,而且作为一种新形态丰富了我国大学制度建设与实践。

四、成为办学资源的重要提供者

地方政府集高等教育的举办者、投资者和管理者于一身,一是直接为高等教育发展提供办学场地、办学设备设施等资源保证;二是出台扶持政策,如放宽社会资本准入条件,支持行业企业、社会团体和个人等社会力量通过独资、合资、合作等形式参与高等教育办学;出台高层次领军人才和创新团队引进政策,以落户、住房补贴、租房补贴等方式吸引高层次紧缺人才,为高等教育持续发展提供强大支持。在地方政府的科学规划指导下,综合运用土地、财税、金融等多种政策措施,为扩大高等教育投资提供有利制度环境。

第三节　区域中心城市地方政府发展高等教育的主要政策和办学模式

高等教育对经济和社会发展具有重要的推动力,是创新创业核心要素。因此,具有一定高等教育规模城市的地方政府十分重视高等教育发展,将其作为推动地方经济和社会发展的支撑。我们选取的 12 个城市,地处东部、中部与西部,尽管经济和社会发展水平不同,但高等教育发展有着相似的背景经历。分析发展现状,主要困难和问题存在共性:除了青岛、大连、厦门、保定等,

绝大多数城市高等教育发展起步较晚,基础薄弱;高校数量,特别是本科院校数量少,办学层次偏低,缺少高水平大学,优质资源短缺,与区域城市发展定位严重不匹配;而本地新建的本科院校大多是由原来的专科学校升格而来,发展时间短;高等教育结构不合理,研究生教育培养薄弱,创新人才培养不足,难以满足区域经济社会发展对高层次人才的需求;高等教育服务经济和产业能力不足,高等教育竞争力不强;民办高职院校发展遇到困难,高校办学经费来源单一,主要依靠财政经费,高等教育投入仍不足;所在区域高校的办学质量水平还有很大提升空间。

总结 12 个中心城市高等教育发展历程,除了靠高校自身努力和潜力,区域政府政策对高等教育发展起着决定性作用。特别是深圳、青岛、大连、珠海、无锡、苏州、常州等发达地区,政府近年来采取强有力措施,通过政策手段积极打造高等教育升级版,努力为区域经济社会可持续发展提供强有力的人才保证、智力支持和科技支撑。在发展目标定位上,突出高等教育引领性、应用性和国际化特色。

在具体发展政策上各地有自己的特点。青岛等城市原来高等教育的层次水平较高,政府对高等教育的政策支持更多地体现在引进高水平大学和研究机构;大连的高等教育基础雄厚,政府政策更多的是创造体制环境、调整层次结构、加强内涵建设,使得高等教育能够更多更好地为地方经济和社会建设服务;深圳、宁波作为经济发达但高等教育起步较晚又发展较快的城市,政府政策是更多地增加高等教育资源和加强高水平大学建设,打造服务型的高等教育体系,推动高校和地方经济社会的互动。为了加快引进优质高等教育资源,各地实施追赶战略,相应地出台配套系列政策,强势推进。

一、主要政策

(一)各地政府重视顶层设计,把加快发展高等教育摆在突出位置

在发展战略上,把加快发展高等教育摆上突出位置,启动实施科教兴市、高教强市战略,对高等教育的发展进行区域层面的顶层设计,统筹整合高等教育发展的促进政策,合理确定地方高等教育发展目标任务、规模结构。如深圳市提出"建立国际化开放式创新型高等教育体系,建设成为南方重要的高等教育中心";青岛市提出"促进青岛高等教育多元化、国际化,打造科技和人才新高地","建成高等教育强市";浙江省提出将宁波打造成浙

江省高等教育副中心。深圳市、青岛市等城市不仅有快速发展高等教育的经济实力,更有市委、市政府高度重视高等教育的软环境,从而推动高等教育新一轮发展。又如深圳市原高等教育毛入学率按常住人口口径计算,不到10%。在历届市委、市政府领导的高度重视下,高等教育坚持"扩规模"与"提质量"并重,大力推进高等教育供给侧结构性改革,推动高等教育跨越式发展,高校数增加,高等教育毛入学率提升。2016年10月,深圳市委、市政府出台《关于加快高等教育发展的若干意见》,确定下一步发展高等教育的总体目标、基本思路和主要举措,努力在高等教育规模、办学水平、服务经济社会发展、经费投入等方面赶超国内外先进城市,高等教育发展开启"加速度"。

(二)出台超常规政策,加快引进优质高等教育资源

通过调研比较发现,深圳、青岛、苏州、无锡、宁波等城市在引进优质高等教育资源上有许多相同做法:一是把引进优质高等教育资源作为城市发展战略,出台含金量极高的系列扶持政策,引进工作起步早,并持续发力,取得阶段性成果。二是在校园基本建设方面,普遍采用"交钥匙工程"。三是在管理体制上,为引进工程项目,市委、市政府设立专门机构,配备充足的人员。四是从2016年来,上述城市围绕实施创新驱动战略,以更大的力度,开展新一轮引进优质高等教育资源的行动。如2011年8月,青岛市政府与山东大学签署合作办学协议,大力支持山东大学建设青岛校区。2016年青岛市委、市政府出台《关于加快引进优质高等教育资源的意见》,从2011年开始已持续引入英国剑桥大学、清华大学、北京大学、复旦大学等30所国内外知名教育机构,仅2016年就有11所大学先后入驻,其引进大学的力度与规模位居国内同类城市前列。又如深圳市重点引进国内外名校,已与加州伯克利大学、约翰·霍普金斯大学、佐治亚理工学院、清华大学、北京大学等24所国内外知名高校进行合作办学。深圳大学城先后引进清华大学、北京大学、哈尔滨工业大学等在深圳设立研究生院。2016年,深圳市还与哈尔滨工业大学合作,在哈尔滨工业大学深圳研究生院的基础上,建设哈尔滨工业大学深圳校区,开始举办本科生教育。再如绵阳市吸引国内知名大学来绵举办独立学院或与市内高校联合办学,已成立西南财经大学天府学院、中国工程物理研究院职工工学院、中国民航飞行学院绵阳分院、四川文化艺术学院(原四川音乐学院绵阳分院)、重庆大学中国科技城产业研究院等。

(三)探索高等教育与产业融合,打造科教园区

面向国家和区域重大战略需求,紧跟城市发展定位和产业发展趋势,积极推动高校实施协同创新战略,促进教育与产业协同,努力使教育与区域产业、科技高度融合。如常州按照"经科教联动、产学研结合、校所企共赢"的理念,不断探索产学研合作模式,积极构筑国内外人才来常州创新创业的高地。常州科教城已发展成为一个集聚大院大所大学和企业研发总部的研发园区;一个培育新兴产业为主导的科技型企业孵化园区;一个以开放共享集约发展闻名的高等职业教育园区。苏州独墅湖科教创新区是苏州工业园区转型发展的核心项目,致力于构建高水平的产学研合作体系,重点发展纳米技术、生物医药、融合通信、软件及动漫游戏产业。自2002年开发建设以来,已初步建成集教育科研、新兴产业、生活配套为一体的现代化新城区,探索走出了一条以高端人才为引领、以合作办学为特色、以协同创新为方向的发展新路,吸引设立24所高等院校和1所国家级研究所入驻,在校生人数7.53万人,争取建设成为高新产业聚集、高等教育发达、人才优势突出、环境功能和创新体系一流的科教协同创新示范区。

(四)加大财政投入,强化支持力度

各城市经济社会快速发展,财政收入的增加使得当地有能力投入高等教育。从深圳、青岛、宁波、苏州、珠海、常州的发展来看,政府对高等教育的投入在不断增加,特别是深圳、青岛对高等教育的支持更为明显,才使得高等教育在短期内获得了长足的发展。如2012年深圳市政府推动创建南方科技大学、香港中文大学(深圳),培养创新型高层次人才,仅支持南方科技大学,就投入财政经费76.9亿元。2015年深圳市高等教育财政性投入达到66.22亿元,占教育财政性投入的19.4%,比2010年增长105%。又如2016年,青岛市设立100亿元高等教育发展基金,为引进优质高等教育机构提供资金、土地等系列政策支持。

(五)不断探索多元化办学体制机制

深化改革,坚持目标导向、需求导向、问题导向,继续推进高等教育体制机制改革,大胆探索高等教育发展的新模式、新路径,在共建共管、合作办学、学校合并、协作办学等形式的高校管理体制改革方面都取得了较大进展。在发

展途径上从传统高等教育发展模式转变为自主探索具有区域特色的发展道路。如青岛在高等教育管理体制上探索"延伸管理与属地管理相结合,以延伸管理为主"。各地结合区域实际,探索采用引进、升格、新建、重组、中外合作、校企合作等多种创新机制,进一步扩大高等教育规模。另外,投资主体实现了多元化。校园建设的投入有地方政府投入、高校投入和社会投入三种类型。如宁波高教园区总投资为 38 亿元,其中 1/3 为政府投资,其余为社会投资。

(六)重视高等教育国际化作为区域发展重要特色

深圳、青岛、珠海、厦门等城市,在发展高等教育国际化过程中,坚持开放合作,以全球视野,大力引进国外优质高等教育资源,打造高等教育国际化和特色化高地。如深圳市经教育部同意,建立深圳吉大昆士兰大学、深圳北理莫斯科大学等,与国外著名高校共建特色学院。坚持"开放式、专业化、国际化"发展方向,按照"教育＋科技＋产业"模式,加快建设特色学院。2016—2020年,深圳市政府每年安排不少于 10 亿元资助经费,主要用于支持重点领域的特色学院建设发展。特色学院办学收入主要用于学科和人才队伍建设。2013年,深圳市出台《关于加快特色学院建设发展的意见》,每年安排不少于 10 亿元资助经费,建设了 10 所特色学院,深圳希望通过特色学院建设嫁接国际一流的高校,在体制创新上走出一条新路,解决当前市场需求和人才供给不协调的矛盾。

二、发展模式

经过改革开放和城市化建设,中心城市经济社会发展得到快速发展。由于中心城市经济发展、产业结构、人口数量与高等教育发展之间存在资源禀赋的差异,我们既要把握两者之间的普适联系,又要注意两者关系在不同地区的差异。地方政府从各自实际出发,加大支持力度,在政策、资金、用地、办学环境等方面创造良好条件,不尽相同的制约因素与办学者创造性的努力,带来我国高等教育发展模式上的创新。上述区域中心城市在促进高等教育发展上创造出了引进模式、建设模式、合作模式、投资模式、管理模式等 5 种类型,丰富了高等教育发展模式,为全国其他城市发展高等教育提供了样本和经验。当然,各城市在推进高等教育发展的过程中,具体到每个城市,不是只有一种模式,而是会兼具上述几种模式的特征,这几种模式总是相互交织在一起,呈现出混合的模式或侧重某一种模式。

（一）引进模式

从各地新建高等学校来源来看，可分为传统的自建方式或从省外引进两种方式。通过调研分析，大多数区域中心城市还是立足于引进，通过引进，快速扩大高等教育规模，较快提升本地高等教育的层次和水平。珠海市、青岛市和深圳市是其典型。主要有以下几种方式。一是积极引进国内高校办分校或独立学院。改革开放后，珠海市一直没有大学，原拟创建珠海大学，因故流产。1999 年提出"注重引进，追求所在，走地方政府与高校联合办学"之路，以开放和优惠政策驱动，吸引国内知名高校办大学。随后引进省内中山大学、暨南大学，省外吉林大学、北京师范大学等多所高校异地办学，分别成立了中山大学珠海校区、暨南大学珠海学院、北京师范大学珠海分校、北京理工大学珠海学院、吉林大学珠海学院、遵义医学院珠海校区等，至 2008 年共引进 14 家办学和研发单位，建起了珠海大学园区。二是与国内知名高校建立研究院或研究生院。自 2012 年起，青岛开始大力引进优质高等教育资源，2016 年，青岛市委、市政府出台《关于加快引进优质高等教育资源的意见》，明确引进对象是国际国内高水平大学和高端研究机构。通过"名城＋名校""分校区＋研究院"模式，先后与清华大学、同济大学、西安交通大学、吉林大学等国内高水平大学共建一批利于当地重点产业发展的高端研究机构。深圳市更多引入国内名校创办"深圳校区"或者是深圳研究生院，如清华大学深圳研究生院（国际校区）、北京大学深圳研究生院、哈尔滨工业大学深圳研究生院。另外还有中外合作办学的方式。引进国外优质高等教育资源，合作共建深圳北理莫斯科大学、深圳吉大昆士兰大学、清华—伯克利深圳学院等。

（二）建设模式

各地新建高等学校多采用高教园区、大学城等园区化建设布局。以 1999 年为界，以前一般是成熟一所建一所，1999 年以后，恰逢高等教育发展与城市化推进结合，大多数中心城市采用高教园区、大学城、科技园建设模式，从而促进园区内各院校共享资源，合作提升人才培养水平和自主创新能力。常州市、无锡市、苏州市、宁波市、深圳市、珠海市、绵阳市是其典型。2009 年 3 月，位于常州科教城内的 5 所高职院校（常州信息职业技术学院、常州纺织服装职业技术学院、常州工程职业技术学院、常州轻工职业技术学院、常州机电职业技术学院）被整体纳入国家级大学科技园的发展规划，成为江苏乃至全国高职院校中具有鲜明"常州特色"的国家大学科技园。无锡太湖新城科教产业园于 2006 年 4 月经市委、市政府批准组建,园内集聚了江南大学、北京大学软件与微电子学院无锡产学研合作教育基地、中科院软件所无锡基地、无锡职业技术学院、江南计算技术研究所、中国船舶重工集团公司第 702 研究所等一批高校和科研院所,成为国内外高端人才聚集的高地。宁波高教园区南区占地 6300 余亩,总投资约 38 亿元,是宁波有史以来规模最大的教育投资项目。政府对园区建设十分重视和支持,将其视为一号工程,一路绿灯,特事特办。2000 年开始规划兴建,到 2002 年基本建成,累计投资 52.7 亿元,投入使用高校 5 所。从 2002 年开始,宁波又加快高教园区北区规划建设,建成宁波大学、浙江纺织职业技术学院和宁波工程学院。绵阳市成立教育投资发展有限责任公司,集聚全市优质教育资源,建设占地近 8 平方千米的绵阳教育园区。

(三)合作模式

从属地新建高等学校校际联系,即各自闭门办学,还是紧密联系,资源共享来看,大多数学校都加强相互间协同。高校根据城市定位,紧贴地方支柱产业发展,与区域战略性产业、企业融合发展,就形成了科教园区、集团化、联盟化合作模式。无锡市、绵阳市是其典型。无锡市根据城市定位、产业结构调整和高新技术产业发展的要求,来确定人才培养的层次、规格和数量。从 2011 年起组建了物联网、服务外包、商贸物流、数控、旅游、微电子、建设、艺术设计、汽车、焊接等 13 个市级职教集团,并从区域性集团向全国性集团迈进。无锡市打破隶属关系,通过集团进行中高职专业建设的统筹、人才培养方案的对接、师资教学实训资源的共享、对口升学的组织等,从而有效推动校企合作的集约化、常态化和制度化。2013 年,绵阳市汇聚在绵 11 所高校,以西南科技大学为龙头,组建了人才共享、资源共用、学分互认、抱团发展的中国(绵阳)科技城高教联盟,实现区域内高等教育的协调发展,增强科技创新和服务社会能力。常州按照"经科教联动、产学研结合、校所企共赢"的理念,不断探索产学研合作模式。

(四)投资模式

从新建高等学校不同投资主体即是省、市级政府财政投入为主,还是依靠社会力量投资为主来看,在高等教育投资资金构成中,政府投资占的比重较高,而民间投资所占的比重较低。大连市、青岛市以省级财政投入为主,深圳的高等教育全部由深圳市地方财政投入支持;宁波市采取市、县(市、区)两级政府财政共建。如宁波大学海洋校区、宁波大学科技学院、宁波财政学院象山校区,都得到所在县(市、区)土地、财政经费、人才政策等支持。宁波大学海洋学院建在北仑区,累计投入的 26 亿元建设资金中,北仑区承担 20 亿元。泉州市主要是依靠民间资本投资举办高校,泉州市政府在用地、人才政策和公共财政支持上,大力推动泉州市民办高等教育的发展,在泉州 20 所高校中,民办高校占 8 所。珠海市政府为大学园区无偿提供土地,为中山大学珠海校区投入经费 7 亿元(含土地经费);暨南大学自筹资金近亿元,在暨大珠海校区建设了18 万平方米的校舍。

(五)管理模式

从新建公办高等学校谁有管理权,省级政府还是市级政府来看。在区域高等教育布局中,由于历史原因,大连市、青岛市等作为北方工业城市、宜居的沿海城市,具有独特的区位优势,成为全省高等教育资源布局的首选地,大部分高校由省级政府直接来办。而宁波主要依靠自己的力量,省部属院校少。为了保证新办院校管理到位,广东提出了"省市共管,以省为主"的制度构想,对深圳等城市则提倡"省市共管,以市为主"。江苏省委、省政府《关于加快建设教育强省率先基本实现教育现代化的决定》明确指出:"省属本科高校实行以省为主的管理体制,专科高校实行省市共建、以市为主的管理体制。"

不同的城市背景下不同的高等教育发展模式,主要是基于各中心城市依据城市定位,不同的经济社会发展需求和高等教育现实基础而作出的理性选择。

第四节　区域中心城市发展高等教育的挑战和启示

一、区域中心城市高等教育发展面临的新挑战

(一)社会主要矛盾变化所带来的挑战

进入新时代,随着社会主要矛盾转变,中国高等教育面临的主要矛盾,也

相应地转变为人民日益增长的对公平优质高等教育的需求与其发展不均衡不充分之间的矛盾。高等教育结构供给要从扩张总量向优化布局转变。目前深圳、青岛、大连、无锡、宁波等城市高等教育处在普及化的初级阶段,高等教育发展所面临的主要矛盾应是人民群众对多样化、高质量教育的旺盛需求和高等教育供给能力不足、高等教育规模发展和质量提高之间的矛盾,这就倒逼区域中心城市政府加快推进供给侧结构性改革,加快高水平大学建设,加快高素质应用型人才的培养。

(二)高等教育开放合作带来的挑战

近年来,国内发达城市与国际知名大学合作,在中国举办中外合作大学,引进国际先进教育理念与教育方法,让中国学生能在国内获取国际一流教育的机会与资源。宁波诺丁汉大学、西交利物浦大学、昆山杜克大学等校的创办,对宁波、苏州、深圳等城市高等教育的发展产生深刻的影响,也给地方大学带来了巨大的竞争压力。由于中外合作大学办学模式难以复制,如何学习借鉴国外名校优势学科,与国内区域产业转型发展所需相结合,如何学习借鉴其教学质量保证体系,促进国内大学办学理念、人才培养、教学的改革和发展,这些都是新面临的挑战。特别是非独立法人的中外合作办学机构,开设学科专业不完全是国外合作高校的优势学科专业,没有充分体现中外优质资源的互补和强强联合办学的目的;也有的办学层次集中在本科,有的甚至是专科,研究生项目少,不利于高端人才培养的连贯性。

(三)国内中心城市间、高校间竞争带来的挑战

在高等教育布局结构上,高等教育发展要与城市经济发展水平相适应,而经济发展薄弱地区或城市又需要高校来提升发展水平,同类高校、城市之间的竞争非常激烈。特别是高水平师资的引进竞争加大,虽然各地各高校都在不断地引进人才,但顶尖人才仍然是稀缺的。新时代的竞争更是人才的竞争,各地不断涌现的人才政策正是最好的体现,为了增强城市或本地区对高层次人才的吸引力,各地政府不断提高对高层次人才的优惠待遇。从提供安家费、住房条件、满足子女升学就业、年薪等物质生活层面,到科研启动资金配套的学术层面,到名誉头衔的安排等精神层面,都不断细化和提升相应的待遇,经济实力强的地区或城市不断抬高人才流动和使用的价格,受人口迁移的"马太效应"影响,区域中心城市集聚高端人才的难度加大,不利于全国高等教育的合

理布局和均衡发展。

二、存在的主要困难

当前区域高等教育发展呈现出一些结构性矛盾和短板,需要予以重视。

(一)高等教育规模发展和内涵提升双重压力

区域中心城市高校对外存在着服务经济社会能力不足和竞争力不强问题,内部也存在着结构不合理、特色不明显等问题,特别是研究生发展规模偏小。从大学自身来看,进入普及化阶段后,由于受办学条件的限制,规模扩大的空间日益缩小,而内涵发展还是刚起步,在重新确定发展目标定位,优化资源配置的方式,建设高水平大学和优势特色学科专业上还有很大提升空间。

(二)高等教育经费投入不足

作为一项公共事业和城市发展的战略需求,充足的经费支持是高校持久发展的基础和动力,也是政府应承担的责任。高等教育财政投入总量虽然逐年增加,但相对于处于内涵发展阶段的高等教育发展来说仍明显不足。从近阶段发展的态势来看,地方财政面临"小马拉大车"的局面,压力逐年增加,对高校投入的增长幅度开始减缓。仅依靠财政投入,已越来越难以承受办学成本持续上涨,特别是人员经费增加的压力。加上办学体制多元化程度不高,区域高等教育资源配置市场化程度较低,如何在教育经费投资融资机制上不断探索创新也是需要解决的难题。个别城市高校生均经费仍然不足,到2017年,高职院校年生均财政拨款水平还未达到财政部、教育部提出的1.2万元本科院校拨款水平。今后除非高校的财政收入能快速增加,否则绝大多数高校都将面对经费短缺局面。

(三)历史遗留问题

高等教育有特定的发展规律,它需要文化的积淀。本书中绝大多数中心城市高等教育基础薄弱,本科高校办学历史短,大多数由专科升格而成,高水平大学缺少,补上短板的压力巨大;有些城市的高等教育结构深受传统经济或产业布局的影响,面向现代产业转型升级的任务艰巨;有的错过了历史发展的机遇，未能抓住 20 世纪末国家高等教育管理体制调整的机遇，造成高等教育竞争力下降等。

（四）办学体制多元化程度不高，民办高等教育发展困难

民办高校在区域高等教育整体中的地位与作用仍明显落后。在大连市、厦门市、泉州市、绵阳市，民办高等教育得到初步的发展，如大连市，民办教育发展有良好的政策与实践环境；绵阳市把发展民办高等教育作为重大路径取向。但这些城市也面临着诸多问题，目前绵阳市、泉州市民办高职院校规模小，吸引力弱，民办高职院校生源及规模效益不足，办学资金困难，师资力量薄弱，整体结构不合理，政府政策持续支持不足，这些因素制约着民办高职院校高质量发展，是当下必须解决的难题之一。

三、区域中心城市发展高等教育的启示

经济社会发展的不同时期，高等教育发展的作用不尽相同，政府管理者对高等教育的需求和支持也不尽相同。规划地方高等教育发展规模与结构，需要从各地经济社会发展战略要求、人口规模结构变化、高等教育结构与产业结构的相互关系和未来城市发展定位的实际需要出发，因地制宜，特色发展。一座城市高等教育健康发展关键取决于与区域/城市的匹配、与高等教育发展阶段的吻合、动力保障机制、人才培养，以及对社会力量的调动。

（一）高等教育发展应与区域发展和城市功能定位相匹配

在国家实施京津冀协同发展、长江经济带发展、粤港澳大湾区建设、长三角一体化发展、"中国制造 2025"、"互联网＋"、创新驱动发展等一系列重大发展战略中，各中心城市都承载着不同的使命，具有不同的功能定位与发展目标。高等教育的改革和发展既是地方整体发展的重要组成部分，也是实现整体发展目标的动力与支撑。基于区域经济发展的不平衡性、发展重点的差别化以及发展模式的多样性，各中心城市要达成自身的功能定位和发展目标，就必须找准城市发展历史方位、高等教育发展坐标定位，科学确定与城市地位相匹配的高等教育发展战略、发展定位（包括服务面向定位、学科专业发展定位和人才培养层次定位）以及发展模式。

(二)与高等教育发展的阶段性特征相吻合

目前,全国许多地区,特别是发达地区高等教育正逐步迈入普及化阶段,随着高等教育内外部需求和环境条件变化,各地在适度增加规模的同时,要积极探索具有区域自身特色的内涵提升发展模式、发展路径,补齐短板,强化特色,要厘清高等教育结构与经济发展结构之间的关系,通过调整高等教育类型与结构来引领、支撑服务区域经济发展和产业发展水平。正如高等教育发展阶段论的提出者马丁·特罗明确指出的,数量指标不是大众化、普及化的全部内涵,这一概念既包括量的增长,也包括质的变化。今后高等教育发展需要规模与质量协调发展,即结构、体系、机制和制度等问题。需要坚持目标导向、需求导向和问题导向,加快高水平大学建设。

(三)要建立健全高校持续发展动力保障机制

要解决好高等教育持续发展的动力问题,必须处理好高等教育的资源配置问题。中心城市要明确政府对本市高等教育事业的统筹管理,保障高等教育财政经费投入,同时使高校财政来源多样化,构建高等学校分类发展体系,优化高等教育布局结构和资源配置等职责。将当地不同体制、不同类型的所有高校纳入地方统筹规划与管理体系,建立当地高等教育人才培养类型结构与产业结构和市场需求之间的合理关系。推动高校在综合研究型、应用型、中外合作、高职高专等不同层次、不同类型错位发展、特色发展。

(四)要发挥区域创新资源优势,加快紧缺高素质人才培养

要学习绵阳市,其所在区域军工企业众多,针对军民融合人才需求量大,涉及专业面广,因此实施了军民融合战略,整合学校、军工企业和科研院所众多优势资源,出台相关政策,开展军民融合人才培养,突出资源"共享"、课程"共建"、人才"共育"、项目"共研",构建特色军民融合人才培养体系。各地要提高高等教育服务中心城市经济与社会发展的能力,增强学科专业结构和地方产业结构的契合度,提升高校的社会服务水平。

(五)调动社会力量办学的积极性,鼓励民办高校的发展

要依据《中华人民共和国民办教育促进法》和《中华人民共和国中外合作办学条例》,落实对民办学校的扶持和优惠政策,充分保障民办学校合法权益

和办学自主权。建立促进民办学校健康发展的激励表彰制度和风险防范机制,形成公办学校和民办学校优势互补、公平竞争、多种所有制形式共同发展的办学体制新格局。构建灵活多样的办学机制,逐步形成"主体多元、形式多样"的高校办学机制,探索和完善股份制、混合所有制、集团化办学等多种形式的办学体制改革,进一步规范扶持民办高等教育的发展。

参考文献

[1]陈昌贵.从珠海大学到大学珠海——从研究的视角看珠海高等教育的发展.高等教育研究,2007(6):38-43.

[2]陈新.构建高质量、大众化、服务型的区域高等教育体系——宁波高等教育发展的战略思考.高等教育研究,2010(1):11-14.

[3]刘国瑞.地方高等教育的迷局与出路.现代教育管理,2016(10):1-6.

[4]宋争辉,郭书剑.地方统筹高等教育治理的新思维.高等教育研究.2018(1):16-23.

[5]秦国柱.试论中心城市举办普通高等学校的回顾与思考.辽宁高等教育研究,1998(1):16-18.

[6]谢维和.高等教育区域发展的新地标.中国高教研究,2018(4):12-15.

后 记

　　本书是宁波市与中国社科院战略合作重大研究项目《全国中心城市促进高等教育发展与改革的政策研究》(甬教高〔2017〕257 号文件,课题编号:NZKT201702)的最终成果,课题由宁波市教育科学研究所徐鸿钧、宁波城市职业技术学院严新乔担任负责人,汇集了青岛大学、上海师范大学、南京师范大学、华中科技大学教育科学研究院、宁波工程学院、宁波幼儿师范高等专科学校、宁波职业技术学院、浙江工商职业技术学院、宁波城市职业技术学院、宁波卫生职业技术学院等近 30 人的研究团队,历经 4 年多的研究而完成。为了顺利推动课题研究,课题组对我国 12 个高等教育达到一定规模的非省会中心城市,都单独成立研究小组,先后召开了 10 余次课题组交流会,从研究框架的确立到核心问题的研讨,从研究方案的设计实施到研究结果的讨论比较,针对每个城市都形成促进高等教育发展研究与改革政策研究的调研报告,在此基础上形成近 30 万字的书稿,以期为实现中心城市建设与高等教育发展的良性互动提供参考和建议。因在研究过程中受新冠肺炎疫情影响,部分数据未能及时更新,敬请谅解。

　　本书写作的具体分工如下:第一章:徐鸿钧(宁波市教育科学研究所);第二章:宁业勤(宁波城市职业技术学院);第三章:吕慈仙(青岛大学);第四章:严新乔、丁国威、杨侃(宁波城市职业技术学院);第五章:王雁茹、董莉、程光辉(宁波幼儿师范高等专科学校);第六章:魏莉莉(宁波工程学院);第七章:李媛媛(华中科技大学教育科学研究院);第八章:王明霞、农晓丹、王宏林(宁波城市职业技术学院);第九章:陈聪诚、王辰(宁波职业技术学院),陈丽、高鑫欢(宁波卫生职业技术学院);第十章:黄志兵(宁波幼儿师范高等专科学校)、马晓静(上海师范大学)、吴昊(南京师范大学);第十一章:李青合(宁波工程学院);第十二章:张丽娜(宁波工程学院);第十三章:祝志勇、候苏红、许子明(宁波城市职业技术学院);第十四章:严新乔、丁国威、杨侃(宁波城市职业技术学院)。本书由严新乔、徐鸿钧担任主编,并进行了统稿工作,丁国威协助主编做了大量编务工作。

本书在写作过程中,参考并引用了众多的相关研究成果,除了在文中悉加标注的,可能还有遗漏,在此再次致以诚挚的感谢!特别是本项目在研究过程中得到宁波市教育局原副局长胡赤弟教授的悉心指导,高教处王勇处长、钱科娜副处长、宁波职业技术学院高教所张振博士等的大力支持,在此表示衷心感谢。浙江大学出版社吴伟伟老师和陈佩钰老师为本书的出版付出了大量的劳动,在此予以感谢。

作者
2022 年 1 月于宁波